D1557081

ENCUENTRE SU META EN LA VIDA

Carol Adrienne

ENCUENTRE SU META EN LA VIDA

Cómo encontrar el rumbo con ayuda de la intuición y la sincronicidad

Prólogo de James Redfield

PLAZA PJ JANÉS

Título original: *The Purpose of Your Life*
Diseño e ilustración de la portada: Loni Geest y Tone Høverstad

Primera edición en U.S.A.: julio, 1998

Printed in Spain – Impreso en España

ISBN: 0-553-06093-7

Distributed by B.D.D.

Índice

TERCERA PARTE

Aguas profundas

CUARTA PARTE

Estar ahí

Agradecimientos

Quisiera dar las gracias a mi editor Joann Davis por invitarme a escribir sobre el tema más querido para mí, y a mi agente Candice Fuhrman por su constante apoyo.

El alma de este libro son las historias que tan amablemente me cedieron las personas a las que entrevisté. Doy las gracias a todas por aparecer en el momento preciso con tal claridad y generosidad de espíritu. También quiero agradecer las valiosas contribuciones y puntos de vista de: Zenobia Barlow, Joan Jovan, Elizabeth Jenkins, Virginia Lawson, Mary Patric, Virginia Talucci, Patricia Whitt, Natasha Downing, Stephen Rose, la doctora Selma Lewis, Penney Peirce, Nancy Rosanoff, Sharon Franquemont, la doctora Marcia Emery, la doctora Joyce Petschek, Larry Collins, Steve Winfield, Larry Leigon, Donna Hale, Bill Voelker, Richard Wolski, Valerie Vollmer, Stefani McKinzie, Wendy Topping, Arlene Thompson, Elizabeth Maglio, Valorie Thomas, Amy Aldrich, Lorraine Sykes, Georgia Rogers, y James Redfield. Quiero reconocer igualmente la contribución de todos mis maestros a lo largo del camino y de mis compañeros invisibles que sin duda se han reído en muchas ocasiones de mis peregrinaciones.

UN ESPECIAL AGRADECIMIENTO A AQUELLOS CUYO CAMINO PASA POR SER

Una mujer que ama los caballos
Un mago de las palabras que trabaja para poner fin al analfabetismo
Una ejecutiva en un despacho de una corporación
Un proyectista, budista y editor de arte espiritual
Una adaptable belleza que ha sobrevivido a múltiples reveses
Un maestro que se convirtió en cómico
Un maestro innovador de la talla de piedras preciosas
Una Miss America de pensamiento positivo
Un maestro de Zen que ofrece incienso y flores al Dalai Lama en Auschwitz
Un granjero de Iowa de esotéricas dotes de persuasión
Un artista y la esposa de un famoso director
Un organizador y voluntario del Cuerpo de Paz en África
Una recicladora de equipos de oficina
Un terapeuta de alergias medioambientales
Una monja budista, maestra espiritual y madre bailarina de claqué
Un sanador holístico de crisis financieras
Un astrólogo veda irlandés y herbolista
Una diosa caída

Imagina que has sido invitado a una fiesta de estas personas, interesantes y creativas. Tienes ocasión de hablar unos momentos con cada una de ellas y saber cómo han descubierto la forma de prestar su singular contribución al mundo. Este libro es tu invitación.

Prólogo

Conocí a Carol Adrienne cuando consideraba la posibilidad de escribir una guía práctica para *Las nueve revelaciones*. En aquel entonces la idea no me entusiasmaba mucho porque pensaba que tal vez una guía de la novela intelectualizaría demasiado los conceptos. Pero en cuanto conocí a Carol, desapareció mi inquietud. Además de su capacidad para entender a los demás y para relacionar muchas perspectivas diferentes, sabe llevar cualquier tema al terreno práctico y hacer hincapié en la experiencia. Después de hablar con ella, el *Manual de las nueve revelaciones* se hizo realidad y, gracias sobre todo a su colaboración, se convirtió en una de las guías prácticas más populares de todos los tiempos.

Carol conoce a fondo nuestra actual evolución. En términos de psicología popular, los seres humanos estamos integrando los dos hemisferios del cerebro, el derecho y el izquierdo, lo cual significa que estamos redescubriendo el misterio de nuestras vidas individuales. La mayoría de nosotros crecimos pensando que vivíamos en un mundo físico, ordinario y explicable, carente de misterio espiritual. En este mundo tendíamos a intelectualizar demasiado nuestros objetivos y a esperar sólo oportunidades ordinarias.

Pero como resultado de nuevos descubrimientos y estudios, ha comenzado a tomar forma una nueva imagen del universo. Ahora esperamos que surjan por todas partes milagros y pequeñas coincidencias que abran mágicas oportunidades en las que antes casi ni soñábamos. Aún más, esperamos que de pronto se cristalice en nuestras mentes una profunda vocación, una misión hacia la cual conducen todas estas misteriosas orientaciones.

Lo patético de todo esto es que empezamos a ser conscientes de algo que siempre ha ocurrido. Las personas que han realizado grandes contribuciones en la historia, han tenido siempre una fuerte sensación de destino y de ser guiados. Estas personas supieron en algún momento que debemos enfrentarnos a la vida como detectives: recabando todos los significados, las pistas, las oportunidades que yacen ocultas en lo que sucede en torno a nosotros.

En este momento histórico sabemos que esta vida misteriosa no está reservada a los genios, sino que nos espera a todos, vivamos donde vivamos y sea cual sea nuestra educación o nuestra infancia. Lo único que importa es encontrar un camino para abrirnos a esta experiencia. Y eso significa enfrentarnos a los recursos mediante los cuales nos hemos evadido de ella.

Ahora hablamos, por ejemplo, de aumentar la sincronicidad en nuestras vidas, pero para permitir que estos eventos predestinados ocurran debemos estar en contacto con nuestras intuiciones. Como verán en este libro, si nos preocupamos con pensamientos negativos sobre nuestras capacidades o ideas de venganza hacia los demás, no dejaremos lugar para que aparezcan otras imágenes e impulsos, los que se forman espontáneamente en el fondo de nuestra mente. Éstos son nuestros pensamientos intuitivos que surjen para guiarnos, sugiriéndonos siempre que hagamos algo, que vayamos a alguna parte o que busquemos alguna información. Si nos atrevemos a seguir estas indicaciones, nos situaremos en el punto adecuado para que se desarrolle la sincronicidad y nos guíe hacia adelante.

Si superamos nuestras preocupaciones, lograremos una mayor percepción de nuestro auténtico ser, del genio que todos compartimos y del conocimiento de que todos los eventos de nuestras vidas —ya los consideremos positivos o negativos— nos han preparado para estar donde estamos, dispuestos a recorrer un camino de entrega a los demás.

Insisto en que no basta con aceptar todo esto sólo intelectualmente, incluso aunque lo creamos a carta cabal. Nuestro desafío es integrar esta vida espiritual en la vida cotidiana, limpiarnos hasta poder experimentarla plenamente.

En este libro Carol nos guía sucintamente por este proceso... y ése ha sido siempre su don especial.

JAMES REDFIELD, 1998

Introducción

EL PROPÓSITO DE ESTE LIBRO

Mi objetivo en este libro es inspirarle para que usted sea consciente y aprecie la totalidad de lo que es. Ya sé que un libro no es más que una herramienta, pero los libros tienen el poder de llevarnos a muchos lugares, en esta dimensión y más allá. Me gustaría que considerara esta obra como una introducción en dos sentidos: En primer lugar, como la presentación de un grupo de personas cuyas historias pueden afectar su propia vida, y en segundo lugar y más importante, como una introducción a su autodescubrimiento.

Mi intención es crear un campo de interacción entre usted, yo y el campo universal de inteligencia, que generará una energía y catalizará el reconocimiento del sentido de su vida, si todavía no lo tiene claro. Para ello, cuento con su propio deseo de conocerse como parte del flujo de energía que corre entre usted y el libro, que está basado en las filosofías mediante las cuales la humanidad ha navegado por las impredecibles profundidades de la vida. Mi esperanza es que al contarle historias de personas reales, despertaré el reconocimiento interno de su propio camino.

El libro está basado en mi propia experiencia, tanto personal como profesional. Como verá en el capítulo 1, he recorrido un sinuoso camino hasta alcanzar mi presente ocupación como maestra, escritora y guía de talleres sobre espiritualidad y sentido de la vida. A lo largo del camino he descubierto, probado y enseñado ciertos principios y técnicas que encuentro eminentemente prácticas para descubrir nuestro lugar en el mundo.

Pretendo que el libro sea una matriz de información que alimente el alma del lector, en la medida en que cualquier libro puede ser un estímulo para el discernimiento.

Nosotros explicamos el mundo a base de historias. Algunas de las historias que aparecen aquí le conmoverán, otras no. Las historias nos relacionan a unos con otros sin tener en cuenta el tiempo, el lugar o la cultura. Según el estudioso y mitólogo Joseph Campbell, las primeras historias, o mitos antiguos, tenían el propósito de armonizar la mente con el cuerpo, y el modo de vida de las personas con los dictados de la naturaleza.

Las historias se entienden como un todo y de cada una extraemos un significado relevante para nuestras preocupaciones. Cada historia trabajará en la psique del lector de una forma particular. Lo que cada uno aprenda de una historia dependerá de nuestra educación, nuestra situación actual, nuestro vocabulario, nuestros miedos y esperanzas, nuestra capacidad de escuchar o el propósito inherente a nuestra vida. Tal vez más adelante, recordará de repente una historia en la que no había pensado mucho, cuando llegue el momento de aprender algo de ella.

El cerebro derecho, la parte intuitiva e imaginativa, aprende mejor mediante historias. El izquierdo, racional y deductivo, conecta fácilmente con técnicas, principios, explicaciones y procesos. Este libro ofrece ambos caminos para ayudarle a encontrar su lugar en el mundo.

CÓMO UTILIZAR ESTE LIBRO

Puede leerlo de principio a fin u hojearlo al azar. Está organizado empleando una mezcla de historias, principios, sugerencias y cuestiones personales. Es de esperar que alguno de estos métodos despierten las intuiciones que están listas para surgir gracias a su propósito de conocerse mejor a usted mismo.

La vida se basa en las relaciones con personas, lugares y cosas. Yo espero crear una relación entre usted y este entorno de ideas, acicateada por su deseo de conocerse mejor. Dos estados mentales le ayudarán en el proceso. El primero es la determinación de abrirse al propósito que alberga en su interior. El segundo es la capacidad de vivir sin conocer cuál es su propósito, y aun así estar dispuesto a hacer lo que se le pide.

LOS CAPÍTULOS

Primera parte: Principios para encontrar su lugar en el mundo

El capítulo 1, «La llamada y el viaje. Mi historia», ofrece un breve resumen de mi propio camino y demuestra una progresión de sincronicidades (coincidencias significativas de las que hablaremos con todo detalle), eventos catalizadores y las alegrías y desesperaciones del descubrimiento de mi propósito en la vida. Éste es el fondo del que he sacado los principios que considero relevantes para la búsqueda del propio camino. He intentado incluir lo que considero más importante, pero ningún punto de vista particular puede incluirlo todo, de modo que usted es libre de cuestionar y revisar estas ideas según su propia experiencia.

El capítulo 2, «Usted es un sistema que se organiza a sí mismo», establece la idea central del libro: que somos campos de energía que se organizan a sí mismos, con un propósito inherente para existir. Aprenderemos qué es y qué no es el sentido de la vida. Usted verá que el sentido o propósito de su vida se está ya desplegando, aunque esté convencido de lo contrario. Este capítulo empieza a sugerir la idea de sintonizar con ese propósito y explora cómo comprometerse con él de forma más consciente.

El capítulo 3, «Adopte una posición», habla de dos aspectos de nuestro camino. El primero es que no podemos vagar a la deriva, esperando que se mantengan abiertas todas las opciones, porque acabaremos no haciendo nada. Será necesario tomar una dirección inicial o escoger un foco y luego seguir los eventos que surjan de ahí. Sin ningún tipo de foco, no podrá comprometerse con su vida para dejar que las sincronicidades le lleven donde necesite ir. Uno de mis alumnos, Bill Voelker, suele citar una frase que oyó una vez: «Se puede tener todo lo que uno quiera, pero no se puede tener todo.» Uno debe elegir y decidir a lo largo de la vida. Paradójicamente, asumir una dirección no se contradice con permanecer abierto a cualquier posibilidad.

En segundo lugar, como veremos en la historia del maestro de Zen Kwong-roshi, a veces las circunstancias nos obligan a tomar una dirección que puede afectar al resto de nuestra vida. Las circunstancias pondrán de manifiesto quiénes somos, qué es lo importante en la vida y cómo viviremos con integridad.

El capítulo 4, «Todo es posible», introduce una de las creencias más importantes para catalizar el descubrimiento del sentido de la vida: que casi todas las limitaciones son creencias de nuestra propia mente. Esta parte del libro le anima a confiar en su propósito interior. Cualquier cosa es posible si usted cree firmemente en Dios y sus infinitas posibilidades: los milagros. Si simplemente acepta la idea sin creerla de verdad, verá que se demora el logro de sus objetivos.

El capítulo 5, «El campo magnético del propósito de su vida», considera la vida desde las nuevas metáforas de la física cuántica, es decir, considera que existimos como un campo de energía/consciencia que actúa e interactúa dentro del campo colectivo de energía/consciencia. Mientras estemos vivos en la tierra, las cosas nos sucederán a nosotros y sucederán a través de nosotros. Generalmente, un libro sobre el propósito de la vida presupone que uno debe «encontrar» ese propósito en el mundo exterior y luego establecer metas para lograrlo. En este libro proponemos la teoría de que estamos inmersos en un complejo de patrones personales de energía que atraen personas, lugares y eventos con un sentido. En el capítulo 5 aparece una hoja de análisis para que usted comience a describir los componentes de su propio campo de atracción.

El capítulo 6, «Las sincronicidades desvelan el propósito de su vida», muestra que no existen las casualidades y que ciertos sucesos ofrecen información, oportunidades y nuevas puertas abiertas para cumplir su propósito.

Segunda parte: Técnicas

El capítulo 7, «Intención y desapego», ofrece técnicas prácticas para vivir según el propósito de su vida, aun en el caso de que usted no lo conozca con seguridad. Aunque no pueda formular su propósito, sí puede comenzar a desvelarlo con más rapidez si tiene un fuerte deseo de conocerlo. Así pues, la intención es una etapa inicial. En los niveles más profundos metafísicos y científicos, aprendemos, en palabras del físico Leonard Laskow, que «en los reinos sutiles (de la comunicación celular) la intención es acción».[1]

El capítulo 8, «La intuición», le ayudará a comprender y practicar la sensación no física, que es la clave para saber qué hacer y cuándo.

El capítulo 9, «Cómo desarrollar la creatividad», busca ofrecer algunas formas sencillas de jugar con nuestras imágenes internas. Para descubrir y vivir el propósito de la propia vida es necesario aventurarse en territorios inexplorados. A veces tendrá que renunciar a convencionalismos y a las opiniones de los demás. Tendrá que confiar en su fuerza creativa y su poder de interpretación tanto de los mensajes de su intuición como de las sincronicidades.

Para fortalecer la intuición, el libro ofrece varias formas sencillas de estimular la creatividad. Estas prácticas tienen al menos tres propósitos. El primero es ayudarle a evocar quién es para poder ver cosas sobre usted mismo que de otra forma le pasarían por alto. El segundo es proporcionarle herramientas que permitirán que su intuición le hable. El tercero es entretenerle: los ejercicios son divertidos. Cuando estamos relajados y pasándolo bien, es más fácil atraer energía.

Tercera parte: Aguas profundas

El capítulo 10, «En el vacío», le ayudará a enfrentarse a las dificultades de estar en el «desierto» (una parte inevitable del camino espiritual). El vacío es una parte natural y necesaria de nuestro ciclo vital. Nos obliga a cambiar, o a aceptar las cosas que no podemos cambiar. El vacío promueve el crecimiento a un nivel muy profundo y hace germinar la semilla del sentido de nuestra vida.

El capítulo 11, «La sombra», describe cómo conectar con las partes de nosotros mismos a las que hemos dado la espalda, y cómo solemos gastar nuestra energía en torno a los demás de forma contraproducente. El propósito de este capítulo es hacernos conscientes de nuestros patrones de comportamiento para poder cambiarlos. Hay una hoja de análisis para que usted determine cuánta energía gasta de esta manera.

El capítulo 12, «Transformar los obstáculos», muestra que los problemas a los que uno se enfrenta pueden contener semillas de crecimiento capaces de cambiar su visión de la vida o proporcionarle nuevas formas creativas de salvar las barreras. Aprenderá a trabajar interactivamente con la energía creativa de su obstáculo.

Cuarta parte: Estar ahí

En el capítulo 13, «Hacer lo que nos gusta y cumplir nuestro destino», recordamos que hay que obedecer al corazón y mantener la mente abierta para poder vivir el propósito inherente a nosotros mismos.

He descubierto que la gente no tiene miedo a morir; tiene miedo a no haber vivido, a no haber considerado el más alto propósito de su vida, a no haber intentado al menos dejar su huella en este mundo.

JOSEPH JAWORSKI

PRIMERA PARTE

PRINCIPIOS PARA ENCONTRAR SU LUGAR EN EL MUNDO

1

La llamada y el viaje. Mi historia

Todos nacemos con una personalidad; es, como cuentan las leyendas, un regalo, un don de los guardianes en nuestro nacimiento... Cada persona viene al mundo con un nombre.

JAMES HILLMAN

La razón de que haya escrito este libro es que un día «salté». En agosto de 1993, en el momento de ese «salto», me encontraba justo en el centro de mi pequeña casa de campo en las colinas de Richmond, California.

La primera vez que vi esta casa, me dije: «Esto parece la casita de un escritor.» Supuse que había sido una residencia de verano, construida en los años cuarenta para gente que venía a East Bay desde San Francisco. Desde el pequeño porche en el que he intentado cultivar pensamientos y geranios, veo el puente Golden Gate. Si no hubiera pinos y arbustos delante de la casa, vería el monte Tamalpais, la magnífica montaña espíritu de Marin County. En toda la pared frontal de la casa hay pequeñas ventanas, con lo que me parece estar sentada al aire libre y no en una habitación. Aquí recibo a los clientes y escribo mirando la naturaleza desde estas ventanas. Me encuentro muy bien trabajando aquí.

En esta habitación de estar y de trabajo, el lugar donde salté, tengo el ordenador, armarios archivadores, cajoneras y mesas en las que he colocado jarrones coleccionados en mis viajes, jarrones que he reproducido en pinturas y dibujos enmarcados y colgados en las paredes del salón. Hay un pequeño sofá de rayas verdes que hace las veces de cama de invitados, y cuyo respaldo está forrado con un tapiz rojo peruano. En los aleros de las ventanas hay cerámica mejicana, fotografías de mis hijos y sus esposas, velas y una foto mía a la edad de dos años en la que estoy muy seria y me parezco a Shirley Temple (el arquetipo de mi madre de la niña perfecta). Además de algunas exuberantes plantas, el otro elemento significativo de la sala es una atestada librería y un montón de libros que no caben en los estantes.

Ahora veo que aquel momento decisivo de agosto de 1993, por doloroso que fuera, era un punto de transición que me permitió armonizar mi percepción de mí misma y mi trabajo. En aquel momento, por supuesto, no tenía ni idea de que mi vida iba a cambiar drásticamente. Sólo sabía que algo tenía que cambiar si no quería volverme loca. Acababa de cumplir cincuenta y dos años y vivía sola, luchando por sacar algún sentido de una profesión que parecía desmoronarse bajo mis pies. No sospechaba que el propósito que me hice aquel día (vivir de acuerdo con mi naturaleza artística y mis profundos valores e intereses metafísicos) me dirigiría a lo que ahora considero el propósito de mi vida.

Desde 1976 había vivido una doble vida. Por un lado llevaba una existencia que puede considerarse normal, criando a dos hijos yo sola y trabajando en labores administrativas, generalmente para educadores, o en organizaciones benéficas centradas en temas de salud. Por otro lado, me consideraba una artista y estudiosa de la naturaleza psicoespiritual de la vida. Desde los diecinueve años mi objetivo había sido evitar «lo corriente». Durante los años que fui madre soltera y trabajadora, intenté elegir empleos que tuvieran algún valor social. Cobraba sueldos muy bajos, es decir, era la típica mujer con carrera que no tiene ánimos para subir en el escalafón profesional.

Al principio, cuando tenía cuatro o cinco años, mi impulso era jugar a las casitas. A la edad de siete años decidí que sería secretaria, como había sido mi madre antes de comenzar a realizar trabajos administrativos y de diseño para mi padre, que era contratista. Me sentaba en la mesa del salón y jugaba con lápices y papeles, que barajaba y ordenaba mientras hablaba sola con tono muy serio.

Cuando cursaba quinto curso, en el colegio se celebró una fiesta de disfraces y entonces mi único propósito era ser una gitana adivina. Por la noche, tumbada en la cama, cuando no estaba escuchando por si venían los aviones a bombardear mi casa dando comienzo a la tercera guerra mundial, me imaginaba viajando por todo el mundo, haciendo cosas importantes y viviendo aventuras yo sola. Curiosamente, ahora tengo que viajar mucho —dando conferencias y seminarios— y casi siempre viajo sola. He llevado una casa toda la vida y he sido tanto secretaria como adivina. ¿Acaso mis tempranas fantasías crearon estas experiencias? ¿O eran las fantasías una premonición de lo que sucedería?

En séptimo curso me aburría tanto en clase de historia que comencé a escribir breves relatos de aventuras protagonizados por mí. Luego se los daba a leer a mis compañeros. Siempre he sido una ávida lectora. Cuando cumplí los quince años decidí que era una artista. Supongo que escogí ser artista porque mis primeros recuerdos felices databan de cuando era pequeña y me sentaba en el sillón con una caja nueva de lápices de colores. Todavía me encanta pintar y la sensualidad del color. Podría alimentarme de pintura. El color es una vitamina visual para mí.

Aunque disfrutaba mucho de la vida social en mi clase de dibujo en el instituto, mi asignatura favorita era la literatura. Me moría de ganas de que me encargaran trabajos sobre cualquier tema. Cuando terminé el instituto, mi profesor de literatura les dijo a mis padres que yo podría llegar a ser escritora profesional. ¿Me lo tomaba en serio en aquel entonces? No. Resultó que me eligieron para dar el discurso de graduación. No hay palabras para describir el terror que sentí aquel día delante de mis compañeros, familiares y amigos. Años más tarde me di cuenta de que había salido de mi propio cuerpo, porque cuando dije «hola» miré atónita en torno para ver quién había hablado. No sabía que había sido yo misma.

Aunque mi expediente era bueno, mis padres no tenían intenciones de mandarme a la universidad. ¿Para qué enviar a una chica a la universidad?, decían. Muchas veces me he preguntado por qué nunca se me ocurrió seguir la carrera de escritora, aunque escribir es lo que mejor se me ha dado nunca. Supongo que me resultaba demasiado fácil. Como tenía otras opiniones sobre mi valía personal, no fui capaz de ver mis talentos hasta muchos años después. Hoy en día, escribir forma parte de mi trabajo, y es una de las actividades más divertidas y mejor remuneradas que he realizado.

Mientras escribo esto me doy cuenta de que en aquellos años mis ideas se desarrollaban en compartimientos estancos. Es extraño que por un lado hubiera decidido ser artista, y al mismo tiempo albergara dos creencias negativas al respecto. La primera era que los artistas no ganan dinero. La segunda era que yo jamás llegaría a ser «bastante buena» para ser una artista profesional. Es extraño que decidiera que lo mío era el arte y aun así jamás se me ocurriera asistir a una escuela de arte. A los diecinueve años había llegado, sin saber cómo ni por qué, al convencimiento de que no estaba destinada a tener éxito. Jamás se me ocurrió que un artista pudiera crecer y desarrollarse, que pudiera perseverar y lograr el éxito con el tiempo. Jamás me di permiso para cometer errores o explorar nuevas posibilidades. Ahora, al mirar atrás, veo que debía de creer que una tenía que salir de la adolescencia convertida en la mujer perfecta, totalmente formada, mejor que cualquier otra, única y popular sólo porque era especial. Si no eras así, más valía que te olvidaras de todo. Mejor era que te hicieras secretaria, porque jamás lograrías otra cosa.

Me casé a los veinte años. Mi marido y yo estudiábamos en Berkeley, de la Universidad de California (UCLA), y yo acababa de descubrir la psicología. Aunque me fascinaba, los cursos de psicología de la universidad, en los que se daba estadística, me resultaban incomprensibles. En aquel momento entré por primera vez en una clase de historia del arte y conocí las sutilezas del simbolismo renacentista, algo por lo que estaré eternamente agradecida. Al estudiar el arte de los Países Bajos comencé a descubrir la emoción de encontrar un significado profundo más allá del literal. En sus misteriosas y hermosas escenas de la vida sagrada y profana, los pintores medievales y renacentistas empleaban todo tipo de símbolos (naranjas para indicar riqueza o relaciones con el sur, zapatillas y perros pequeños para sugerir fidelidad matrimonial). El arte y la belleza me salvaron a menudo de la depresión. El poder de los símbolos fue una semilla que arraigó fuertemente en mi alma.

En 1963 me licencié en historia del arte en pleno movimiento por la libertad de expresión y en medio de la revolución social de aquella época. Pero la importancia de lo que sucedía apenas hizo mella en mí, puesto que era una persona introvertida, solitaria y tendente a la depresión. Habiéndome criado en un entorno poco sofisticado y carente de cultura, estaba ansiosa por cambiar todo mi ser. Los primeros tres años de matrimonio fueron muy difíciles para mí. Recuerdo que me sentía casi como si no existiera. Me iba a la biblioteca a leer revistas para poder sostener conversaciones durante la cena con mi esposo y sus amigos ingenieros. Era tan tímida que no era capaz de hacer amigos por mí misma. Además, en un esfuerzo por separarme de mi madre, me había convencido de que las mujeres eran menos interesantes que los hombres y había que evitarlas a toda costa.

Después de mi divorcio, ocho años después, me trasladé a San Francisco. Mi vida se centraba en cuidar a mis dos hijos, hacer nuevos amigos, crear paisajes con la técnica del batik y trabajar a media jornada. Adopté de mil amores un estilo de vida bohemio.

El suceso más importante en el proceso de descubrir el sentido de mi vida tuvo lugar en 1974, dos semanas antes de cumplir treinta y tres años. Durante un año y medio había estado dirigiendo una empresa de *catering*. Trabajaba día y noche, y como apenas estaba en casa, solía dejar a mis hijos Sigrid y Gunther con una niñera. Pero esto no era una solución. Los niños eran rebeldes y se estaban tornando incontrolables. En enero, mi amiga Zenobia Barlow y yo decidimos ir una semana de vacaciones a Santa Fe, Nuevo México.

Mientras íbamos en coche del aeropuerto de Albuquerque a Santa Fe, noté algo extraño. El paisaje me resultaba muy familiar, aunque nunca había estado allí. Las colinas de tierra roja moteadas de verdes matorrales se parecían a las de mis últimos cuadros. ¿Me había inventado aquel lugar? Las dos nos quedamos encandiladas al llegar a Santa Fe (cosa que suele ocurrir a los turistas). Comenzamos a conocer gente de la forma más sincronística. Al cabo de una semana hablábamos de trasladarnos allí. Hasta el olor del humo de las chimeneas me emocionaba. Estaba fascinada.

El caso es que cuando volví a California, y siguiendo mi intuición, dejé mi lucrativo pero exigente puesto de trabajo. Para sorpresa de mis amigos, vendí casi todos mis muebles y envié el resto de mis pertenencias a Nuevo México. Metí a mis hijos en mi viejo Volkswagen azul y nos marchamos a Santa Fe.

Desde el momento en que llegué, se sucedieron las sincronicidades que confirmaban lo acertado de mi decisión. El motel en que nos alojamos quedaba a dos manzanas de la casa que acabaría alquilando por un año. Una de las coincidencias más asombrosas tuvo lugar el primer domingo. Aunque estaba cansada y era nueva en la ciudad, decidí acudir al Museo de Arte Folk a ver una película india. Al entrar advertí que de las paredes colgaban muchas obras de batik. Yo llevaba haciendo batik varios años. Antes de que empezara la película reconocí a dos personas que estaban sentadas justo delante de mí: Patti Nelson, la que fuera secretaria de mi ex marido, y su novio. Patty de pronto se volvió y al verme puso cara de sorpresa.

—¡Carol! —exclamó—. Justamente estábamos hablando de ti, por lo de los batiks. Nos preguntábamos dónde estabas y qué hacías.

A partir de entonces mi vida en Santa Fe se desarrolló como en una película. Realicé diversos trabajos para ganarme la vida, en un momento en que a los principiantes nos pagaban dos dólares la hora. Trabajaba de modelo para pintores y de camarera en un restaurante mejicano y otro italiano. Aprendí a hacer joyas de plata y llegué a dirigir una tienda de joyas y artesanía. La mayoría de mis amigos eran artistas y personas preocupadas por la espiritualidad. Durante esta época volví a conectar de la forma más casual con dos hermanas a quienes había conocido en 1971, cuando se trasladaron de Nueva York a San Francisco. De hecho, ese año las había invitado a quedarse en mi piso durante tres meses. Curiosamente, una de ellas se había trasladado, sin que yo lo supiera, a Santa Fe. Sabiendo lo que ahora sé, yo diría que debían de formar parte de mi grupo de almas, con la misión de presentarme a la siguiente persona que me ayudaría a conectar con mi destino. Una de las hermanas insistía en que yo debía conocer a su amiga Ruth Drayer. Como suele pasar cuando alguien insiste en que conozcamos a otra persona, yo no estaba muy segura de que fuera una buena idea. De todas formas, un día me encontré por fin con Ruth Drayer, que parecía una persona muy agradable. Tenía dos hijos de la misma edad que los míos y todos iban al mismo colegio. Nos hicimos amigas.

Durante mi primera conversación con Ruth mencioné casualmente que estaba pensando en cambiar mi apellido, puesto que ya no estaba casada. Le expliqué que no quería llevar el nombre de mi marido, pero tampoco el mío de soltera. Ruth afirmó que la numerología podía ayudar a armonizar un nuevo nombre con mi cumpleaños, para asegurar un camino o destino apropiado. Se ofreció a hacerme una carta numerológica, y yo accedí, aunque con escepticismo. Lejos estaba de imaginar que aquél era uno de los momentos más importantes de mi vida y que señalaría el camino de mi futuro trabajo.

En cuanto vi la carta manuscrita que Ruth había calculado basándose en mi nombre de pila y mi fecha de nacimiento, un interruptor se encendió en mi mente. Me quedé fascinada ante un sistema que me permitía comprenderme a mí y a otras personas y tal vez adivinar cuál era el propósito de nuestra vida. Estuvimos trabajando con un par de nombres que se me habían ocurrido y por fin elegí el apellido Adrienne. Era un nombre que siempre me había gustado (de hecho se lo había puesto a mi hija, detrás del de Sigrid). El potencial simbólico de este nombre prometía un destino en el que entraba el arte, la psicología y la orientación espiritual, tal vez con la oportunidad de inspirar a otros a través de discursos públicos y medios de comunicación. Aunque este camino me parecía muy improbable en aquel entonces, me gustaba el énfasis que se ponía en el arte y la metafísica. A partir de entonces me dediqué a trabajar con la numerología y lo que parecía revelar de las personas. Estudié todos los libros que encontré sobre el tema y experimenté con todas las personas que entraron en mi vida. El sistema resultó tan preciso que fui profundizando en él cada vez más. No podía dejarlo.

A través del estudio de mis ciclos personales averigüé que me había mudado a Santa Fe en un año «nueve», lo que significaba que estaba completando un ciclo, más que empezar uno nuevo. La influencia del nueve, además, expandió enormemente mi desarrollo espiritual. Ahora me doy cuenta de que el propósito de trasladarme a Santa Fe fue conocer a Ruth y la numerología, algo fundamental en mi camino como maestra y consejera. No albergo ninguna duda de que nací para utilizar este sistema y desarrollar prácticas que ayuden a la gente a saber quién es de verdad.

Desde el momento en que descubrí la numerología, supe que estaba destinada a volver a California. Me daba un poco de apuro volver después de haberme marchado. Tenía miedo de que mis amigos pensaran que no sabía lo que hacía, lo cual era cierto. Sin embargo, antes de dejar Nuevo México recibí un claro mensaje intuitivo (uno de los primeros que recuerdo con claridad): «Ahora debes volver a estudiar.» Yo no tenía ganas de hacerlo. De hecho me resistí a la idea porque ya estaba muy ocupada con mi trabajo y mis hijos y no necesitaba una nueva actividad. Al menos eso pensaba.

El año «nueve» había concluido, y era el momento de marcharme y comenzar algo nuevo. Empaqueté de nuevo mis pertenencias y volvimos a California. Nos fuimos a vivir con una amiga en Berkeley, mientras yo intentaba averiguar qué hacer a continuación. Daba muchas vueltas a la idea de matricularme en la facultad, pero estaba confusa. No tenía ni idea de lo que iba a estudiar. Sabía que tenía que ser algo relacionado con la mente, porque ahora sentía auténtica pasión por los temas metafísicos. Comencé a buscar un programa de estudios. ¿Parapsicología? No. No me interesaban mucho los fantasmas. ¿Psicología? Eso se acercaba más, pero la psicología no incluía el aspecto misterioso y esotérico de la vida, que era lo que más me interesaba. Por fin encontré un programa transpersonal en la Universidad de Sonoma, en California del norte. Milagrosamente me aceptaron una semana antes de que comenzara el trimestre. Mi hija se había ido a vivir con su padre ese año, de modo que mi hijo y yo nos trasladamos a un espantoso pisito de estudiante cerca del campus. Sin embargo, por mucho que lo intentara no encontraba ningún trabajo de media jornada. Cada día me preocupaba más la falta de medios para mantenerme. Era como nadar contra corriente. Aunque la sincronicidad de encontrar plaza en el programa parecía indicar que era la decisión correcta, finalmente tuve que rendirme y volver a Oakland. Una vez allí, conocí sincronísticamente a otras dos chicas que buscaban casa y no tardamos en encontrar una muy bonita cerca del lago Merritt. Los propietarios habían rechazado varias ofertas de alquiler, por un precio más alto del que pedían incluso, pero a nosotras nos aceptaron enseguida. Al cabo de una semana encontré un aburrido trabajo de recepcionista. Más tarde me daría cuenta de que los obstáculos encontrados en Sonoma eran una prueba de que el universo estaba reorganizando los componentes de mi vida, aunque yo en aquel entonces no lo sabía.

Pasaron unos meses. Yo seguía trabajando en algo que no me gustaba nada, estudiaba numerología y realizaba algunas cartas numerológicas. También cosía para ganar un dinero extra. Un día recibí una llamada de mi vieja amiga Zenobia Barlow, que ahora vivía en Petaluma, California. Zenobia y yo llevábamos más de un año sin tener contacto, porque ella había estado viajando por el mundo con su marido. Me dijo por teléfono: «He encontrado un programa de psicología muy interesante aquí en Sonoma. Se llama psicología arquetípica. Me voy a apuntar y me parece que a ti te interesaría. ¡Podemos hacerlo juntas!» Le expliqué que ya había intentado volver a la facultad con otro programa, pero ella insistió. Éste era un programa nuevo, una especie de psicología profunda basada en el trabajo del suizo Carl Jung. Resultó exactamente lo que yo estaba buscando. Ponía un énfasis especial en el simbolismo y las fuerzas colectivas dentro de la psique humana. Había llegado el momento de encajar otra pieza del puzzle.

Durante los siguientes dos años fui obteniendo todo lo que necesitaba: una casa perfecta y varios trabajos de media jornada. Hacía cualquier cosa para mantener a mi familia a la vez que estudiaba. Nuestro profesor se sentía especialmente atraído por la psicología junguiana y el autor James Hillman, que acababa de publicar su obra *Revisioning Psychology*.

Tuve que aceptar trabajos muy diversos para vivir: limpiar casas, cuidar niños o hacer labores administrativas. Durante un tiempo estuve cocinando para mis amigos Eleanor y Francis Coppola en su casa de Napa Valley. Yo había conocido a Eleanor años antes en San Francisco, y con Zenobia habíamos formado uno de los «grupos de mujeres» que entonces estaban en boga. En aquella época, Francis, el marido de Eleanor, estaba rodando *El padrino*. Ella, Zenobia y yo mantuvimos nuestra amistad puesto que las tres, curiosamente, habíamos ido a vivir al norte de San Francisco.

Durante este período yo oscilaba entre el intenso escrutinio del proceso psicológico y las minucias de mi trabajo diario. El aburrimiento de mis tareas cotidianas me obligó a concentrarme en mí. Durante las tardes, mientras quitaba el polvo a los preciosos objetos de cristal de un cliente o limpiaba retretes, tenía tiempo para pensar. Aquella época fue muy rica para mí, por la variedad de las tareas que realizaba y por la profundidad de mi trabajo interior. Entre lo que aprendía en la facultad y los inesperados encuentros con gente de todo tipo, aprendí a vivir el presente. Disfrutaba pasando ratos con algunas ancianas para las que trabajaba de asistenta. Cuidaba a dos niños y una abuela, Connie, que estaba en las primeras fases de la enfermedad de Alzheimer. A veces incluso escribía las cosas que decía Connie, porque estaban imbuidas de poesía. También limpiaba en casa de una mujer inválida, que me contaba historias fascinantes de sus muchos viajes a lugares exóticos. Me hice amiga de un anciano de noventa años, el señor Wright, y una tarde lo llevé a tomar un martini.

Llevaba un diario y comencé a escribir poesía haiku. Mi vida intelectual durante aquellos años era un compendio de vívidas ideas sobre psicología. Estudiaba intensamente a Jung, Hillman y otros autores junguianos, así como libros de simbolismo del tarot, análisis de sueños y números. A la vez hacía de madre, criando a dos inteligentes y activos adolescentes, pintaba e intentaba encontrar tiempo libre para hacer vida social. No tenía tiempo para pensar en el sentido de mi vida, porque estaba viviendo muy intensamente.

Prestaba atención a símbolos y sueños y era consciente de cómo las sincronicidades cotidianas me llevaban por mi propio camino, mi mundo interior inexplorado. Mientras buscaba un tema para mi tesis, descubrí cuatro grandes fuerzas en mi interior que parecían dirigir mi vida. Así pues, comencé a rastrear estas subpersonalidades a través de mis sueños, intuiciones, pasiones y eventos prácticos, y finalmente escribí la tesis sobre esas cuatro voces arquetípicas que habitaban en mí. Las cuatro personalidades que encontré eran: *el Director, la Odalisca, la Pequeña Carol* y *la Malabarista*, que era la dominante. El propósito de mi vida parecía estar en manos de estas cuatro subpersonalidades. El Director, una clara y objetiva voz masculina, me centraba en finalizar mis proyectos y entrar en un nuevo territorio. En mis sueños solía aparecer como un macho dominante. En visualizaciones guiadas, era la voz de la determinación y el coraje dinámico para asumir riesgos. La Odalisca, mi *ánima* o voz interior femenina, representada tradicionalmente en el arte como una mujer seductora tumbada desnuda, era fácil de reconocer en mi vida. Lánguida, mundana, sensual y dramática, la Odalisca representaba mi pasión por la pintura, mis relaciones con los hombres y mi interés por lo exótico y lo metafísico. Era ella la que gustaba del color, el romanticismo, la luz de las velas y la fantasía. La Pequeña Carol era mi niña interior, que a pesar de sus miedos e inseguridades, era un espíritu animoso y brillante. Se me aparecía en recuerdos y viejas fotografías y me recordaba los buenos ratos que planeábamos pasar cuando me hiciera adulta. En mi mente la veía posando al sol con el entrecejo algo fruncido y la mano en la cadera, en la misma postura que solía asumir mi adorada abuela. La Pequeña Carol esperaba impaciente nuestra siguiente aventura. Por último, la Malabarista era la que dirigía toda la orquesta. Práctica y organizada, era ella la que conseguía puestos de trabajo, cocinaba, conducía el coche y se encargaba de las cosas cotidianas.

En 1976 terminé la tesis y pensé: Bueno, ahora tengo dos carreras inútiles: historia del arte y psicología arquetípica. Evidentemente no veía cómo podía aplicar estos conocimientos al «mundo real». Había intentado proseguir con mi educación obteniendo el título de consejera matrimonial, pero por este camino no conseguía absolutamente nada. Tampoco me entusiasmaba la idea de ser terapeuta.

Sin embargo, el momento del «salto» no se dio en medio de todo aquel caos, sino que llegaría unos diecisiete años después de aquellos esfuerzos, crisis de identidad y episodios de creatividad y vida familiar. Y, naturalmente, hubo un preludio.

Entre 1976 y 1993 mi vida se centró en mis hijos, mi pintura, el estudio metafísico y mi trabajo como consejera intuitiva. Los libros seguían amontonándose junto a mi cama y por el suelo. De día, en los ratos libres en la oficina, trabajaba a veces en cartas numerológicas de algún cliente. Tenía realquilados en casa que me ayudaban a pagar el alquiler. Mi compañera favorita era Anne Lamott, la novelista. Se quedó durante un año, mientras escribía su segunda obra, *Rosie*. Muchas veces estaba yo pintando en mi estudio del primer piso y Annie aporreaba su vieja máquina de escribir en el porche, que daba a una cantera. La cantera era una buena metáfora, puesto que las dos estábamos cincelando el bloque de nuestra creatividad.

Una hermosa tarde de verano llegó un momento crucial para mi carrera. Yo estaba sentada bajo los robles en mi pequeño puesto de numerología de Renaissance Fair (una feria que se celebra todos los años en California junto al Living History Center, un variopinto conjunto de pintores, actores, músicos, bailarines, tenderetes de comida y visitantes). Mi cartel llamó la atención de un hombre que se detuvo un momento y me comentó: «La numerología puede introducirse en un programa de ordenador, ¿sabe?» Se ofreció para ponerme en contacto con un programador de software y desapareció de mi vida. Sin embargo, su sugerencia me pareció interesante. Puesto que tenía que ir escribiendo mis ideas, necesitaba aprender a manejar un ordenador. El director de la organización benéfica para la que yo trabajaba comenzó a enseñarme. Y así nació lo que resultó no un programa informático sino mi primer libro sobre numerología. Me forcé a seguir con el proyecto aunque no obtenía ningún apoyo. Como no logré encontrar a nadie que me lo publicara, dejé de lado el manuscrito durante varios años.

A los cuarenta y uno, después de doce años de celibato, me casé con C., un hombre joven, maravilloso, divertido y cariñoso. Yo todavía pintaba, trabajaba en oficinas y comenzaba a tener bastante práctica con la numerología. La vida era estupenda. Un día, buscando trabajo en el periódico, me llamó la atención un pequeño anuncio que ofrecía un puesto de media jornada en una agencia de relaciones públicas. Mi entrevista con Candice Fuhrman, la persona que había puesto el anuncio, resultó del mismo cariz que mi encuentro con Ruth Drayer. Le hice una pequeña lectura numerológica y la convencí de que nuestros números armonizaban bien juntos. Ella se echó a reír y me contrató. Todavía somos amigas y ella es ahora también mi agente literaria. Fue la responsable de que mi olvidado manuscrito de numerología se convirtiera en *The Numerology Kit*, mi primer libro.

Durante los seis años que C. y yo estuvimos juntos, fuimos una familia muy unida y yo sentía que la vida era maravillosa. Llevábamos casados cuatro años cuando mi hija Sigrid se marchó a la UCLA, seguida poco después por su hermano. Con la ausencia de mis hijos, y puesto que el trabajo de C. le exigía ir cada vez con más frecuencia a San Francisco, empecé a tener ganas de trasladarme allí y hablamos seriamente del tema.

Una tarde advertí un bulto pequeño en mi pecho izquierdo. Al día siguiente llamé al médico para hacerme una revisión. Después de examinarme, me dijo que probablemente no era nada serio. Durante los siguientes meses pedí otras opiniones de expertos en cáncer, y recibí la misma respuesta: «Vamos a esperar» y «No creo que sea nada grave». El impulso de trasladarme era cada vez mayor. Sentía la necesidad de encontrar una nueva casa.

Casi en respuesta a este impulso interior, el bulto creció. Habían pasado nueve o diez meses. Por fin mi médico me realizó una biopsia, y al cabo de unos minutos tenía un diagnóstico de cáncer de mama. En aquel momento no podíamos saber que ya se había extendido a ocho nódulos linfáticos. Lo primero que pensé fue: No me voy a morir. Voy a aprender algo de esto. Lo segundo fue acudir al Center for Attitudinal Healing, en Tiburon, a buscar algunos libros sobre el cáncer. Parece que mi remedio para todo es leer libros. Eleanor Coppola vino a acompañarme ese día y yo le di la noticia en la sala de espera.

Después del diagnóstico, la vida pareció consistir en una serie de pruebas. La prueba de mudarme a San Francisco, la de la quimioterapia, la de la cirugía, la de las radiaciones y la del divorcio. Desde el principio de este proceso las sincronicidades fueron asombrosas. Me sentía guiada y apoyada por el universo. El fin de semana que C. y yo nos fuimos de la casa en que yo había vivido diez años, comencé con una dosis inicial de quimioterapia tan fuerte que apenas recuerdo nada de la mudanza, excepto que mi jefe, el contratista Michael Conroy, trajo a su equipo de construcción para ayudarnos. Cuando llegamos a San Francisco, el esposo de Zenobia, O. B. Wetzell, trajo también su propio equipo de construcción para instalarnos en la casa nueva. En 1988, el día de San Valentín, me practicaron una mastectomía radical. En marzo C. me dijo que quería el divorcio. Yo, evidentemente, me quedé de piedra. No podía hacerme a la idea, pero él se mostró inflexible. Su madre había muerto de cáncer de mama cuando él tenía quince años, y aparentemente no era capaz de enfrentarse al incierto camino que teníamos por delante. Finalmente se marchó.

Yo proseguí con la quimioterapia, pero me encontraba demasiado enferma para realizar ningún trabajo. Me pasaba el día tumbada en el sofá, leyendo, reviviendo las escenas de los últimos meses. Tuve mucho tiempo para meditar sobre el significado profundo de todos esos sucesos. Mi trabajo espiritual me permitió centrarme en tres cuestiones: ¿qué mensaje me traía el cáncer en aquella etapa de mi vida?, ¿qué constelación de actitudes, esperanzas, karma, decisiones inconscientes y toxinas físicas, mentales y emocionales había creado el mal funcionamiento de mi organismo?, y ¿qué iba a hacer en el futuro?

Un mes después de que C. se marchara, Kathryn, una de mis mejores amigas, vino a compartir la casa conmigo para ayudarme a pagar el alquiler. Kathryn me ayudó muchísimo a resolver algunos graves problemas económicos y a mantener alta la moral. Además, me impedía buscar trabajo en las páginas del periódico. «Carol —me decía—, tú tienes un talento especial. A la gente le encanta lo que escribes. No puedes encerrarte en un trabajo normal. Ya encontrarás la forma de salir adelante.» Al final las dos nos reíamos. Cada vez que echaba un vistazo a los anuncios del periódico, decíamos que «había tenido un desliz», una expresión tomada de Alcohólicos Anónimos. Las dos sabíamos que era el momento de que pusiera una consulta como consejera.

Ese verano se publicó mi primer libro, *The Numerology Kit*. Di una charla en una librería con la cabeza cubierta por un pañuelo porque todavía estaba calva debido al tratamiento. Tras la publicación del libro había llegado el momento de poner mi consulta. Sabía en el fondo de mi ser que ya no podía «seguir tirando» a base de realizar labores administrativas. Creo que el cáncer había comenzado a hacerme ver mi camino espiritual y me obligó a darme cuenta de que los antiguos patrones de conducta ya no funcionaban.

Escribí un folleto e imprimí nuevas tarjetas de visita. Pedí referencias a mis clientes. La gente llamaba para pedir hora. Parecía que el universo apoyaba mi decisión de tener éxito en algo que me gustaba: hablar con la gente de sus vidas y utilizar mis dotes intuitivas.

Empecé a buscar lugares para dar charlas y promocionar mi negocio, y me uní a algunas organizaciones. Por ejemplo, no olvidaré la primera vez que acudí a la reunión de una organización para vendedoras profesionales. No conocía a nadie, de modo que cuando entré en la sala intenté hacer acopio de valor para presentarme a la gente. Era espantosamente tímida. Y todo el mundo parecía muy profesional. No veía más que mujeres bien vestidas, con la manicura perfecta y rebosantes de energía. Cuando alguien me preguntaba a qué me dedicaba, respondía con un hilillo de voz: «Soy numeróloga.» Casi siempre me oían mal y me tomaban por neuróloga. Me sentía intimidada porque me veía como una extraña, alguien con una vocación muy inusual. Lo que me animó a seguir adelante fue la certeza de que el cáncer había sido una llamada que me urgía a dedicarme a aquello para lo que estaba destinada. Yo sabía que cuando trabajaba con una persona, algo cambiaba en ella, y siempre salía con más fe en sí misma y con la certeza de que tenía algo importante que ofrecer.

Pero no siempre podía darme a mí misma lo que daba a los demás. Más tarde, después de leer *Las nueve revelaciones* me di cuenta de que mi vida había estado dominada por un patrón de comportamiento: el de mantenerme apartada de todo, mientras esperaba tímidamente que el mundo me descubriera.

Francamente, insistí en aquel proyecto de la consulta porque no tenía otra elección. En un intento por expandir mis contactos, me hice miembro de la Cámara de Comercio de San Francisco. Allí conocí a Leyla Bentley, cuya aventura conoceremos en el capítulo 6. Leyla también estaba interesada en la numerología, así como en el éxito de los demás, de modo que me sentí muy acogida por ella. Me uní a las entusiastas filas de empresarias y vendedoras por teléfono. La numerología no se conocía mucho en aquella época, al menos no tanto como la astrología. Tenía que explicar una y otra vez que la numerología era un antiguo sistema de análisis de la personalidad que hablaba del propósito de la vida y de las lecciones que podemos aprender. La gente con una visión científica del mundo o con fuertes preceptos religiosos, solía considerar la numerología «obra del demonio» o tal vez una rareza del movimiento de la Nueva Era.

Varios pequeños logros me mantuvieron en este camino que yo había elegido (aunque, para ser sincera, parecía más bien que me hubiera elegido él a mí). Mi atracción por la metafísica era más fuerte que mi deseo de ser aceptada, pero no mucho más. Me esforcé muchísimo. A veces me quejaba, preguntándome: ¿Sólo porque algo me interesa me tengo que ganar la vida con ello? Y además, ¿qué pasa con mi pintura? Yo pensaba que la pintura era el propósito de mi vida, pero por mucho que me gustara pintar no me sentía tan satisfecha como cuando hacía de consejera. Descubrí que necesitaba la energía humana que se creaba en las sesiones, aunque también me encantaba estar a solas durante horas pintando cuadraditos de colores. Seguí pintando porque me gustaba. De vez en cuando, milagrosamente, justo cuando más lo necesitaba, vendía algún cuadro.

Esta época de reafirmar mi identidad, fue un punto crítico en el que el propósito de mi vida dirigió mi camino sin tener en consideración mi salud, seguridad, temores, timidez o miedo al qué dirán. Mi propósito se desarrollaría a toda costa. Como un tigre hambriento, mi impulso interior de conocer los misterios de la vida seguía creando encuentros sorprendentes con maestros que me proporcionaban exactamente lo que necesitaba para dar mi siguiente paso en mi carrera de consejera. Hasta que poco a poco fue desapareciendo mi tensión y perdí el miedo a que me cayera un rayo en la cabeza. Era como si todos los rayos ya me hubieran caído con el divorcio, el cáncer, la ausencia de mis hijos, las dificultades económicas y los esfuerzos por establecer mi propio negocio. Comencé a respirar de nuevo.

A medida que mi propósito se fue haciendo claro, tenía intuiciones en plena noche sobre nuevas ideas y ejercicios para los seminarios. Poco a poco me hice consciente de que tenía que dar clases sobre el sentido de la vida. Empecé a redactar un currículum durante las primeras horas del alba. Consulté el tarot y el *I Ching* y escuché la increíble sabiduría que parecía venirme cuando más apoyo necesitaba.

Seguían sucediendo cosas que me impulsaban a dar un paso

tras otro. Mi trabajo parecía consistir en atender a esas intuiciones que me llegaban en la oscuridad, en seguir las ideas, en seguir escuchando, seguir avanzando y confiar en que estaba creando un modo de vida con el que podría mantenerme. Y todo fue bien, en todos los aspectos.

Durante esta época, mis padres murieron en el transcurso de un año. Yo me sentía algo aturdida, pero sus muertes parecieron señalar un camino. Aunque mantenía con ellos una estrecha relación, me sentí liberada de las ataduras de un viejo estilo de vida y de la tensión de reconciliar nuestros distintos sistemas de valores. Mis padres, personas trabajadoras, prácticas y divertidas, eran conservadores política y culturalmente y no les interesaban las ideas abstractas, la filosofía o la espiritualidad. Yo creo que cuando más me comprendió mi madre fue cuando me dijo: «Carol, eres mejor que la tele.» Ellos me enseñaron a reírme de mí misma, me ofrecieron un profundo contacto con la naturaleza y me legaron una gran capacidad de organización.

Pocos meses después de terminar con mi tratamiento de radioterapia, sentí que era el momento de marcharme de San Francisco. Pero no sabía dónde ir, y por otro lado tenía que aumentar mis ingresos. De pronto, las ganancias de los últimos dos años me parecían efímeras. ¿Iba a perder todo lo que había conseguido? Resultó que la necesidad me empujaría a dar el siguiente paso en mi camino.

Un día desperté con una idea muy clara: «Tal vez pueda ganar dinero ayudando a algún escritor con su libro.» No sabía de dónde me había venido aquella idea ni cómo podría ponerla en práctica, puesto que no tenía ninguna experiencia. Sin embargo llamé a mi amiga Candice, puesto que era la única persona que conocía relacionada con la literatura. «Si te enteras de alguien que necesite ayuda para escribir, llámame», le dije. Y esa misma tarde me llamó. Resultaba que había oído hablar de un médico que buscaba un *negro* que escribiera su libro. Casualmente, este hombre compartía muchos de mis intereses metafísicos. Aunque para mí era todo un desafío, supe que aquel proyecto era mi siguiente paso. El médico jamás me pidió ninguna referencia.

Durante los meses siguientes, terminé su libro mientras seguía ejerciendo de consejera. Sorprendentemente me llegó otra oportunidad de organizar y coescribir otro libro (esta vez sobre gestión financiera). Durante este período la tentación llamó de nuevo a mi puerta.

Con la mejor de las intenciones decidí asociarme con la autora de este segundo libro. Yo respetaba mucho su trabajo y me sentía sintonizada con él. Esta mujer, fuerte y carismática, había desarrollado un sistema excelente para trabajar con la gente en un aspecto muy problemático: el dinero. Comencé a aplicar el sistema a mis propias finanzas, que habían sido un desastre desde mi divorcio. Lo encontré muy positivo.

Me encantaba la idea de trabajar con una aliada, con una compañera. Contaría con apoyo, no estaría sola. Podría ayudar a los demás de forma tangible. Comencé a ver este camino como respuesta a mi sentimiento de soledad. Sabía que el negocio sería un compromiso, y que sólo podría llevar mi consulta de numerología fuera del horario lectivo. Jamás pensé en dejar de hacer lecturas intuitivas. Curiosamente, volví a caer en el viejo patrón de compromiso a medias, pensando que podría llevar adelante las dos clases de consulta. Le daba muchas vueltas a la posibilidad de esta nueva profesión. Parecía muy prometedora y confiaba en que el nuevo negocio sería un éxito. Me sentía perfectamente cualificada para ello. El único problema es que este nuevo trabajo caía dentro de mi zona oscura, esto es, la parte más débil de mí. El lenguaje de los números, tan familiar para mí en lo referente a cualidades y descripciones espirituales, era una densa niebla de terror cuando se trataba de hablar de inversiones, tasas de interés, libros de contabilidad y pagos periódicos. Algunos días me asustaba tanto que era como esos sueños en los que uno se ve desnudo ante la taquilla del colegio, con la ropa dentro e incapaz de recordar la combinación.

No estaba en mi elemento. Al cabo de unos meses, mi colega me llamó la atención por mi incompetencia. Intenté poner buena cara y racionalizar la situación. Dije que necesitaba más práctica (y era cierto). Comencé a discutir mis casos con ella, tomaba muchas notas. Seguía sintiéndome abrumada, pero había invertido tanto dinero, tiempo y energía en el proyecto que no pensé en dejarlo. En caso de dejarlo me sentiría perdida, como si aquélla fuera mi última oportunidad de encajar en el mundo. Estaba decidida a triunfar a pesar de tener la sensación de que yo no encajaba allí, una sensación que empeoraba más y más.

De pronto me di cuenta de que había caído en la clásica actitud de dependencia, negación y adicción al control. Estaba decidida a negar mis propios dones y talentos naturales en favor de algo que intelectualmente parecía más deseable y «real». Una noche volví llorando a casa bajo la lluvia. No me importaba vivir o morirme.

Y al día siguiente por fin salté.

Estaba en el salón y le grité al universo: «Soy pintora. Soy escritora y soy numeróloga. Si no triunfo como lo que soy, no sé qué más hacer. Dios, tendrás que ayudarme a seguir adelante.» Lo dije un par de veces en voz alta, para que Dios pudiera oírme, incluso di una patada en el suelo. Estaba harta de verdad, estaba verdaderamente enfrentada a mí misma. Estaba intentando ser alguien que no era, y no daba resultado.

Al día siguiente tuve una reunión con mi compañera y le dije que dejaba el negocio. Ella no se sorprendió, porque por fin había comprendido la agonía que yo estaba pasando. Cuando nos separamos, logramos reírnos de todo el asunto. Nos abrazamos y lloramos, como si de pronto hubiéramos visto alguna verdad y nos preguntáramos por qué habíamos tardado tanto en comprender lo evidente.

La semana siguiente el universo respondió a mi declaración con una oleada de abundancia. Mi teléfono no dejaba de sonar. Me llamaban clientes de los que hacía meses que no sabía nada, así como clientes nuevos. Sin poner ningún anuncio ni hacer ningún esfuerzo, ese mes doblé mis ingresos trabajando de consejera. Había realizado un cambio. Estaba de nuevo en posesión de mí misma.

¿Qué demonios estaba pasando? Ahora veo que aquello era sólo el principio.

Dos meses después de hacer mi «declaración» al universo, me invitaron a México y conocí a personas maravillosas que me ayudaron a ampliar mi trabajo allí. Durante la primera semana después de volver de México, en torno a agosto de 1993, dos amigos me sugirieron que leyera un libro: *Las nueve revelaciones* de James Redfield. A lo largo de los años he aprendido a prestar atención a lo que me dicen, de modo que compré el libro, que había salido hacía poco tiempo pero que ya pasaba rápidamente de mano en mano a pesar de no haber tenido ninguna publicidad. No imaginaba entonces lo famoso que llegaría a ser.

Como casi todos sus lectores, me vi inmersa en la aventura y sintonicé con sus conceptos. Yo también comencé a pensar en mi vida en términos de su filosofía. El libro describe el viaje de un personaje que llega a Perú en busca de un antiguo manuscrito y va descubriendo una a una sus revelaciones, que describen la transformación que la conciencia está experimentando desde los años sesenta. Cuenta que cada vez más gente advierte que forma parte de una visión del mundo más amplia. Aunque está escrito como una fábula, el libro gira en torno a principios universales y va revelando de forma brillante muchas de las verdades que hemos captado de forma intuitiva en nuestras vidas. El libro afirma que todos nacemos con un propósito que puede ser descubierto dejándonos llevar por las sincronicidades. Nuestro propósito puede verse en 1) nuestras inclinaciones naturales, 2) los sueños y objetivos de nuestra infancia, 3) las intuiciones y 4) los sueños nocturnos que nos guían. El libro nos enseña a advertir cómo adquirimos o perdemos energía en torno a otras personas y a prestar atención a los patrones de comportamiento en los que caemos para mantener la sensación de que ejercemos control sobre nuestras reacciones. También nos recuerda que nuestra alma tiene intenciones muy concretas en esta vida. Para cumplir esas intenciones elegimos a nuestros padres y las primeras circunstancias que nos ayudarán a desarrollarnos en cierta dirección. Si observamos a nuestros padres y el camino que han seguido, comprenderemos mejor que somos el producto de esos dos caminos de experiencia, y que estos dos caminos nos dieron una perspectiva única y singular que seguirá desarrollándose mediante nuestras propias acciones y decisiones. El libro predice que si viviéramos según estas nuevas revelaciones, cambiarían nuestras relaciones interpersonales y viviríamos de forma más auténtica, en armonía con aquello que hemos venido a hacer. Si todos realizáramos nuestro propósito, la cultura cambiaría y tomaríamos decisiones más acertadas para vivir en armonía y equilibrio con la tierra.

Mucha gente estuvo de acuerdo con estas ideas. *Las nueve revela-*

ciones se convirtió en un *bestseller* mundial entre 1995 y 1996. Yo creo que el libro fue un detonante. Había llegado el momento de que se conociera todo ese material, y los interesados en trabajar el camino espiritual despertamos a su llamada. También creo que los que conectamos con esta nueva espiritualidad formamos una especie de grupo de almas o hermandad y que estamos empezando a conocer a los miembros de esa hermandad para trabajar unidos.

Pero en 1993, lo único que yo sabía es que quería aplicar las ideas del libro a mi trabajo. Decidí escribir un sencillo cuestionario para utilizarlo con mis clientes. En él se revisaban las lecciones aprendidas de los padres. La idea era encontrar las características de nuestros progenitores y buscar la razón por la que hemos elegido a esas personas para que sean nuestros padres. ¿Por qué era necesario que tuviéramos esos padres en particular y qué podíamos averiguar sobre el sentido de nuestra vida a base de examinar la de ellos? Otra idea crucial era prestar atención a la forma en que intentamos obtener energía de otras personas. Yo descubrí, por ejemplo, que mi tendencia a la soledad había creado muchas de mis experiencias dolorosas.

Descubrí que haciendo a mis clientes algunas preguntas sobre las vidas de sus padres, averiguábamos muchas cosas sobre el sentido de sus propias vidas, sobre todo en relación con sus cartas numerológicas.

Pasaron dos o tres semanas antes de que comenzara a experimentar con la novena revelación del libro. Un día me llamó Candice. Estuvimos charlando un rato de nimiedades y al cabo de media hora, justo cuando ya estaba pensando en colgar y volver al trabajo, me vino una idea a la mente: Háblale del libro. Así que le conté que acababa de leer un libro que había cambiado mi forma de trabajo. No sé por qué lo dije, porque no tenía nada que ver con lo que estábamos hablando. Ella, siguiendo también sus intuiciones, me preguntó si el autor había editado él mismo el libro y yo contesté que sí. Entonces Candice pensó en llamarle para ver si necesitaba un agente. Aquello me sorprendió.

Candice logró entrevistarse con él (es una persona muy reservada) después de insistentes llamadas. Le felicitó por el éxito del libro y le ofreció sus servicios como agente. Él los rechazó, pero

Candice no se dio por vencida. En aquel momento se le ocurrió que a la gente le gustaría tener un manual con el que trabajar las ideas de la novela. James, tal vez viendo la sincronicidad de la aparición de Candice, respondió: «Bueno, tal vez por eso me ha llamado usted. Lo del libro guía puede ser una buena idea, pero yo no tengo tiempo para escribirlo.» Poco después Candice me contaba la historia. Al principio no comprendí las implicaciones de lo que me decía, pero entonces ella me sugirió que escribiera una propuesta para un libro guía que explicara cómo aplicar las revelaciones a la vida cotidiana, algo práctico que ayudara a la gente a utilizar las revelaciones para su propio crecimiento. Es obvio decir que me quedé desconcertada, pero al mismo tiempo el proyecto me ilusionó mucho.

Cuando me puse a trabajar en él, empecé a vislumbrar el camino por el que había avanzado. Era como ver mi pasado viaje bajo una nueva luz. Comprendí que todo mi trabajo anterior (escribiendo, creando grupos, diseñando ejercicios y aprendiendo a organizar ideas y explicar conceptos) me había ayudado a desarrollar las capacidades necesarias para responder a este nuevo desafío.

Cuatro meses más tarde me reuní con Candice y James y Salle Redfield para hablar de la posibilidad de escribir el libro juntos. James accedió a trabajar conmigo. Ha sido un placer colaborar con él. Ambos nos sentíamos guiados en nuestro trabajo, y el primer libro, *Manual de las nueve revelaciones*, salió en muy poco tiempo. Más tarde, tras la publicación del segundo libro de James (*La Décima Revelación*), me pidió que colaborara con él en el *Manual de la Décima Revelación*.

Desde 1994 he viajado por todo el mundo aplicando las revelaciones del libro a la vida diaria y al propósito de la vida. He oído incontables historias fascinantes sobre sincronicidad e intuición. Estoy cada vez más convencida de que todos debemos prestar atención a las intuiciones e ideas que nos muestran el camino y que deben ser desarrolladas. Incluso cuando nos sentimos bloqueados —como me ha pasado a mí muchas veces—, creo que no estamos más que en una etapa concreta del desarrollo del propósito que hemos venido a cumplir.

Parte del trabajo que realizaremos en este libro consistirá en estar alerta a los patrones que ha ido creando nuestro propósito y a las señales que muestran lo que ha de suceder. Estoy convencida de que todos podemos vivir una vida plena de sentido y significado si estamos dispuestos a trabajar en ella. A veces incluso lo lograremos sin esfuerzo.

Sea cual sea la situación en la que ahora se encuentra, tiene un sentido. Tal vez usted no quiera permanecer mucho en esta situación, pero es un propósito significativo lo que le ha llevado hasta ella. Si trabaja con las condiciones que tiene delante, descubrirá cosas sobre usted mismo que le ayudarán a dar el siguiente paso. Su trabajo será mirar, escuchar, decidir y actuar.

Creo que siempre se nos revela de alguna manera lo que es bueno para nosotros (para nosotros, no para nuestra madre ni para nuestro esposo o nuestro vecino). Yo me he esforzado en captar esas revelaciones en mi propia vida y, relacionándolas con leyes metafísicas, he descubierto que estas verdades universales nos ayudan en la búsqueda de nosotros mismos. Son las mismas energías que han sustentado al hombre durante miles de años. Lo maravilloso es que si ponemos de nuestra parte para convertirnos en nosotros mismos, también contribuimos a un propósito mayor. Bienvenidos.

Comencemos.

2

Usted es un sistema que se organiza a sí mismo

No hay ninguna clase de intervención a priori que pueda transformar el sistema o hacerlo girar en la dirección deseada. El sistema gira creándose a sí mismo, incluyendo su dirección futura y sus capacidades, ejerciendo su libertad para escoger aquello que percibirá. No es el volumen ni la cantidad lo que mueve ningún sistema. Es el interés y el sentido. Si el sistema decide que algo es significativo, absorbe en sí mismo esa información.

MARGARET J. WHEATLEY Y MYRON KELLNER-ROGERS[1]

LA LLAMADA

«Quiero saber cuál es el sentido de mi vida.» «Estoy confuso. Sé que debería hacer algo, pero no sé qué es.» «Si me aclarase, podría actuar.»

Estos comentarios han sido la mayor preocupación de mis clientes durante los últimos veintidós años. Hace poco oí que un chico de 17 años decía algo parecido, hablando con su novia. Eran las diez y media de la noche y ambos estaban en el aparcamiento detrás de la librería donde yo acababa de dar una charla. «Estoy muy confuso —me dijo, aprovechando el momento en que yo iba en busca de mi coche, puesto que no se había atrevido a hablar delante de la gente—. Estoy leyendo a Meher Baba y Rilke y algo de sufismo. No sé si debería escribir, seguir con la música o seguir con mis estudios. Quisiera encontrar mi camino.» Aquel deseo, expresado sin aliento, me conmovió y a la vez me sobrecogió, sabiendo lo importante que era para él aquella cuestión.

De la misma manera, una anciana de 86 años, una mujer de exquisita educación y grandes dones, me dijo una vez: «Quisiera saber cuál es mi verdadera vocación. Yo sé que tengo muchos dones. Siempre me están diciendo que debería escribir mi biografía o enseñar a gente más joven. Pero no sé qué hacer.» Su gran determinación para encontrar su camino en un nivel tan avanzado de experiencia en la vida me pareció magnífica.

También he oído la misma cuestión en boca de una mujer de 56 años a quien acababan de ascender en su empresa. Ahora contaba con una posición importante y había venido a hablar del propósito de su vida. Quería saber dónde buscar algún significado en aquella etapa de su vida.

He oído hacer esta misma pregunta a cientos de personas que realizan trabajos que no les gustan porque no coinciden con sus valores. O personas que han luchado mucho por su profesión pero que quieren abandonarla, personas que creían tener vocación religiosa y en cambio viven de otra cosa, personas que trabajan por cinco dólares la hora, con empleos difíciles y agotadores, o personas en paro.

SU PROPÓSITO YA SE ESTÁ DESARROLLANDO

Una metavisión

¿Alguna vez ha entrado en una habitación de su casa y ha olvidado qué iba a hacer allí?

Esto es lo que nos sucede a todos cuando nacemos.

Es necesario que nazcamos sin recuerdo alguno de lo que estamos destinados a hacer. ¿Por qué? Si es cierto que vivimos muchas vidas, entonces cada una de ellas tiene su propósito y su conjunto de experiencias. Algunas de estas experiencias quedan sin resolver. Esto es lo que en la tradición oriental se denomina karma. El karma, evidentemente, es un complejo multidimensional de fuerzas que escapan a cualquier explicación simple. El karma es acción, y las acciones tienen consecuencias. Nuestra identidad proviene de acciones pasadas, que crean recuerdos. Estos recuerdos provocan deseos, que a su vez provocan nuevas decisiones y nuevas acciones. Supongamos, por ejemplo, que en una vida anterior usted fue un gran músico que murió a los 18 años en una pelea de borrachos por una mujer. No tuvo ocasión de desarrollar su talento. Su alma anhelaba experimentar el éxtasis de la música, pero el deseo quedó sin realizar. Además, murió lleno de ira y celos. Este patrón de energía sin resolver sigue existiendo en el nivel energético de su ser, cuando usted se encuentra entre reencarnaciones, sin un cuerpo físico. Este karma debe completarse en otra vida. Tanto la física como la metafísica reconocen que la materia y la energía ni se crean ni se destruyen, sino que se transforman continuamente.

Su alma, al escoger un propósito para su vida, puede elegir esta reencarnación para trabajar el karma, o bien puede preferir posponerlo. Así pues, no podemos entrar en una nueva vida arrastrando todos los recuerdos y sentimientos de nuestras acciones pasadas (muchas de las cuales eran seguramente muy sombrías). ¿Quién querría comenzar con tanta rabia? Sin embargo, es posible que seleccionemos las mismas almas (nuestro amante, nuestro enemigo) para trabajar con ellas de nuevo (en esta reencarnación nuestro amante o nuestro enemigo podría ser nuestro padre).

> **«En las vidas de muchas personas es posible encontrar un propósito unificador que justifica lo que hacen, un objetivo que como un campo magnético atrae su energía psíquica, una meta de la que dependen todas las metas menores... Sin este propósito, hasta la consciencia más organizada carece de significado.»**
>
> ***Mihaly Csikszentmihalyi*** [2]

Expandir la consciencia es estar más atentos a las consecuencias de nuestros actos. Cuando se van cumpliendo nuestros deseos, buscamos una satisfacción mucho mayor: el deseo de unión con Todo lo que Existe, o Dios. En este momento, la voluntad personal (creadora del karma) se rinde a la voluntad divina. Entonces estamos abiertos para servir, para emplear nuestra individualidad al servicio de algo más grande que nuestros propios deseos. Nuestro deseo, de hecho, responde a una fuente superior. En este nivel no buscamos ningún resultado concreto, porque confiamos en que siempre tendremos algo que aprender. En este estado de rendición entramos en una relación directa con Dios, estamos abiertos a Él en todas Sus manifestaciones: amor, alegría, servicio, dolor o sufrimiento. Nuestras inclinaciones individuales se plasman en los caminos arquetípicos de la madre, el padre, el maestro, el sanador, el artista, el líder, el pacificador, el proveedor y el profeta. En el nivel del flujo sincronístico, entramos en nuestro dharma, o camino de servicio. Vivimos en integridad y somos guiados por nuestros valores.

Cuando contemplamos la vida desde esta metavisión (viendo la imagen espiritual completa), es importante hacerlo sin juzgar. En primer lugar, ninguno de nosotros ha elegido una vida de sufrimiento. En segundo lugar, no podemos juzgar el valor de una vida basándonos sólo en parámetros sociales y apariencias externas. Un alma puede regocijarse en las experiencias vividas como un vagabundo, mientras que el propósito de otra persona será el de ayudar a los vagabundos. Sólo podemos expandir nuestra consciencia si sabemos ver más allá de nuestros juicios condicionados. No podemos aferrarnos a las etiquetas, creyendo por ejemplo que la vida de una persona adinerada y culta es más valiosa que la de quien vive en la miseria. Aunque la experiencia de una persona sea dolorosa o difícil, no significa que sea buena o mala. Cada vida es única y todas tienen el mismo valor. Todos vamos en el mismo barco.

Una visión de cerca

Si usted ha escogido este libro tal vez se sienta algo inquieto por el propósito de su vida. Tal vez sienta que el tiempo pasa y que no ha logrado llegar a nada «significativo». Quizá busque un trabajo que le haga levantarse con ganas por las mañanas. O quizá, más que dinero y posición, busque ser reconocido. Yo creo que lo que usted siente (ese ansia de cambio, la incertidumbre, el deseo de «claridad») surge del propósito de su alma, que se está desarrollando aunque usted no lo sepa.

En este momento está en una fase del desarrollo de su propósito, no se ha salido del camino, por muy bloqueado que se sienta. Su vocación ya se ha hecho oír a través de lo que le motiva (en el pasado y en el presente), lo que le atrae, aquello a lo que se resiste y lo que le frustra. Pudo haber aparecido fugazmente entre sus tres y sus ocho años, o pudo revelarse en su adolescencia, en algo que le interesara. Su vocación puede vislumbrarse también en lo que admira en los demás, en habilidades que tiene y a las que no da importancia. Casi siempre que uno pierde la noción del tiempo, está trabajando en su propósito.

También se desarrolla una parte de su propósito cuando se enfrenta a obstáculos y problemas (resolver problemas otorga una gran fuerza y conocimiento de un tipo específico, necesario para su propósito). Una parte del propósito de su vida puede realizarse conociendo los resultados del dolor, la lucha y la enfermedad. Sin embargo, si su vida no es más que una sucesión de continuos obstáculos, entonces tendrá que revisar sus creencias sobre la vida. Por lo general, cuando vamos por el camino correcto, las cosas fluyen. Si no atrae más que obstáculos, necesita parar y preguntarse: ¿qué pensamientos tengo que cambiar?

Por encima de cualquier actividad concreta, el propósito de nuestra vida es desarrollar nuestra capacidad de amar. Nuestro propósito es crear vida a partir de lo que somos y en qué nos convertimos.

VER LO INTANGIBLE EN LO TANGIBLE

Elmer Schettler es un granjero de Iowa. En una de nuestras conversaciones le pregunté: «¿Cómo sabemos si estamos cumpliendo el propósito de nuestra vida?» Elmer, siempre tan directo, contestó: «Mira alrededor. Todos lo estamos cumpliendo. El propósito de nuestra vida es dinámico. No significa que alguien esté destinado a ser escritor, por ejemplo. Una persona puede escribir, pero eso es lo que hace, no lo que es. Y lo que uno hace suele cambiar con el tiempo. Como la ropa que se me quedaba pequeña cuando era niño, el camino de mi vida incluye tareas que evolucionan. Si estoy algo despierto, sabré lo que se supone que debo estar haciendo en este momento. La calidad de nuestra vida puede juzgarse desde distintos niveles. Cambia continuamente. En lugar de decir "soy panadero", deberíamos decir "ahora soy panadero". La vida es un modo de desarrollar nuestro propósito.»

¿En torno a qué nos organizamos?

«Si de vez en cuando me observo, puedo apartarme de las cosas mundanas y sentir o intuir un propósito profundo en lo que estoy haciendo en cualquier momento. Y un propósito a corto plazo puede ser el hacernos más conscientes de lo que pasa. Hace falta algún tiempo para ver el todo, como para montar un puzzle.

»A veces me digo: "Así es como normalmente reacciono ante una situación. ¿Quiero crear algo nuevo?" Yo creo que es importante hacer tres cosas distintas cada día: comer algo diferente, ir al trabajo por un nuevo camino y salir de la rutina. Cuando soy consciente de la vida, respondiendo en cada momento, y sintonizo con lo que es importante para mí (como la honestidad o la integridad) entonces me siento vivo. Tal vez no conozca el propósito de mi vida, pero mientras me emocione y me sienta conectado, estoy en el buen camino.»

SINCRONICIDAD, INTUICIÓN Y SENTIDO NO COMÚN

La mayoría de nosotros sabe cómo obtener lo que quiere. Pero a menudo ignoramos lo que queremos. De pequeños nos enseñan a leer, escribir y sumar. Nos inculcan la idea de que la vida es dura y los recursos pocos. Nos aconsejan que nos esforcemos por ser el número uno. Se gastan millones de dólares en orientación universitaria para poder analizarnos y aspirar al mejor de los trabajos para ser lo más productivos posible. Nos enseñan que para ir de A a C tenemos que pasar por B. Nos enseñan a creer que el sentido de la vida se encuentra en nuestro trabajo. Y aunque nos dicen que es mejor hacer lo que nos gusta, pensamos que esto no es práctico en el mercado laboral de hoy en día. ¿Cómo podré ganarme la vida haciendo crucigramas? ¿Cómo viviré de hacer surf? ¿Cómo voy a ganar dinero contemplando atardeceres? Casi siempre dejamos que sea nuestro sentido común quien tome las decisiones.

Quisiera aclarar que el sentido común o el pensamiento lógico no tienen nada de malo. Por lo general nos enorgullecemos de estar «al mando de las cosas». La disciplina, el saber hacer, son valiosos objetivos. Debemos emplear la cabeza para tomar buenas decisiones que nos mantengan sintonizados con nuestros valores más profundos. Pero este libro habla del otro lado de la vida, esa parte

REGLAS DEL CAMINO
PARA REALIZAR EL PROPÓSITO DE SU VIDA

Recuerde estas ideas cuando esté confuso o necesite apoyo para dar un paso. Para evaluar su forma de pensamiento, lea las siguientes premisas. Si con alguna no está de acuerdo, puede escribir sus sentimientos al respecto o contar sus experiencias.

- ❑ Creo que mis actitudes y creencias dan forma a mi percepción del mundo.
- ❑ Estoy seguro de que quiero vivir cumpliendo mi propósito.
- ❑ Puedo admitir honestamente qué cosas funcionan en mi vida y cuáles no.
- ❑ Creo que mi intuición me guía a cumplir mi propósito.
- ❑ Me comprometo a dar pequeños pasos hacia las cosas que me emocionan y tienen significado para mí.
- ❑ Puedo abandonar la lucha por el poder y el deseo de controlar a los demás.
- ❑ Recuerdo que no debo complicar las cosas.
- ❑ Creo que todos tenemos al menos un talento natural que es necesario para el flujo universal.
- ❑ Creo que mi mundo puede cambiar si cambio mis actitudes y creencias, y que todo es posible.
- ❑ Atraigo personas y eventos en el momento oportuno.
- ❑ Siempre tengo elección.

Si sinceramente puede decir que sí a cada premisa, su propósito ya ha emergido o está a punto de serle revelado. Si alguna respuesta es negativa, repase estas ideas mentalmente y hágase el propósito de aclarar estas revelaciones mediante la experiencia directa. Cuando tenga dudas o se sienta estresado, revise estas Reglas del Camino.

misteriosa que es una gran aventura. En este aspecto, debemos emplear diferentes habilidades y situarnos en otra perspectiva.

En todas las ciencias están cambiando las teorías sobre el mundo (en física, ingeniería, biología, química, fisiología, genética, bioenergética y otras ciencias médicas, así como en las ciencias de la conducta). Libros como *Leadership and the New Sciencie*, de Margaret J. Wheatley, nos abren los ojos a la fuerza organizadora existente tras nuestra realidad física. «El espacio está en todas partes, desde los átomos hasta el cielo, es como un [medio invisible] lleno de campos que ejercen su influencia y dan forma a la materia.»[3] Los teóricos del campo postulan un campo organizativo creado por el conocimiento combinado de los miembros de una especie. Cuando una masa crítica de individuos ha aprendido un nuevo comportamiento o habilidad, el nuevo patrón cobra existencia como un campo estructurante que facilita que otros individuos de la especie aprendan esa habilidad. Los analistas de sistemas están descubriendo ahora que más que intentar controlar un sistema, necesitamos aumentar nuestras intuiciones sobre su modo de funcionamiento para poder interactuar con él de una forma más armónica. Algunos psicólogos hablan de energías arquetípicas que existen en la conciencia colectiva. Estos patrones de energía se dan en todas las culturas y viven a través de nosotros en forma de las historias que vivimos individualmente. Estamos empezando a ver que el orden es parte inherente de un sistema. Este orden (o finalidad) organiza nuestras vidas procesando (a través de nuestras creencias y nuestros condicionamientos culturales e individuales) la información que recibimos. Ahora se nos anima a buscar no tanto la causa y el efecto de la vieja concepción newtoniana del mundo, como una finalidad emergente en cada evento.

Wheatley y Kellner-Rogers escriben: «Un mundo que se organiza a sí mismo se comprende mejor ahondando en sus paradojas. La vida, libre de crearse a su voluntad, asume formas particulares, definidos patrones de ser. Se desarrollan caminos y hábitos. Lo que somos se convierte en una expresión de lo que hemos decidido ser.» Y: «El mundo pide que nos concentremos menos en cómo podemos influir en las cosas para que se adapten a nuestros designios y nos centremos más en cómo podemos engranarnos unos con otros, cómo podemos entrar en la experiencia y luego advertir lo que sale de ella. Nos pide que participemos más del plan.»[4]

La organización quiere existir. El orden es una fuerza inherente a usted. Joseph Campbell dijo una vez que el tema básico de todos los mitos (las historias arquetípicas mediante las cuales vivimos vidas humanas) es que hay un plano invisible que soporta el plano visible. Este libro quiere llamar su atención sobre ese plano invisible. Confía en que su propósito invisible le empuje a que le dé el espacio, los elementos y la información que necesita para florecer. Ha llegado el momento de investigar el misterio de la vida (ese misterio que tanto nos asombra en las «coincidencias» o sincronicidades). El misterio del que nuestra intuición extrae el sentido no común.

DOS SUPOSICIONES QUE NOS CONECTAN CON LA FINALIDAD DE NUESTRA ALMA

Todo lo que sucede tiene un propósito

La intuición es la intención creativa universal expresándose a través de usted.

Cuando asumimos que todo lo que sucede (o no sucede) en la vida es necesario para que se cumpla nuestra finalidad, comenzamos a estar alerta y a sintonizar con algo que antes no percibíamos. Si adoptamos este punto de vista, tendremos la sensación de que, sea como sea el mundo exterior, siempre podremos aprender, crecer y decidir nuestro siguiente paso.

No tenemos que esperar que se nos revele nuestro propósito en un arranque de inspiración, sólo hay que considerar cada momento como una oportunidad creativa para ser quienes somos, para defender lo que valoramos y para afirmar la intención de lo que deseamos crear a continuación. El hecho de buscar un propósito en todo implica un cambio interno de perspectiva que cambiará todo su campo de energía. Esta actitud abierta eleva literalmente la vibración de su campo de energía y permite la aparición de más sincronicidades que le abrirán más puertas. Recuerde que su mundo exterior es una representación directa de su mundo interior.

Constantemente nos llegan mensajes, pero a veces los pasamos por alto considerándolos encuentros ordinarios. Jean, por ejemplo, a sus 61 años se enamoró de un hombre más joven después de estar sin pareja durante veinticuatro años. Anteriormente había vivido con otro hombre durante diez años, pero se separaron sin llegarse a casar. Ella siempre había querido casarse, pero temía que este nuevo amor llegara demasiado tarde. Tenía miedo de que la atracción que sentía fuera sólo una fantasía suya. Una tarde asistió a una sesión de meditación en la que no conocía a nadie. Otra mujer se sentó a varias sillas de distancia, pero en el último momento se colocó a su lado. En el transcurso de la charla que mantuvieron, esta mujer, que parecía contar cerca de 60 años, le dijo a Jean que estaba a punto de casarse con un hombre que había conocido el año anterior. Comentó que era algo totalmente inesperado en su vida, puesto que, después de estar sola más de veinticinco años, había renunciado a casarse. Ahora estaba muy enamorada. Éste es un ejemplo de un encuentro significativo que parece responder directamente a una cuestión interna que nos preocupa. Este tipo de evento significativo e inesperado es lo que llamamos sincronicidad. La sincronicidad, como veremos a lo largo de este libro, es la magia que nos hace seguir adelante.

Cualquier cosa es posible

Esta segunda suposición, expresada de muchas formas por varios maestros espirituales, me la mencionó por primera vez mi psicoterapeuta Colleen McGovern cuando yo estaba escribiendo este libro. La fe en que todo es posible va directamente al corazón de nuestro proceso. Cuando Colleen y yo discutíamos esta creencia, miré un momento en mi interior y pensé: ¿De verdad creo que todo es posible? Ahora puedo afirmar que sí con toda seguridad. He experimentado algunos sucesos increíbles y creo en los milagros. En cuanto miré en mi interior y pensé: Sí, cualquier cosa es posible, sentí un sutil movimiento en mi plexo solar, como si se relajara, como si se abriera una puertecita. Pruébelo usted mismo.

Pero si no puede afirmar con sinceridad que cree en los milagros, no pasa nada. Puede comenzar a rezar pidiendo la ayuda divina para resolver cualquier situación que quiera cambiar. Pida la gracia de atraer personas que hayan experimentado sincronicidades o milagros para que le ayuden a desarrollar la fe. Le sorprenderán los resultados.

DÓNDE ENCAJA USTED

Quién es usted

Según un reciente estudio del psicólogo Paul H. Ray, en Estados Unidos está emergiendo una nueva cultura cuyos supuestos y actitudes están cambiando el modo de pensar. Las personas que han abrazado este nuevo punto de vista son mujeres en su mayoría (un 67 por ciento frente a un 33 por ciento de hombres), y no sólo se interesan por los problemas del medio ambiente, sino por asuntos ecológicos más profundos. Se preocupan por el desarrollo personal y disfrutan trabajando con nuevas ideas, les gusta viajar y valoran las culturas extranjeras. Les interesa la salud, tanto personal como social y planetaria, la psicología, la espiritualidad y los temas humanistas. Son conscientes de los problemas a que se enfrenta el mundo y comprenden que todas las personas, especies, comunidades, estados, naciones, continentes, están inextrincablemente relacionadas e interconectadas.

Esta cultura, desarrollada mayormente entre la clase media, está más preparada para romper el molde de la sociedad y difundir y explorar sus propias ideas en talleres y seminarios. En lugar de ver la televisión, estas personas leen y oyen la radio. Aunque pueden tener muchos bienes materiales, están menos obsesionadas por el consumismo y más interesadas en desarrollarse ellas mismas y ayudar a los demás.

¿Cómo encaja usted en esta visión? Si se siente identificado con estas ideas es que forma parte de esta nueva cultura y es muy posible que las cuestiones que se plantee sobre el sentido de su vida formen una asociación inconsciente con este nuevo campo de energía colectiva. Yo me he convencido, después de conocer gente de todo el país y recibir cartas de todo el mundo, de que cada uno de nosotros trabaja con un grupo de almas que tienen finalidades similares.

La nueva visión del mundo está emergiendo en todo el planeta y se manifiesta en muchas disciplinas, sobre todo en el surgimiento de energías sutiles sanadoras, acupuntura, naturopatía, hipnoterapia, terapia de regresión, terapia nutricional, psicología espiritual y el creciente interés en lo que se ha dado en llamar filosofía eterna. Esta filosofía ha surgido científicamente de la física cuántica y la investigación cuerpo-mente en medicina. Se pone de manifiesto en la actitud, cada vez más extendida, de ampliar la espiritualidad al mundo del trabajo y los negocios. En todos estos casos se pone un énfasis especial en apartarnos de la creencia previa de que la vida es un suceso predecible que podría ser controlado si contáramos con los hechos y objetivos apropiados y la determinación de avanzar según ellos.

La nueva cultura advierte que hay que enfrentarse a los problemas no con remedios improvisados y paños calientes, sino utilizando principios que favorezcan la visión holística y las relaciones cooperativas. Esta nueva visión busca el significado espiritual de cada suceso y valora la diversidad de opiniones, historias y culturas. Advierte que las sincronicidades nos abren puertas y nos ofrecen soluciones de más cualidad que las que se logran mediante la coerción y el control.

Así pues, el sentido de la vida espiritual está inextricablemente ligado al sentido del todo.

Perspectivas de cambio

La segunda mitad del siglo XX, a partir de los volátiles años sesenta, trajo una nueva era de cuestiones sobre quiénes somos, qué impacto causamos cada uno de nosotros en el mundo y qué significa verdaderamente la responsabilidad individual. Comenzamos a pensar en las consecuencias del crecimiento ilimitado. Había llegado el momento del pensamiento de campos y sistemas. En el pensamiento de sistemas, debemos considerar cómo afecta cada parte del sistema a las otras partes y de qué forma el individuo contribuye con el todo. Si pensamos en términos de sistemas, nos planteamos preguntas como: ¿De qué forma afecta el uso de pesticidas en Iowa al clima de Borneo? ¿Qué debe suceder física, mental, emocional y espiritualmente para que se dé una sanación? ¿Cómo podemos alimentar la riqueza de la diversidad y vivir en armonía?

En los años sesenta comenzaron a despertar distintos segmentos de nuestra cultura allí donde hacía falta un cambio: en los derechos civiles, en cuanto a las guerras y en la teoría económica, sobre todo con respecto a las discrepancias en la gestión y distribución de recursos.

Más o menos al mismo tiempo, una nueva idea recorrió la comunidad espiritual. *Nosotros creamos nuestra propia realidad.* De pronto la consciencia de un gran grupo de personas dio un giro, en dirección a un foco interno en lugar de un foco externo. De pronto nos dimos cuenta de que éramos responsables de nosotros mismos y de todas las cosas que atraíamos.

«La mayoría de nosotros invertimos mucho tiempo en el trabajo, no sólo porque tenemos que trabajar muchas horas para ganar lo suficiente, sino porque el trabajo es algo central en la obra del alma. Nos estamos creando a nosotros mismos, nos estamos individualizando, por utilizar un término junguiano. El trabajo es fundamental para la obra porque el sentido de la vida es la fabricación del alma.»

***Thomas Moore*[5]**

La idea de que la realidad es la forma en que contemplamos el mundo, que el mundo es nuestra percepción de él, tardó un tiempo en ser asimilada. A veces la gente interpretaba la frase de que «creamos la realidad» de un modo que promovía el sentimiento de culpa. Por ejemplo: «Yo creé mi cáncer, de modo que no debo de ser bastante espiritual», o «Yo he causado que un coche me atropellara, de modo que no debo de pensar positivamente». Pero tomar esta idea de forma literal, como si toda creación fuera una decisión consciente, provoca una confusión innecesaria.

Debemos recordar que en toda enfermedad, accidente, desgracia o milagro entran en juego muchos y complejos factores. Jamás sabremos del todo por qué nos suceden las cosas. Un alma puede nacer con el profundo propósito de experimentar algo muy doloroso o de aprender algo que sólo puede aprenderse a través de un suceso traumático o del sufrimiento. Puesto que nacemos con libre albedrío, nuestra alma no puede programarnos para que vivamos la experiencia de un accidente en la esquina de una calle concreta el 15 de diciembre de 1997. Sin embargo, parte del propósito de esta vida puede ser aprender a recibir amor de los demás. Es posible que esta alma experimente un gran crecimiento espiritual si la persona logra superar un revés físico o emocional. Lo que parece una tragedia para el entendimiento humano puede ser un suceso transformador en el desarrollo completo de un alma a través de muchas reencarnaciones. Lo importante es que no hay forma de saber en qué nivel «creamos» un suceso. Una enfermedad puede crearse al nivel del alma, al nivel kármico o tal vez se deba a que bebimos demasiado alcohol durante treinta años hasta que nuestro hígado sucumbió. En lugar de rechazar a la persona que se muere de hambre porque ella misma creó su condición kármica, debemos siempre ofrecer amor, compasión y ayuda.

Sin embargo, nuestras creencias sobre la vida crean nuestras respuestas al mundo que percibimos. Nuestras percepciones, actitudes y creencias son lo que vemos reflejado en el mundo físico, en el mundo externo. De modo que cuando decimos «yo creo mi propia realidad», lo que queremos decir es que nosotros elegimos pintar el mundo de determinada manera y decidimos pensar que esa realidad es la verdad.

Nacemos para ser directores de energía, nacemos para crear. Algunas cosas las creamos sin ser muy conscientes, otras de forma intencionada. En este espectro de creatividad (ya sea a nivel del alma, kármico, subconsciente o consciente), tenemos exactamente lo que queremos tener en cada momento. Esto no nos condena a tenerlo para siempre. Es simplemente lo que hemos creado con nuestro nivel de consciencia, el modo en que hemos focalizado nuestras intenciones y deseos y las específicas decisiones y acciones que hemos emprendido.

Las cosas suceden. El modo en que nos enfrentemos a ellas depende de nosotros. A veces parece que no tenemos elección, pero en realidad siempre tomamos algún tipo de decisión, consciente o inconsciente, para enfrentarnos a un hecho. En la historia abundan las anécdotas sobre personas que han sufrido todo tipo de privaciones y traumas y demostraron un valor, una compasión y una creatividad a la vez ordinarios y excepcionales.

¿Cómo tenemos que vivir?

En un nivel muy profundo de la conciencia, la pregunta colectiva es ésta: ¿Qué hemos venido a hacer? Sabemos que deberíamos estar haciendo algo, pero ¿qué? ¿Cómo podemos contribuir a lograr esta labor evolutiva?

Puesto que vivimos en un mundo donde las cosas se dividen en frías o calientes, buenas o malas, claras u oscuras, nuestra mente lo separa todo de modo natural en dos conceptos contradictorios. Pero, curiosamente, la realidad de la vida y las subyacentes leyes universales suelen formarse a partir de paradojas, lo cual significa incluir los contrarios, más que excluirlos. Recorrer el camino del propósito de su vida es aprender a sentirse cómodo con las paradojas.

La primera paradoja de nuestra vida es que nada está determinado, y a la vez nada sucede por azar o accidente. Nosotros colaboramos en la creación de las cosas con nuestra fuente espiritual. Tenemos libre albedrío, pero no ejercemos el control. La segunda paradoja es que cuando ponemos nuestra intención en lo que deseamos, normalmente lo logramos sólo cuando hemos renunciado a nuestra necesidad de tenerlo. Ésta es la paradoja de la intención (deseo personal y voluntad) y la rendición (dejar que Dios o el universo nos proporcione lo que es mejor para nosotros). Somos seres finitos y mortales y a la vez almas infinitas de gran dimensión espiritual. Somos la ola y la gota de agua. Nos dirigimos y somos dirigidos.

Nuestro lugar en el campo universal de la consciencia humana

Nuestra mayor verdad espiritual es que somos uno con nuestro creador. Existimos dentro del campo universal de consciencia y podemos afectar a ese campo a través de nuestra intención y nuestro deseo. Según la física cuántica, el tiempo y el espacio no son más que modelos conceptuales que utilizamos por cuestiones prácticas. Cualquier intención que tengamos es inmediatamente captada por el campo universal de energía. Físicos vanguardistas como el doctor David Bohm y J. S. Bell nos han hecho comprender que en el universo todo está afectado por todo. En *Synchronicity,*

The Inner Path of Leadership, Joseph Jaworski traslada el lenguaje técnico de la física a estas ideas: «La explicación más sencilla del teorema de Bell es ésta: Imaginemos un par de partículas en un sistema de dos partículas. Si alejamos una de la otra (si ponemos, por ejemplo, una en Nueva York y otra en San Francisco), y cambiamos el espín de una de esas partículas, la otra cambiará simultáneamente su propio espín.»[6]

Los descubrimientos sobre la luz demuestran que la luz es tanto una partícula (es decir, una *pieza* del todo) como una onda (o el todo). Siguiendo esta línea de pensamiento, imaginemos que cada uno de nosotros es a la vez una pieza de la humanidad y la totalidad de la humanidad. En el pensamiento de sistemas, todos y cada uno de nosotros, desde el jardinero a la bailarina o el vicepresidente de la General Electric, estamos entrelazados en un momento eterno que no está separado del tiempo y el espacio, danzando en una interacción divina. Así pues, lo que hacemos por nosotros lo hacemos por todos. Jeanne Achterberg, autora y profesora de psicología en el Saybrook Institute de San Francisco, dijo en un artículo para la *Noetic Sciences Review*: «Vivimos en una sopa cuántica bioquímica, neurofisiológica, resonante. Si esto es cierto, es enorme la responsabilidad que tenemos para con nuestra vida interior, que se extiende mucho más allá del desarrollo personal e individual de uno mismo. Sea cual sea nuestra experiencia interna en términos de amor y pasión, odio y codicia, abundancia y anhelos o cualquier otra emoción humana, es muy posible que esa experiencia no sea sólo nuestra.»[7]

Nuestra cuestión personal sobre el sentido de la vida puede ser muy bien la punta, y el fundamento, del iceberg colectivo, una parte de una cuestión mucho más amplia: ¿adónde vamos después de esto? Si consideramos los anhelos individuales a la luz del pensamiento de sistemas, tal vez los veamos no como reflexiones aisladas y narcisistas sino como el equivalente del ADN de nuestra alma, el motor generador de la evolución.

De modo que se nos plantea un dilema: sé que debería hacer algo, pero no sé qué. Vamos a estudiar la primera parte de la frase: sé que debería hacer algo. Nacemos sabiendo que tenemos una finalidad, un trabajo que realizar. Si nos falta consciencia espiritual o crecemos con personas que nos programan para ver el mundo como una lucha entre lobos y una pesadilla competitiva, entonces nuestro propósito parece ser derrotar al sistema. Nuestro único objetivo es intentar ser el número uno, no meternos en líos, cuidarnos ante todo de nosotros mismos y sospechar de cualquier cosa que no podamos comer, vender, ver o explicar.

Si nos apartamos por un momento de este modo de pensar condicionado (tal vez haciendo un viaje, leyendo una buena novela, contemplando un atardecer o adoptando a un niño), comenzaremos a ver que podemos hacer algo más interesante con nuestro tiempo en este mundo. O podríamos despertarnos todos los días a las cuatro de la madrugada y enfrentarnos a nuestra necesidad no satisfecha de ser aceptados, reconocidos, de tener éxito y el respeto de nuestra familia y amigos. Podríamos enfrentarnos a nuestra sed de conocimiento, nuestro deseo de hacer algo por los demás y nuestra necesidad de comprender nuestro lugar en el mundo antes de morir. Podríamos llorar por la absoluta necesidad de amor, belleza, música y la silenciosa gracia de la naturaleza.

No habríamos nacido si no tuviéramos un propósito inherente para vivir en la tierra. Una persona dijo en uno de mis talleres que por cada nacimiento, hay diez mil almas que rivalizan por esa oportunidad. Piénselo. Usted es una de las que lo lograron.

Por mucho que naveguemos a la deriva en el mar de nuestra vida, por mucho que tengamos que luchar, no nacemos como almas sin un objetivo, no nacemos sin brújula, no nacemos sin nombres o sin coordenadas.

De modo que cuando en plena noche, en un momento de inspiración, o en las interminables colas de los supermercados (que son a veces el único momento que tenemos para reflexionar), nos preguntamos «¿Cuál es la labor de mi vida?», presuponemos que existe un título concreto, ocupación, profesión, oficio, carrera, vocación, servicio, talento o identidad oculta que no podemos alcanzar. Y siempre se nos aparece como algo externo, como si alguien con autoridad fuera a concedernos ese título algún día. Creemos, equivocadamente, que el logro de nuestra finalidad nos proporcionará seguridad económica y nos garantizará el respeto de aquellos que se crucen en nuestro camino. Suponemos que si trabajamos y tenemos suerte, la fama validará nuestros esfuerzos. Por otro lado, si no tenemos éxito, tal vez nos sintamos poco dignos o invisibles. Cuando estamos deprimidos, pensamos que si nuestros padres, egoístas o dominantes, hubieran comprendido mejor nuestros talentos seríamos una persona famosa, un escritor, un inventor o alguien como la madre Teresa, alguien que realmente deja una huella en este mundo.

El caso es que solemos considerar el «propósito de la vida» como algo invisible e inalcanzable, o sólo alcanzable en un futuro dorado, cuando por fin lo veamos con claridad y obtengamos el doctorado. Hasta entonces nos despreciamos por no haber avanzado lo suficiente.

Pero yo creo que nuestro propósito no es una cosa, lugar, ocupación, título o talento concreto. Nuestro propósito es ser. Nuestro propósito es el modo en que vivimos la vida, el papel que interpretamos. Nuestro propósito se manifiesta en cada momento, cuando tomamos decisiones para ser quienes realmente somos.

USTED

Usted es un sistema que se organiza a sí mismo
en un campo invisible de energía
organizado por su propósito y una corriente continua de
  información

la información es el nutriente de un sistema autoorganizado

lea este libro para conocerse a sí mismo
conociéndose a sí mismo se revela su propósito

vivir con un propósito significa que usted es
una abertura a través de la cual fluye Dios

el propósito habla de desarrollar relaciones
el propósito habla de centrar la atención y la intención
en el momento presente
  avanzar con nuevas ideas
  dar y recibir apoyo

ser voluntario
aconsejar
escuchar a la imaginación y la intuición
comunicar
emprender acciones basadas en la dirección interna y
escuchar los mensajes de la externa
ser adaptable
asumir responsabilidades y terminar para siempre con el
papel de víctima
rindiéndonos a la voluntad divina y trabajando con las
lecciones
desarrollando la fluidez, la tolerancia, la compasión y
la capacidad de amar.

CAROL ADRIANNE

Algunas personas piensan que buscar el sentido de la vida es un lujo sólo al alcance de los afortunados que pueden «permitirse» escoger un camino artístico, creativo o humanitario. Muchas personas se quejan de que los pobres no tienen la posibilidad de pensar sobre el sentido de la vida o de vivir de acuerdo a un propósito más alto o a ciertos valores espirituales. En una ocasión, después de una charla que pronuncié sobre la importancia de tener una visión positiva del futuro, un industrial australiano me dijo en el vestíbulo de un hotel de Estambul: «Ahí fuera hay un mundo real. Hay gente que se muere de hambre. No creo que les preocupe encontrar el propósito de su vida o contribuir a un plan universal superior. La gente de la conferencia se marchará de este hotel e irá directamente a gastar dinero en sí misma. No va a cambiar.» Yo sabía que sus comentarios venían provocados por su propia frustración y su interés por inspirar a la gente para que realizara sus sueños. Cuando surge esta cuestión, debemos recordar dos cosas. En primer lugar, en el aspecto físico, existe una jerarquía de necesidades que uno debe satisfacer antes de embarcarse en cuestiones filosóficas. En segundo lugar, en el aspecto espiritual, el alma elige las condiciones que mejor la servirán en esta vida, de modo que cualquier persona, en cualquier circunstancia, puede estar cumpliendo su propósito.

La desesperación y frustración que nos provoca el mundo y la

> **«Por extraña que pueda parecer, la vida se torna serena y placentera precisamente cuando los objetivos primordiales dejan de ser el placer egoísta y el éxito personal.»**
> *Mihaly Csikszentmihalyi*[8]

posibilidad de cambiarlo en beneficio propio y ajeno es real y necesaria. La desesperación nos mantiene en contacto con lo profundo de nuestra finalidad y con la necesidad de seguir adelante incluso en momentos de completa oscuridad. Paradójicamente, la frustración, e incluso la desesperación, nos llevan al vacío, al lugar donde nos rendimos y dejamos que algo más grande que nosotros entre en nuestras vidas y nos lleve allí donde necesitamos ir. Incluso cuando uno sabe muy bien adónde se dirige, la vida puede parecer abrumadora y desalentadora. «¿A alguien le importa todo esto? ¿Acaso lo que yo hago sirve de algo?» Ésta es sólo una parte del camino en espiral de nuestro propósito. Tenemos que trabajar de firme para lograr nuestras metas y cuando las alcanzamos (o cuando no) siempre llegamos a un punto en que necesitamos reexaminarlo todo y empezar a andar de nuevo.

El propósito de la vida

Según quienes han logrado recordar lo que consideran vidas anteriores, parece que cada persona decide vivir en la tierra por una razón diferente. Algunos sostienen que han venido para ayudar a otros y para crecer espiritualmente. Otros han venido a adquirir nuevas experiencias para completar lo que ya habían hecho en otras vidas o para corregir tendencias arraigadas a través de varias reencarnaciones. Algunos vinieron para tornarse más sociables después de varias reencarnaciones de relativo aislamiento o empobrecimiento, y otros han venido para trabajar relaciones personales kármicas.

Las siguientes ideas son algunos de los conceptos comunes que encontramos cuando intentamos racionalizar cuál puede ser el sentido de nuestra vida:

1. El sentido de toda vida es colaborar en la creación de la vida que nos es dada para dirigir nuestra energía hacia una dirección importante para nosotros.

2. Todos venimos a la tierra con una guía interior que nos dirige hacia personas, lugares y eventos que nos permitirán cumplir sincronísticamente nuestro propósito.

3. Nuestro propósito se desarrolla constantemente, aunque muchos no seamos conscientes de ello o aunque estemos obsesionados con determinada meta.

4. El propósito de nuestra vida suele ser aprender a amar de una manera más plena, más profunda, más constante, más incondicional.

5. El propósito de nuestra vida puede ser desarrollar características como la fe, la confianza, el valor o la capacidad de perdón.

6. El propósito de nuestra vida puede ser ayudar al desarrollo espiritual de otras personas.

7. El propósito de nuestra vida puede ser estar con otra alma con la que tenemos algún asunto pendiente.

8. El propósito de nuestra vida se encuentra en actividades que nos hacen perder la noción del tiempo.

9. El propósito de nuestra vida se encuentra allí donde nos sentimos impulsados a abrir el corazón ante cosas que previamente nos habíamos negado.

10. El propósito de nuestra vida se desarrolla en la vida cotidiana, así como en momentos de trascendencia como un despertar espiritual en el bosque, una experiencia cercana a la muerte o después de algún logro, grande o pequeño, que nos conecta con algo trascendente a nosotros mismos.

11. El propósito de nuestra vida es ser tan auténticos, tan plenos, tan presentes como sea posible.

TRABAJAR EN NUESTRO PROPÓSITO

Muy bien, hemos hablado de lo que es el sentido o propósito de la vida, ahora hablemos de usted. Comenzaremos afirmando su intención de trabajar en su propósito. No tenga miedo. Éste ha de ser un ejercicio sencillo y divertido. Siga los pasos expuestos más abajo y deje que responda su intuición. Siempre podrá cambiar sus afirmaciones si encuentra mejor forma de expresar su esencia. Este sencillo proceso será una herramienta para empezar a formar un plan para trabajar en el sentido de su vida.

¿Por qué «trabajar»?

Usted es un campo de energía organizador, con un propósito inherente. Su propósito está trabajando, pero si usted no lo siente así, este proceso le ayudará a ser más consciente de la manera en que puede contribuir en el mundo. Cada vez que nos hacemos más conscientes, nuestras vidas cobran más significado y movimiento. Utilice la hoja de trabajo de la página 69.

Paso Uno

ME GUSTA... Escriba varias actividades que le guste realizar.

Busque cosas que le resulten fáciles, cosas en las que tal vez no ha realizado ningún aprendizaje pero que simplemente «se le dan bien». Las siguientes sugerencias le ayudarán a empezar, pero tal vez sus actividades no se cuenten entre ellas.

ACTIVIDADES

ME GUSTA...

hablar	escuchar	enseñar	escribir	coser	el bricolage
la jardinería	reparar cosas	analizar	conducir	navegar	caminar
correr	mentor	pintar	leer	embellecer	ganar
hacer surf	coleccionar	persuadir	explorar	alimentar	cocinar
grabar	solucionar problemas	negociar	sanar	aconsejar	revelar
editar	criticar	dirigir	producir	acampar	inspirar
la abogacía	renovar	guiar	bailar	mirar por la ventana	

INFORME ACERCA DE SU META O PROPÓSITO

Conteste estas preguntas tan rápidamente como pueda, sin detenerse a pensar demasiado en cada una de ellas. Deje que sus respuestas fluyan sin reflexionarlas. Después de cumplimentar todas las cuestiones o la mayoría de ellas, haga un breve e imaginativo resumen que describa la esencia de usted mismo. Si su resumen le hace reír, llorar o sonreír, usted está en el buen camino. Cuando escriba su resumen, asegúrese de que cada palabra es exactamente la que usted quiere poner, y si no lo ve claro, busque la palabra que mejor se adecúe a lo que usted siente.
Use este cuestionario como una manera de perseverar en su meta o propósito hasta que encuente otro mejor.

RECONOCERSE A SÍ MISMO

Cuando era pequeño quería ser ________________________

Cuando era pequeño siempre estuve cautivado por __________
____

Las actividades que más me gustan actualmente son (véase recuadro de p. 68) ______________________________

Mis mejores cualidades son (véase recuadro de p. 70) ________
____

Las cualidades que quisiera desarrollar y expresar son (véase recuadro de p. 70) ______________________________
____

Me siento resplandeciente cuando ____________________

Destaco en ________________________________

Me siento verdaderamente yo mismo cuando ____________

Lo que hago sin esfuerzo es ______________________

Sigo sintiéndome atraído por ______________________

Paso Dos

YO SOY... Escriba algunas cualidades que le gusten de usted o que otros hayan visto en usted.

No sea tímido ni modesto a la hora de ver sus mejores cualidades. No se sienta limitado por esta lista.

YO SOY

gracioso	entusiasta	consolador	decidido	inteligente	dulce
amable	valiente	directo	inspirador	comprensivo	optimista
visionario	compasivo	flexible	culto	divertido	práctico
abierto	generoso	fuerte	energético	sereno	aventurero
persuasivo	intuitivo	original	espontáneo	paciente	ingenioso

Paso Tres

ME GUSTARÍA... Escriba las cualidades que le gustaría tener.

ME GUSTARÍA TENER MÁS

humildad	generosidad	compasión	capacidad de amar	amabilidad
valor	fe	integridad	dotes de mando	capacidad para servir
creatividad	capacidad de investigación	rectitud	tolerancia	capacidad inventiva

sentido de la justicia
capacidad de hacer reír
capacidad de impartir paz
capacidad artística o musical
capacidad para sanar
impacto positivo sobre el medio ambiente o los derechos humanos
capacidad para presentar de forma sencilla el material complejo
gran elegancia
dotes para bailar
sentido común
sentido no común

Paso Cuatro

El conjunto. Reúna todos los elementos de los pasos Uno, Dos y Tres y escríbalos juntos en una hoja.

El objetivo es combinar esos elementos en una frase, destilando la esencia de usted mismo en una afirmación breve, concisa e imaginativa. Tómese el tiempo que necesite para combinar los elementos. Para que sea efectiva, la frase debe llevar una carga emocional que le haga llorar o reír.

Ejemplo 1

Victoria, madre en busca de un puesto de trabajo, escribió en el Paso Uno: «Me gusta embellecer entornos, ya sea mi casa, la casa de otra persona o la decoración de armarios. Me encanta hacer este tipo de cosas.»

En el Paso Dos escribió: «Soy entusiasta y decidida cuando quiero conseguir algo.» Y en el Paso Tres: «Me gustaría que se reconociera mi habilidad para hacer la vida más hermosa y digna de ser vivida.»

Victoria combinó estos elementos en la siguiente afirmación, que luego leyó en voz alta: «Soy la reina de la Belleza y la Alegría.» Y no pudo evitar añadir: «¡Qué bien!», porque su afirmación captaba de forma clara y sencilla la esencia de lo que ella quería expresar.

Ejemplo 2

Chuck, un periodista, escribió en el Paso Uno: «Me gusta navegar.» Pero se preguntó: «¿Cómo puede eso formar parte del propósito de mi vida?» En el Paso Dos escribió: «Soy paciente e inteligente.» Y en el Paso Tres: «Me gustaría que se reconociera mi capacidad para presentar las materias complejas de forma sencilla.» Al combinar estos elementos surgió la siguiente afirmación:

«Navego por la vida dejando que la corriente me lleve donde necesito ir para poder impartir conocimiento a los cuatro vientos.» Al comentar esta afirmación dijo: «Me encanta la idea de navegar por la vida porque me gusta sentir que estoy en movimiento y utilizando mis instintos para fijar el rumbo.»

Ejemplo 3

Arlene, una hipnoterapeuta, dijo: «Me encanta leer, explorar ideas, escribir, editar, guiar, sanar y embellecer. Soy visionaria, creativa, compasiva, intuitiva e inteligente. Me gustaría que se reconociera mi capacidad para ayudar a los demás a crecer.» Tras un momento de reflexión escribió de pronto: «Mi propósito es conocer y ser conocida.»

Ejemplo 4

Wendy, una madre de tres hijos que busca una profesión, escribió: «Me gusta hablar y escuchar. Soy dulce y amable. Me gustaría ser reconocida por mi servicio a los demás.»

Insegura acerca del propósito de su vida, cuando le preguntaron qué era lo primero que hacía por la mañana después de dejar a los niños en el colegio, ella contestó: «Enciendo el ordenador y me pongo a charlar en las líneas *chat.*» Y se echó a reír. Por fin escribió: «Mi propósito es hablar con la gente.»

Ejemplo 5

Bill, un técnico de software actualmente en paro, escribió: «Me gusta descubrir, construir, integrar, restaurar, innovar y reflexionar sobre mis descubrimientos. Soy gracioso, paciente, intuitivo, generoso y aventurero.» Al principio concluyó: «Mi propósito es enseñar a otros a reír, amar y vivir.» Y luego cambió a: «Mi propósito es reír, amar y vivir.» Y luego a: «Mi propósito es ser Bill el Pirata.»

DEJE QUE SU PROPÓSITO LE ENSEÑE EL CAMINO

Sea claro en sus intenciones para expresar lo que le gusta hacer y para ser guiado para interpretar el papel que sólo usted puede interpretar. Lea su afirmación por las mañanas y las tardes y cuando le cueste tomar una decisión, lea de nuevo la afirmación y deje que su esencia despierte en su interior la opción que mejor le convenga. Buscar modos de utilizar sus talentos le devolverá el sentido de la aventura. La forma más segura de saber que está desarrollando su propósito es muy sencilla: ¿Está contento? ¿Se siente comprometido? ¿Disfruta de la actividad que realiza, le paguen por ella o no?

EJERCICIO DE VISUALIZACIÓN

Cuanto más sienta que está desarrollando un talento, más oportunidades atraerá para que éste se exprese. Además de leer su declaración todos los días, intente este breve y fácil ejercicio de imaginación:

Piense en algo que le guste y que haga bien. Cierre los ojos y recuerde la última vez que lo hizo. Reviva en su cuerpo aquel sentimiento positivo mediante la imaginación. Haga esto todos los días durante tres semanas. En cuanto pueda conectar fácilmente con aquella experiencia maravillosa, empezarán a pedirle que emplee ese talento o le pagarán por ello.

REFUERZO VISUAL

Reúna algunas revistas viejas que muestren fotografías de gente realizando actividades que armonicen con su propio propósito (actividades humanitarias, viajes, deportes, sanación, diseño de interiores, moda, vida social o espiritual). Recorte las fotos que representen sus metas o sueños y péguelas en una cartulina o guárdelas en una carpeta donde le sea fácil acceder a ellas. Ponga entre ellas fotografías suyas para reforzar el mensaje de su subconsciente. Cada vez que vea una escena, un objeto o un suceso que se parezca a alguna de las fotografías de la carpeta, tome nota. Actúe cuando se presenten oportunidades y confíe en que su propósito se está desarrollando en usted. Cuanto más consciente sea de la manifestación de sus sueños y pensamientos, más profunda será la conexión con su propósito.

FORTALECER EL CARÁCTER REVELA EL PROPÓSITO DE LA VIDA

El naturópata Brendan Feeley, de Washington D.C., tenía el objetivo de vivir una vida ordinaria, exteriormente, pero también deseaba crecer espiritualmente. Ese deseo le ha llevado justo donde yacía su propósito. La primera prioridad de Brendan, adquirir estabilidad en el mundo exterior, le permitió la libertad para desarrollar su vocación espiritual.

Aprenda a ser usted mismo

«Comencé a dedicarme de pleno a la medicina natural, homeopatía y astrología védica hace cuatro años —me contó Brendan—. Sin embargo, estos temas me interesaban mucho desde mediados de los años setenta. Ahora he podido convertir mi hobby en una profesión.

»Yo crecí al oeste de Irlanda y siempre me había interesado mucho la vida espiritual. Rechacé el catolicismo a los 17 años porque no encontraba en él respuestas que tuvieran sentido para mí. A los 18 comencé a leer las filosofías védicas de la India.

»Estuve totalmente dedicado a la meditación durante los siguientes quince años. Al mismo tiempo, exploré muchos métodos de sanación, me interesé por la astrología, Jung y la psicología arquetípica. También estudiaba para doctorarme en ingeniería en Dublín. Pero a pesar de mi carrera de ingeniero, me interesaban más las personas, la psique y el alma. Creo que la única razón de que escogiera la ingeniería fue para mantener los pies en el suelo.

»Al principio estaba muy confuso con las relaciones, el matrimonio y simplemente con lo que era vivir en el mundo. Nada tenía sentido. Después de ocho años de meditación, estaba todavía más desconcertado en lo referente a las relaciones. En aquella época, mi experiencia de espiritualidad y meditación parecía totalmente aparte de la vida mundana, tan exaltada. Poco a poco fui descubriendo que el camino en el mundo es el camino hacia Dios. Vivir una vida corriente es el camino hacia el autodescubrimiento.

Pensamos que la vida corriente no es bastante buena para nosotros.

»En torno a 1981-1982 sufrí una tremenda crisis espiritual. Me preguntaba a mí mismo, desde el fondo de mi alma: ¿cuál es el sentido de la vida? Yo era un varón típico, viviendo el arquetipo del *puer* [el *puer eternus* es el tipo mitológico, siempre joven, de Peter Pan], y pensaba que estaba por encima de cualquier cosa. Todos pensamos que la vida corriente no es bastante buena para nosotros, y acabamos sin tener capacidad para comprometernos, para mantener relaciones estables. Nuestra vida profesional consiste en provocar cosas, tener siempre un aspecto impecable o conocer siempre lo último en libros, en películas, en tecnología, en todo.

»Naturalmente, comenzamos viviendo según las expectativas de nuestra cultura. El cristianismo es por naturaleza una filosofía masculina, patriarcal. El espíritu del arquetipo masculino desea siempre alcanzar las alturas, es un mito de ascensión. Yo empecé a comprender que vivía respondiendo inconscientemente a la energía colectiva. Era como desentrañar el impacto de la cultura en mi propia psique para poder empezar a ser yo mismo.

»Fue entonces cuando tuve la crisis. Pasé varios años a la deriva, confuso. Pero no intenté controlar el caos. Permití que me enseñara lo que me tenía que enseñar, estaba dispuesto a aprender porque sabía que formaba parte de mi proceso de individuación.

»Durante este período de incertidumbre, comencé a ver la confusión de forma positiva, como algo bueno. Me sentía más fuerte viviendo sin saber, que viviendo con la falsa certeza que tenía antes. Tomé la decisión de cultivar la estabilidad.

»Tenía miedo de caer en una depresión o de que mis emociones me doblegaran. Pero sentía que daba igual lo que hiciera, siempre que pudiera cultivar la estabilidad. Tenía un gran deseo de cambio, pero nunca lo satisfacía. Sabía que tenía que enfrentarme a la insatisfacción. Acepté un puesto de trabajo en una gran empresa y permanecí en él unos nueve años.

»Por fin sentí que había entrado en mi camino, que estaba empleando el mundo para verme a mí mismo. Pude experimentar el aburrimiento, la insatisfacción, la irritación, la decepción, y contemplar el significado que había tras estos estados de ánimo. Asumí que cualquier experiencia era valiosa. El propósito de todas las complicaciones y relaciones de mi vida (con mis jefes y compañeros), era verme a mí mismo. Tenía que ver cómo reaccionaba, cómo pensaba, cómo interpretaba la vida. Por lo que a mí concernía, el mundo era Dios que me hablaba a través de la vida cotidiana. El mundo era mi forma de conversar con Dios en el teatro del alma.

»El ritual era muy sencillo. Simplemente tenía que ver a través de mis experiencias diarias, mirar qué pasaba. El poeta Robert Bly tiene una hermosa metáfora. El gran poeta alemán Rilke tenía un joven y ambicioso alumno que un día le dijo: "Quiero ser un gran poeta. ¿Qué tengo que hacer?" Rilke contestó: "Vete al zoo y mira a los animales hasta que los veas."

»Así que se trata de ir al zoo y mirar hasta lograr ver. Lo que ves eres tú mismo: tus tonterías, tus suposiciones, tu falso "yo". El mundo es un espejo de ese falso yo. Yo creo que hasta que vemos la belleza de cada experiencia ordinaria, de cada don que nos ofrece la vida, no vemos nada. El secreto de la vida está en considerar cada experiencia, por pequeña que sea, un regalo. En ese regalo hay belleza y dolor, pero el dolor no significa que sea menos hermoso.

»A medida que vivía mi vida corriente, mi fe en la vida iba creciendo cada vez más. Comencé a pensar en la gente de Irlanda, donde yo crecí. Esa gente tenía algo con lo que yo quería volver a conectar. Eran hombres y mujeres corrientes, sin ilusiones ni expectativas sobre la realidad o la cultura. Eran personas que apenas tenían dinero para sobrevivir, pero sus historias y la vida de su comunidad eran increíblemente ricas.

»Esa vida, sin embargo, no es suficiente para lo que necesito ahora. Sinceramente creo que ahora me aburriría. En Estados Unidos existe una pasión por la filosofía, se lleva una vida más psicológica con un impacto mitológico. Antes estaba dominado por el *puer*, que quería subir y subir apartándose de lo corriente. En astrología védica existe el concepto de un planeta que se denomina *graha*. El *graha* es algo que domina a un ser humano. Sabemos que todos los planetas son patrones arquetípicos, de modo que todos estamos dominados por algo. Tenemos que despertar y verlo.

»Lo que me gusta de la cultura americana es que se interesa

mucho por las ideas arquetípicas y la vida del alma y la psique. Yo creo que aquí hay más capacidad de movimiento y de cambio.

»Cuando tenía trece años sufrí una grave enfermedad del hígado. Mi madre acudió a una mujer que tenía el don de curar la ictericia. Esta mujer le dio a mi madre unas hierbas y yo me curé en una semana. El médico me había dicho que tardaría un año en mejorar y que no existían medicamentos para mi enfermedad. Este suceso dejó en mí un recuerdo imborrable. A partir de ese momento, sentí un impulso imparable de estudiar las hierbas. Ya en el instituto me decían que debía estudiar medicina, pero jamás lo tuve en cuenta. Yo creo que instintivamente sabía que la medicina no me permitiría hacer lo que verdaderamente me interesaba.

»No podía tener como meta una carrera porque no sabía cuál era mi meta. De modo que en lugar de esto me propuse mirar las cosas cotidianas con una mente simbólica para poder ver el significado que para mí tenían los eventos. Y para poder hacer esto, necesitaba estabilidad. Así pues, no me importaba mucho cuál fuera mi trabajo. Una vez establecí el objetivo de trabajar en mí mismo, mi carrera vino a mí. Mi hobby de la astrología y la medicina natural se convirtió en mi carrera.

»Me parece increíble haber acabado haciendo esto. No tenía ningún objetivo y he llegado hasta aquí. Sólo sabía que quería trabajar con la gente, y ese deseo, junto con mi interés por la sanación, me llevó a mi ocupación actual. Incluso cuando trabajaba a jornada completa, me dedicaba en cuerpo y alma a mis aficiones.

»Sin embargo, el hecho de que esté en el camino del propósito de mi vida no significa que esté eufórico todos los días. Pero me alegro de ello. Mi vida es muy normal y muy satisfactoria. Me casé hace cuatro años y ahora soy padre. Disfruto de mi trabajo. Pero mi objetivo es fortalecer mi capacidad de ser consciente de mí mismo en la vida cotidiana.

»Es el camino simbólico. La vida es un proceso simbólico. Una cosa lleva a otra.»

La satisfacción de Brendan no tiene tanto que ver con un trabajo o una carrera específica como con el hecho de expresar la vida dentro de él en cada momento. Si no somos especiales, ricos o famosos, no tenemos por qué pensar que nos hemos salido del camino. Si nos mantenemos «despiertos» en cada momento, nuestro propósito se desarrollará a través de nosotros.

Nuestro trabajo es saber que hay un propósito en nuestro interior que siempre será distinto a lo que hemos pensado. Nuestro propósito se encuentra en nuestras confusiones y en nuestras patologías. Es la fuerza que hay detrás de nuestras pasiones. El campo magnético de nuestro propósito organiza los datos que nos llegan de la realidad y nos permiten tomar la decisión en la que se manfiesta nuestro auténtico ser.

DIÁLOGO INTERIOR

¿Cómo se describiría sin hacer referencia al trabajo que realiza para vivir?
¿Quién ha tenido un papel importante en su vida? ¿Cuáles eran sus características más notables?

INVENTARIO DE SATISFACCIÓN EN LA VIDA
SU RUEDA VITAL

INSTRUCCIONES: Las ocho secciones de la rueda representan el equilibrio. Considerando el centro de la rueda como un cero, y el borde exterior como un diez, puntúe su nivel de satisfacción en cada área trazando una línea que cree otro borde exterior (véase ejemplo). El nuevo perímetro del círculo representa la Rueda Vital. Imagine lo irregular que sería de tratarse de una rueda auténtica.

Ejemplo:

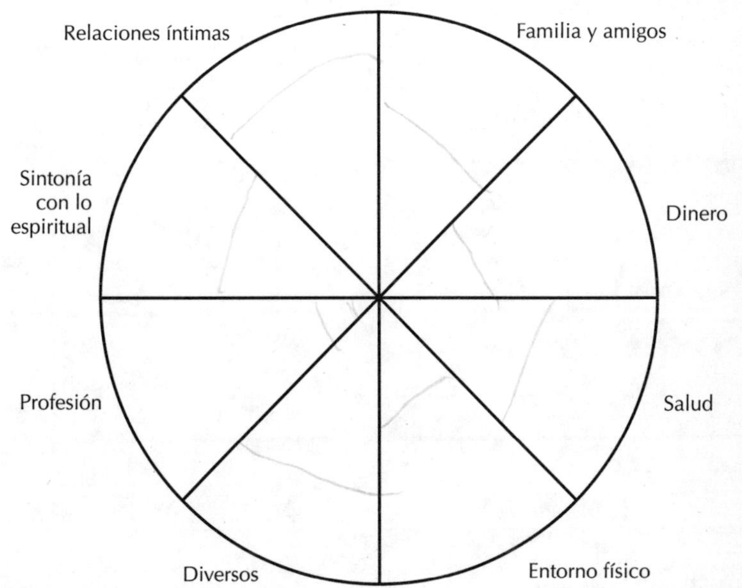

3

Adopte una posición

Una auténtica visión exige una vida entera.

GREG ANDERSON[1]

¿FLUIR O DOMINAR?

Cuando aprendemos a dejarnos llevar por el flujo de sincronicidad e intuición, se presenta otra paradoja: ¿cómo podemos dejarnos llevar con el flujo y a la vez establecer un curso de acción acorde con nuestro propósito?

Un elemento clave para aprender a establecer nuestro rumbo y a la vez dejarnos llevar por lo que la vida nos presenta, consiste en conocernos y confiar en nosotros mismos. ¿Y cómo se logra esto? Por lo general, cuando nos enfrentamos a una decisión (matricularnos en una facultad, alistarnos en el ejército o escoger un trabajo) empleamos mucho tiempo en pensar cuál es la mejor opción. Recurrimos a la mente. Recabamos información y pedimos consejo. Pero cuando nos encontramos en el camino espiritual, aprendemos también a escuchar a nuestro corazón.

Para tomar decisiones intuitivamente debemos sintonizar con nuestro cuerpo de energía. Yo he descubierto que una de las preguntas claves que debo plantearme a la hora de tomar una decisión es: ¿me siento más abierta y expandida con esta decisión, o me siento limitada o cerrada? Si usted no está acostumbrado a experimentar este tipo de sentimientos, hace falta práctica. Comience planteándose esta cuestión ante situaciones corrientes e intente ser más consciente de las pequeñas fluctuaciones de su campo de energía.

En este capítulo comenzaremos a explorar la idea de que la finalidad de nuestra vida —y nuestra fuerza— se revela en la posición que adoptamos, en lo que escogemos. No sólo escuchamos la voz de nuestro interior, sino que también expresamos nuestra verdad. Esa verdad es el primer paso en el proceso de individuación que nos llevará a ser quienes estábamos destinados a ser. Tenemos que desarrollar nuestro auténtico ser. Debemos estar dispuestos a decir: «Éste soy yo», y luego buscar el apoyo que nos llegará.

Para vivir de acuerdo con su propósito, usted debe poder decir: «Así es como yo decido vivir», debe dar su palabra —ante usted mismo— y mantenerla. Si de verdad quiere conocer la finalidad de su vida, encontrará la respuesta en aquellas cosas con las que se compromete su espíritu. Sólo después de que haya mantenido las promesas hechas a sí mismo podrá ser efectivo en una esfera más amplia.

«Dado que estamos aquí, dado que hay esta vida que es como es, ¿cómo podemos vivir en ella? ¿Cómo puedo vivir de una manera que potencie y lleve a la práctica la capacidad de amar, libertad y liberación del corazón humano?»
Jack Kornfield [2]

Bill Voelker, uno de los alumnos de mis clases sobre el propósito de la vida, quiso reunirse conmigo para charlar en privado sobre este tema. Mientras tomábamos el té, le pregunté por su «problema» en aquel momento. Él respondió sin vacilar: «Me siento desequilibrado.» Yo quise saber por qué, qué le faltaba para equilibrarse. «Me siento desequilibrado porque empleo demasiado tiempo en cosas que no van a ninguna parte, y casi nunca tengo la sensación de que hago aquello que me está destinado. Lo que me pregunto es: ¿Qué puedo hacer para que la rueda se ponga en marcha? ¿Cuál es la fuerza o la idea que me ayudará a caminar en la dirección del propósito de mi vida?» Bill se interrumpió para tomar aliento y añadió que había asistido a una charla de Lynne Twist, autora y miembro directivo del Instituto de Ciencias

Noéticas, y que le había planteado las mismas cuestiones. Ella le contestó: «Toma una postura. No puedes ser todo lo que podrías ser si siempre mantienes abiertas todas las opciones.» Bill dijo que se sintió muy identificado con aquella respuesta. Se dio cuenta de que tenía que apostar por algo que le interesara al ciento por ciento.

Mientras Bill y yo charlábamos, la energía sinérgica comenzó a fluir y ambos vimos que de nuestras propias experiencias y de sus preguntas surgían algunos principios fundamentales.

La mayoría de estos principios se me han aclarado durante los últimos años. En mi vida suelo avanzar a base de intuiciones tan claras que casi parecen mensajes escritos.

La mayoría de nosotros sostenemos luchas internas a la hora de actuar, y voces en conflicto que nos llevan a uno y otro lado, entre la confusión y el miedo por una parte, y la claridad por otra. ¿Por qué? Porque continuamente debemos crecer más allá de los límites que hemos heredado y establecido. Para vivir una vida plena necesitamos estabilidad y crecimiento. La voz de la estabilidad nos impulsa a quedarnos en lo conocido. La voz del crecimiento nos urge a aventurarnos en lo desconocido. Llevamos un reloj interno que nos indica que debemos dar el siguiente paso.

«A principios de 1968, el abogado californiano Maurice *Mo* Jourdane se enfrentó a un desafío: "Si quieres de verdad ayudar a los campesinos, líbrales del *cortito.*" El *cortito* era un azadón de unos 60 cm de longitud, de mango muy corto. Los trabajadores que lo utilizaban debían pasarse el día agachados, una postura que a lo largo de los años provoca daños en la espalda. Después de experimentar por sí mismo durante unas semanas el dolor que provocaba el *cortito,* Maurice, junto a otros abogados, comenzó una batalla de siete años para ilegalizar aquella herramienta, la más perniciosa de las que se han empleado en la agricultura de California.
César Chavez, que tuvo un papel importante en el largo drama, vivió uno de sus mejores momentos cuando el *cortito* fue finalmente eliminado de los campos de California en 1975. Chavez conocía muy bien el azadón desde su juventud, puesto que lo había utilizado en campos de lechuga y remolacha a lo largo del río Sacramento. Más tarde diría que no podía ver una lechuga en un supermercado sin pensar en lo que los trabajadores habrían sufrido por ella, desde la siembra a la cosecha.»

Susan Ferriss
y Ricardo Sandoval[3]

Podemos dejar que decida otra persona o podemos tomar nuestras decisiones basándonos en quiénes somos como individuos. Una voz dice: Yo soy lo que soy, y otra —la voz combinada de nuestras «autoridades» como la familia, el círculo social o el jefe— dice: ¿Quién te crees que eres? Vuelve al redil. Siéntate y calla. Ve a lo seguro. Nosotros sabemos lo que te conviene.

Estas creencias no cuestionadas influyen en nuestra actitud a la hora de permitir que surjan nuevas oportunidades. En cualquier momento, pero sobre todo cuando las cosas no van bien y uno está desanimado, intente identificar una de estas *creencias raíz*, una creencia que sostiene incluso sin saberlo. A través de este libro le animaré a que se pare a escuchar los pensamientos que surgen en usted. Cada vez que se sienta bloqueado, escuche lo que piensa. Estos pensamientos son tal vez más responsables de su dilema que cualquier obstáculo externo.

ELEGIR

Stefani, una mujer soltera de unos 35 años, aprendió recientemente lo que significa adoptar una posición. Ella había asistido a uno de mis cursos dos años atrás, y me había llamado para hablarme de sus recientes problemas.

Tenía un puesto directivo de mucha responsabilidad, y muy estresante, en una empresa de tecnología médica. Después de trabajar allí dos años, un viernes por la tarde su jefa la llamó a su despacho. Stefani no sabía de qué querría hablarle. «Sin ningún preámbulo mi jefa me dijo: "Stefani, te vamos a trasladar a Chicago. Tu puesto aquí ha sido eliminado. Quiero que cojas tus cosas y estés lista para marcharte el lunes por la mañana." Yo me la quedé mirando sin creerme lo que oía, y ella me repitió: "Chicago. El lunes."

»Me quedé tan aturdida que sólo acerté a replicar: "No, no quiero mudarme a Chicago." Pero vacilé un poco, y ella se dio cuenta de que tenía ventaja sobre mí. Entonces me dijo, de forma muy desagradable: "Stefani, no lo entiendes. No tienes elección. Tu trabajo aquí queda eliminado."

»Me quedé allí parada y me acordé de lo que comentábamos en

el curso, que siempre tenemos elección. La miré a los ojos y le dije: "Sí que tengo elección, Mona. Elijo dejar esta empresa." Ella se quedó boquiabierta y ¿sabes lo que me contestó?: "Pero, Stefani, ¿y tus tarjetas de crédito? ¿Cómo las vas a pagar?" Entonces fue cuando me levanté y me marché.»

Durante las siguientes semanas me mantuve en contacto con Stefani. Al principio, el hecho de adoptar una postura le había dado fuerza y energía. Se concedió tiempo para relajarse, pasear, leer, nadar y pensar en la clase de trabajo que quería realizar. De hecho, durante este período la llamaron otros empleados de su antigua empresa para pedirle consejo porque también a ellos querían trasladarlos. Ella siempre les decía que pensaran que tenían que dejar sus casas y trasladar a toda su familia por una empresa que tenía muy poco en cuenta la vida de sus trabajadores.

Sin embargo, después de tres semanas de renovación personal, Stefani pasó un período de pánico y dudas. Tenía miedo de gastar todos sus ahorros y verse obligada a aceptar cualquier trabajo. Ella y yo nos dedicamos a aclarar sus verdaderos propósitos, sus auténticos valores, la clase de empresa en la que ella deseaba invertir su energía. Stefani comenzó a contemplarse a ella misma como un recurso valioso para los demás. Estuvo informándose de varias empresas que parecían acordes con sus valores.

Rápidamente comenzó a recibir numerosas ofertas de todas direcciones y de distintos campos. «Era demasiado. Todos los días me llamaba alguien para hacerme una oferta. Casi me hice adicta a las entrevistas, porque salían todas tan bien que me sentía estupendamente. Me preocupaba pensar que tal vez había llevado demasiado lejos todo esto de la intención.

»Creo que lo que pasó fue que di un paso adelante al ver quién era yo y al buscar una empresa acorde conmigo, en lugar de querer ser quien los demás querían que yo fuera. Por ejemplo, en una entrevista me preguntaron qué tal resistía el estrés y yo contesté: "Muy bien. ¿Qué tiene de estresante este trabajo?" O cuando me preguntaban: "¿Cuál es su debilidad?" Yo contestaba: "No tengo ninguna. ¿Cuáles son las debilidades de esta empresa?" Tal vez me estaba mostrando demasiado segura de mí misma, pero todo el mundo respondía muy positivamente.

»Por fin me decidí por un puesto en una compañía de software médico. Al principio me gustaba la responsabilidad social de la empresa, sus valores, los numerosos premios recibidos por un excelente servicio. Además mis amigos y mi familia me presionaban mucho para que aceptara "esta gran oportunidad en Silicon Valley". ¡Silicon Valley! ¡Nunca te faltará trabajo!, me decían todos.

»Decidí aceptar el puesto, aunque tardaba todos los días dos horas en llegar al trabajo. También significaba dejar el gimnasio, renunciar a mis paseos y mudarme de casa. Después de dos semanas de formación en análisis y programación, llegué a la conclusión de que no era eso lo que quería hacer. Les dije que lo sentía, pero que tenía que dejarlo. Tenía que enfrentarme al hecho de que estaba yendo en contra de mis intereses y de mi estilo de vida.

»Me marché sin saber si las otras ofertas de trabajo seguían en pie. Sin embargo llamé a la que más me interesaba, la de la empresa Clorox, y me recibieron con los brazos abiertos.

¡Silicon Valley! Nunca te faltará el trabajo, me decían todos.

»Esa noche soñé que aparecía el primer día de trabajo después de cinco meses. Entré en un despacho pequeño y me saludaron dos mujeres muy amables. Comencé a trabajar, pero tenía la sensación de que no estaba en el lugar apropiado. Seguí trabajando un par de horas, hasta las diez de la mañana, y de pronto me di cuenta: "¡No es el trabajo apropiado!" En la confusión de todas las ofertas de trabajo, me había equivocado de empresa. Entonces recordé que tenía que haber ido a Clorox. Llamé para explicarles lo que había pasado y me dijeron: "Venga, la estamos esperando." Este sueño me confirmó que había tomado la decisión correcta. Al menos de momento.

»Tengo la sensación de que este trabajo no es el final del camino. Me facilitará el logro de una meta más amplia, que es ahora volver a estudiar. Y aún más importante, recuperar la salud, cosa que no podía hacer si me pasaba cuatro horas en el coche todos los días.»

SEIS PRINCIPIOS PARA SINTONIZAR CON LA MISIÓN DE TU VIDA

En nuestra conversación, Bill y yo llegamos a las siguientes ideas para vivir la vida según nuestro propósito, no controlando los sucesos de forma rígida sino guiándonos por la intuición, aprovechando las sincronicidades, emprendiendo acciones y empleando el sentido no común. Es decir, sin limitarnos a aceptar las opiniones de otros.

Principio 1. Actuar con pasión. Advierta cuáles son sus pasiones. Defienda lo que usted crea que es, al menos de momento. Si le parece que no tiene ninguna pasión, reflexione. ¿Hay alguna actividad que disfrute tanto que pierda la noción del tiempo? ¿Qué trabajo le parecería «demasiado bueno para ser verdad»? ¿Qué le gusta hacer, aunque no le paguen por ello? En estas actividades se encuentra la semilla de su pasión.

Principio 2. Saber discernir. Deje que su pasión domine su espíritu sin hacer daño a nadie ni evadir las responsabilidades que le correspondan. Utilice el discernimiento. Abandone las actividades que realiza sólo «porque sí».

Principio 3. Escuchar. Siga los mensajes persistentes de su intuición.

Principio 4. Compromiso. Haga lo que sea necesario para encaminarse en la dirección que le indica su intuición.

Principio 5. Apertura. Deje que las sincronicidades confirmen que está en el buen camino, aunque su significado no sea del todo claro.

Principio 6. Aprender a confiar. Confíe en este proceso.

SUS PREGUNTAS SON IMPORTANTES PARA EL TODO

Vivimos un momento histórico en el que nuestra pregunta sobre el sentido de la vida, lejos de ser un lujo, es una de las cuestiones más prácticas y valiosas que podemos plantear. De hecho podría ser la cuestión individual central de esta era, la cuestión que nos permita proseguir con el experimento humano en este mundo. Individualmente sabemos que es el momento de adoptar una posición. ¿Por qué?

Cada uno de nosotros formamos parte de un movimiento mayor. Cada uno de nosotros decidió nacer en esta época por una razón. Si asumimos que nacimos por elección, no por casualidad, y que tenemos libre albedrío y podemos elegir quién queremos ser en cada momento, nos apartamos de la tendencia a considerarnos víctimas de las circunstancias pasadas.

No estamos solos. Los estudios de las nuevas ciencias demuestran que estamos unidos, por nuestra intención, pensamientos, deseos y acciones, a un mundo mucho más grande del que habíamos imaginado. Cuando nos comprometemos con un curso de acción y seguimos las coincidencias significativas que nos impulsan a avanzar, vemos que las puertas se nos abren.

SIETE PUNTOS PARA RECORDAR AL ADOPTAR UNA POSICIÓN

1. *Cualquier cosa es posible.* La vida es mucho más misteriosa de lo que establecía el viejo paradigma de que haciendo A y B siempre obteníamos C. Cualquier cosa es posible. El futuro no está inevitablemente determinado por nuestro pasado. Lo que usted ha hecho hasta ahora no limita lo que puede hacer. Estaba destinado a estar aquí, y el propósito de su vida individual forma parte del misterio de la evolución humana.

2. *Usted colabora con la inteligencia universal y la sabiduría colectiva a crear su mundo.* Nuestra realidad cotidiana surge de nuestras actitudes, creencias, patrones lingüísticos, decisiones y acciones. Esto significa que nuestro propósito está dentro de nosotros. Nacimos con una fuerza inherente que quiere que triunfemos, que cumplamos nuestra misión. Somos seres espirituales que viven temporalmente en la tierra y siempre estamos conectados con la fuente universal de toda vida. Tenemos ángeles de la guarda, viejos amigos y grupos de almas en la dimensión espiritual que nos ayu-

dan a recordar quiénes somos y qué hemos venido a hacer. Cuanto más apoyo pidamos —y debemos pedirlo—, más coincidencias sorprendentes nos sucederán. Muchas veces logramos nuestros objetivos sin esfuerzo, simplemente dejando que el universo se encargue de los detalles.

3. *Lo que percibimos como el mundo —la realidad material— no es más que un aspecto de todo un sistema de campos de energía.* Nuestra realidad física es accesible mediante nuestros sentidos físicos. Pero en otras dimensiones existe un mundo más complejo e igualmente «real», accesible mediante nuestras capacidades no físicas. Si asimilamos la idea de que cada uno de nosotros formamos parte de todo el campo de energía, y que podemos acceder a la sabiduría de este campo mediante la intuición y la intención, cambiará nuestra noción de quiénes somos y hacia dónde podemos evolucionar.

4. *Estamos siempre conectados con el mundo invisible.* Recibimos atisbos del aspecto espiritual de nuestra existencia a través de los sueños, intuiciones, destellos de inspiración, milagros, intervención divina, sanaciones energéticas o revelaciones psíquicas.

5. *Podemos mejorar nuestra calidad de vida.* Como parte de un único campo de energía, el propósito de nuestra vida espiritual es necesario y encaja en el propósito total.

6. *La espiritualidad —o integridad— en la acción es hacer lo que importa.* Cuando decidimos actuar con integridad y por amor más que por miedo, aumentamos automáticamente el nivel de espiritualidad del planeta, aunque el precio que paguemos puede ser muy alto. Si nuestro objetivo es dar amor, en cualquier circunstancia, ya estamos cumpliendo el propósito de nuestra vida.

7. *Cumplir el propósito de la vida contribuye con todo el campo de energía y añade nuestro peso específico a la masa crítica.* Tanto si identificamos nuestro propósito como si no, siempre tenemos la oportunidad de dar y recibir amor y de añadir luz a cualquier situación.

Adoptar una posición

Un día llamé a Kwong-roshi, el abad del Centro Zen de Sonoma Mountain en Santa Rosa, California. Quería preguntarle cómo sabía él, si es que lo sabía, que estaba destinado a ser un maestro de

Zen. Pocos años atrás fue ordenado en el linaje Soto del gran maestro Shunryu Suzuki-roshi. Yo había conocido a Kwong-roshi y su esposa Laura en 1975-1976, cuando estudiaba y practicaba Zen como parte de mis estudios en la facultad.

Le dejé un mensaje en el centro, sin saber si se acordaría de mí. Unos días después me llamó para saludarme muy contento y me dio una fecha para una entrevista. Yo no programé nada para ese día, sabiendo que debía prepararme para el viaje a la montaña. Habían pasado veintiún años desde mis clases con él.

El día de la visita era frío y gris. A lo largo del camino, mientras subía en mi coche por Sonoma Mountain, advertí que el paisaje no había cambiado mucho. Es una montaña muy hermosa. Busqué algún presagio y vi una manada de seis ciervos ante un enorme granero. Varios halcones volaban en círculo, junto con dos airones y dos cisnes. Mi parte favorita del trayecto es una carretera estrecha a través de un pequeño pero majestuoso bosque de secoyas. De pronto el mundo se hace *interior* —oscuro, protegido y silencioso.

Aparqué el coche delante del jardín. Todo parecía igual, excepto que habían colocado unos veinte Budas de distintos tamaños en torno al secoya a la derecha de la oficina. En un momento de consumismo espiritual, estuve tentada de comprar tres o cuatro.

Me quité los zapatos y entré en la pequeña sala, donde estaban terminando de almorzar. La primera persona que vi fue Roshi, con un suéter gris verdoso y una gruesa bufanda de lana. Él al principio no me reconoció, pero luego esbozó una ancha sonrisa y me abrazó. Su esposa, Laura, estaba hablando con los estudiantes. Advertí que llevaba el pelo corto de una monja zen recién ordenada.

Me pidieron que esperara para hablar con Roshi y entré en el espacioso granero convertido en *zendo*, recordando que mi amigo O. B. Wetzell había ofrecido sus servicios para remodelar aquel soberbio edificio y convertirlo en un exquisito templo espiritual. Justo delante de la puerta había una estatua de madera de Buda, de tres metros. Me senté en el otro extremo, en un cojín redondo y negro de cara a la pared, como acostumbra uno a sentarse en zazen, disfrutando del frío, del silencio y de las paredes de madera.

Roshi me llamó a su sala *dokusan*, con su altar lleno de objetos sencillos: una caja tallada en madera, regalo de un estudiante alemán, una fotografía de Suzuki-roshi, velas, incienso. Todo era perfecto. No había ninguna distancia entre nosotros.

La última vez que lo había visto, en 1976, había sido en aquella sala. Yo acababa de terminar una meditación de tres días. Al final de tres días de *seshin* (práctica continua de meditación), el estudiante se encuentra con el maestro en lo que se llama *dokusan*. Después de tres días de estar sentada a solas, con todos tus demonios, picores y dolores, vulnerabilidad, rabia, tristezas y desilusiones, te encuentras ante unos ojos insondables, cara a cara con las profundidades de tu ser. El encuentro sólo dura unos quince minutos, pero cuando sales, eres otra persona.

> **«Nada se puede hacer bruscamente. Los cambios auténticos son lentos e invisibles. Por ejemplo, yo creo que la atracción que Occidente ha sentido hacia el budismo desde hace unos años está relacionada con dos nociones nada espectaculares pero muy profundas. La primera es *ahimsa,* la no violencia que poco a poco se convierte en una fuerza. La segunda es la noción de *interdependencia,* que ha formado parte del budismo desde tiempo inmemorial.»**
>
> ***Su Santidad el Dalai Lama*[4]**

Me alegré de que Roshi me concediera un encuentro informal. Me contó las sorprendentes experiencias que había vivido en 1993, cuando le invitaron, junto con Laura, a enseñar Zen a Polonia. «Había allí mucha sed de religión y sexo. La primera vez que fuimos se tradujo un libro de Suzuki-roshi y se vendieron diez mil ejemplares. El siguiente año no pude ir porque estaba enfermo, de modo que les dije que lo hicieran sin mí. Tenían miedo. Había dificultades y discusiones en torno a los procedimientos. La primera tarde los estudiantes realizaron una meditación paseando y se olvidaron de llevar linternas, pero acudieron luciérnagas. Para ellos fue una señal de que todo iba a salir bien. A partir de ahí creció la energía. Yo estaba muy contento, porque habían cobrado fuerzas. Para un maestro es una gran satisfacción que los alumnos sepan valerse por sí solos.»

Yo le pregunté si sabía por qué había ido a Polonia desde aquel remanso de paz de Sonoma Mountain.

«Sí. Cuando tenía ocho o nueve años vi muchas películas de guerra. Nunca olvidé las imágenes de Auschwitz. Me sentía impotente, no podía hacer nada. Incluso en la universidad, recreaba aquellas emociones aunque intentara olvidarlas. Cuando me hice adulto pensé que ya lo había superado. Pero hace algo más de diez años, realizábamos un *seshin* conjunto con el centro de Zen de Los Ángeles y a eso de las dos de la madrugada recibí en mi habitación una llamada directa de Polonia. Era un error, un número equivocado, pero resultó una señal. Ese mismo año, en 1986, me invitaron a una sesión ecuménica en Polonia.

»Fue una de las experiencias más sobrecogedoras que he vivido. Era invierno y hacía mucho frío. Los comunistas estaban en el poder, pero a la charla iban a venir cuatrocientas personas. A mí me invitó un maestro de Zen coreano. Estábamos sentados en el sótano de una iglesia católica, sin calefacción. La gente se levantaba a hacer preguntas. Hasta los chicos de siete u ocho años planteaban cuestiones dharma. Fue muy intenso. Ya el esfuerzo que hicieron en acompañarnos al aeropuerto o en darnos lo que tenían fue magnífico. Eran personas normales, no particularmente espirituales, aunque tenían muy pocas cosas materiales. Allí había tenderos, amas de casa, prostitutas, gente de toda condición. Aquí jamás habríamos tenido la ocasión de conocer a gente así.

»Cuando me preguntaron si pensaba organizar allí un *sangha* (una comunidad espiritual) dije que no, pero estuve trabajando con nueve personas. Alguien comentó en inglés que la mayoría eran alcohólicas. Eso fue el principio. Luego comenzó a acudir mucha más gente.

»En 1995 sostuve ciento cincuenta *dokusans*. Fue de lo más intenso. Tanta gente para desayunar, comer y cenar. Tanta gente haciendo preguntas... ¡en polaco! En 1993 se celebró la primera conferencia budista occidental con el Dalai Lama en Dharamsala. Ese año el Dalai Lama fue a Polonia. Se acordaba de mí. Tuvimos un encuentro maravilloso. Nos dedicamos a ir a lugares horribles como Auschwitz, donde ofrecíamos incienso y flores y dábamos charlas.

»Conocimos a algunos de los últimos supervivientes de los campos de concentración y gente del partido Solidaridad. Uno de los momentos cumbres fue ante los hornos de Auschwitz. Resultó que yo era el único que llevaba incienso. Se lo ofrecí a Su Santidad, pero no había lugar para ponerlo de modo que quedara derecho. "Creo que tiene que tumbarlo", dije yo. Era algo simbólico, porque allí la gente tampoco podía estar en pie.»

Nos quedamos un momento en silencio. Yo no podía imaginar un evento más arquetípico que el que acababa de describirme: ofrecer al Dalai Lama una varita de incienso ante el horno de Auschwitz.

«Estuvimos en un lugar en el que habían fusilado a más de veinte mil personas. Dio la casualidad de que yo también llevaba flores, y al ver que Su Santidad no tenía, se las ofrecí. Ese momento de entregar las flores al Dalai Lama, se me antojó una eternidad. Más tarde vi la grabación en vídeo, y parecía una acción normal, pero cuando sucedió, fue eterna.»

Entonces le pregunté por su propio viaje. ¿Qué quería ser él cuando era pequeño? ¿Cómo había llegado donde estaba? ¿Qué le había impulsado a ello? ¿Cuál creía que era el propósito de ser un roshi?

»Yo creo que lo que me impulsó fue mi debilidad física y mi sentimiento de impotencia. Y también la naturaleza del espíritu humano, que puede ir hacia arriba en lugar de quedar aplastado. Así mantuve mi dirección. En 1957, cuando acababa de casarme, sufrí un accidente de coche que casi me mata. Me quedé dormido al volante.»

A mí me pareció interesante el hecho de que despertara a la vida precisamente quedándose dormido al volante, sobre todo cuando la práctica del Zen se basa en estar alerta y no dormido. Cuando le comenté esto él se echó a reír de esa manera que ríen los sacerdotes zen, como si acabaras de contar algo que te parece brillante y que para ellos es evidente desde hace mil años.

«Mi madre nos hacía trabajar mucho. Yo siempre estaba trabajando, de modo que aquel accidente fue la primera ocasión que tuve de parar. Era el momento de la era *beat*. No había ningún maestro de Zen en aquel entonces. Yo conocí a Suzuki-roshi porque había leído sobre él en un artículo de un periódico japonés-americano, escrito por su primer estudiante, Bill McNeil. En aquel entonces yo era cartero, y recuerdo que leí el artículo antes de entregar el periódico. Bill le preguntaba a Roshi por qué, si creía en la liberación, tenía un pájaro en una jaula. Suzuki-roshi abrió entonces la jaula y el pájaro salió volando por la ventana. A mí esto me impresionó mucho.

»Vi por primera vez a Suzuki-roshi cuando fui a la iglesia en la que practicaba. Él entraba por una puerta y yo por otra, pero no me molesté en volver la cabeza para ver quién era. Él se acercó al altar y simplemente arregló algunas flores. No alzó la vista. Yo le miré y pensé: Esto es una tontería. Y me fui. Aquél fue nuestro primer encuentro.

»Mientras volvía a casa, encontré una enorme imagen de Buda abandonada. Era tan grande que no me cabía en el armario, de modo que la dejé en el pasillo. Creo que esa imagen me llevó de nuevo al templo. Ahora está en la casa de la comunidad.»

¿Qué le motivó para seguir meditando y practicando Zen? No es fácil perseverar en la costumbre de meditar a las cinco de la mañana y las cinco de la tarde.

«No sé qué decirte. Sencillamente sabía que tenía que hacerlo. Era lo que deseaba hacer. Naturalmente, fue Suzuki-roshi quien cambió mi vida. Nunca he conocido a nadie como él.»

¿Se le había ocurrido pensar que se convertiría en el sucesor de Suzuki-roshi, el que hace el maestro número noventa y uno del linaje?

«No, entonces allí no había monjes ni monjas. Sólo el amor que yo sentía por él. Era la primera vez que alguien me veía de verdad, sin juzgarme. Él supo verme. Yo, claro, le tenía mucho miedo y sólo quería ser un buen estudiante. Él vio que yo estaba tenso y sabía que mi padre era doctor de medicina china, de modo que me dijo: "¿Tú crees que a tu padre le parecería bien que te bebieras una copa de vino por la noche para relajarte?" Fue muy dulce.»

«Yo creo que el propósito de la vida es la felicidad y la alegría. Si supiéramos que el futuro será muy oscuro o doloroso, perderíamos nuestro impulso de vivir. Así pues, la vida está basada en la esperanza.
»Una cualidad innata entre los seres vivos, particularmente entre los seres humanos, es el impulso o el anhelo de experimentar la felicidad y rechazar el sufrimiento y el dolor. Así pues, la base de la vida humana es la experiencia de distintos niveles de felicidad. Lograr la felicidad es el propósito de la vida.»
***Su Santidad el Dalai Lama.*[5]**

Luego estuvimos hablando de su nombre espiritual zen, San Jakusho, que significa literalmente «tranquilizadora y reluciente montaña zen». Él señaló una imagen del padre y maestro de Suzuki-roshi y explicó que Suzuki-roshi es el maestro ochenta y nueve del linaje de maestros Soto.

«Cuando compramos esta propiedad, advertí que los postes de teléfono a lo largo de la carretera de Sonoma Mountain están numerados, y el número ochenta y nueve está justamente delante de la propiedad. Por otra parte, el número de nuestra organización es el noventa y uno. Y yo soy el noventa y uno del linaje. Puede que para otras personas estas coincidencias no signifiquen nada, pero para mí son señales.»

Yo volví a mi pregunta original: qué le había impulsado a seguir por aquel camino.

«Por una parte Laura, mi esposa. Estábamos de acuerdo en que no queríamos quedarnos atrapados en el mundo convencional. Uno de los dos trabajaría y el otro no, y lo haríamos por turnos. Además, vivíamos la era McCarthy. A mí me echaron de la facultad porque llevaba barba. Eran momentos de miedo. Después del accidente volví a clase con una perilla, y los profesores me dijeron que no podía ser. La barba representaba algo para ellos. Así que tuve que marcharme. Lo cierto es que me marché a pesar de que quería ser profesor de arte y que durante el último semestre mis calificaciones fueron de notables y sobresalientes.

»Es curioso, hace un par de años volvía de París en un vuelo nocturno y me pusieron en primera clase porque no quedaban asientos. Casualmente me senté junto a un oficial del ejército que había ido a París a participar en una ceremonia conmemorativa de la Segunda Guerra Mundial. Resultó que se había dedicado a la política, y sabía exactamente cómo sacar mi nombre de la lista negra. Eso quería decir que aquel episodio se había terminado. ¡Era libre!»

Una vez más me sorprendió constatar que cuando nos decidimos por aquello en lo que creemos, nos situamos exactamente en el camino que estamos destinados a recorrer. Para Roshi, el hecho de pronunciarse en la escuela de arte por el derecho a llevar barba le impulsó a apartarse del camino condicionado que había escogido y comenzar a andar el camino desconocido de su auténtico propósito.

Roshi sonrió y dibujó los dos símbolos budistas de la paz, que son las esvásticas originales, de las que deriva la esvástica alemana. Los budistas las dibujan derechas, una en dirección de las agujas del reloj y la otra en dirección contraria. «La que va en el sentido de las agujas del reloj significar ir con la corriente. En Zen decimos "Ve con la corriente". Aunque es verdad que a veces hay que ir contracorriente. Entonces te sientes muy solo, pero la soledad también forma parte del lote.»

DIÁLOGO INTERIOR

¿Qué le ha apasionado en el pasado?
Si pudiera tener todo lo que quisiera, ¿qué sería?
¿Con qué aspectos de su vida o su profesión está realmente comprometido?
¿Qué le gustaría cambiar en el mundo?
¿Qué tendría que hacer para vivir con absoluta integridad?

4

Todo es posible

Una y otra vez los textos sagrados nos dicen que el propósito de nuestra vida es comprender y desarrollar el poder de nuestro espíritu, un poder que es vital para nuestro bienestar mental y físico.

CAROLINE MYSS[1]

ABRIENDO EL CANAL

El concepto de que la vida es un campo de posibilidades es tan importante que le dedicaremos este capítulo. Si cualquier cosa es posible, entonces hoy mismo podría tener las respuestas que busca sobre su vida. Si cualquier cosa es posible, y su pasado no define su futuro, usted podría atreverse a engrandecer sus sueños.

Afirmar que cualquier cosa es posible es afirmar el ilimitado poder creativo del universo. La fe en esta idea crea un canal abierto que permite que venga a usted todo lo que es suyo. El propósito de su vida, sus creencias, intenciones, deseos y miedos modelan este potencial creativo en personas, lugares, ideas, cosas y eventos que fluyen hacia usted. La idea de que todo es posible ha sido para mí la creencia más eficaz en el trabajo de mi vida.

Aunque muchas religiones promulgan alguna versión de la noción de que los caminos de Dios son insondables y que la fe mueve montañas, a menudo nos limitamos a través del condicionamiento social y la creencia incuestionada en un mundo mecanicista de causas y efectos. Para cambiar nuestra percepción de la realidad tenemos que asumir conscientemente la actitud de permitir que nos guíe una inteligencia de un orden mayor que cualesquiera de las limitadoras creencias que hasta ahora hemos asumido por miedo. Abrazar conscientemente la creencia de que todo es posible es una estupenda manera de arrojar luz sobre el propósito de nuestra vida. A medida que aumente nuestra experiencia de las sincronicidades, y a medida que conozcamos a otras personas con la misma actitud, la creencia de que todo es posible se asentará más profundamente en nuestra estructura psíquica.

En este capítulo conoceremos a tres personas que han hecho realidad sus sueños. Todas se detuvieron en un momento a pensar: ¿Qué es importante para mí? Todas vieron una apertura, una oportunidad, y corrieron el riesgo de apostar por lo que creyeron que tenían que expresar desde dentro. Colleen McGovern es neurolingüista y consejera en Belvedere, California. Helen Johnson es fundadora y directora del programa Re-Entry del campus de Berkeley de la Universidad de California. Kermit Heartsong, de treinta y seis años, es fundador y presidente de Word Origin, Inc., una empresa de juegos que montó para ayudar a las familias a jugar y aprender juntas.

Estas personas, que son como usted y como yo, trabajaron en la convicción de que todo puede pasar, y que las limitaciones existen sólo en nuestro pensamiento. Cuando éramos niños creíamos que un palo podía ser un caballo, la escoba de una bruja o la espada de un guerrero. Nuestra imaginación es flexible, abierta e infinitamente creativa. Nuestra imaginación es el camino de la manifestación. Con el tiempo, el miedo y la necesidad de ser aceptados van limitando nuestra creatividad.

¿Qué siente usted ante la afirmación de que cualquier cosa es posible? Si puede, párese a escribir sus sentimientos al respecto. Escriba todas las objeciones que se le ocurran, las «pruebas» de lo contrario que pueda encontrar. Decir que cualquier cosa es posible es decir: «Confío en que mis necesidades serán satisfechas. Confío en que mi propósito está organizando mi vida.» Si le resulta difícil aceptar esta idea, pregúntese: «¿Adónde me lleva mi escepticismo? ¿Quién o qué tiene mayor autoridad sobre mí que esta idea de que todo es posible?»

La afirmación de que todo es posible reconoce la verdad de una inteligencia universal infinita y el campo de la pura potencialidad. Vivimos en un mundo de posibilidades. Y estamos conectados con todo.

SEGUIR EL SENTIDO NO COMÚN

Hay quien dice que las ideas metafísicas no funcionan si no se cree en ellas. Los principios metafísicos nos enseñan que cualquier cambio debe venir precedido de un cambio en las creencias. Sin embargo se sabe que personas de muy poca fe han vivido milagros. Hace poco oí la historia de una mujer de unos 70 años que tenía planeado un viaje a Europa con su hijo. Iban a visitar ciertos lugares para que el hijo pudiera estudiar y trazar algunos esbozos de arquitectura. Dos semanas antes de salir, a la madre le diagnosticaron cáncer en los huesos y le dieron pocas semanas de vida. Los médicos le ordenaron cancelar el viaje.

Negándose a cancelar los planes, la mujer y su hijo emprendieron viaje. Fueron a todos los puntos de su itinerario, aunque la salud de ella se iba deteriorando y cada vez le costaba más trabajo caminar. Un día, visitaron una iglesia en Italia donde el hijo estuvo dibujando varias horas mientras ella descansaba sentada en un banco. Más tarde, cuando volvían al coche, la mujer se dio cuenta de que no cojeaba. Tres semanas después, ya en su casa, parecía disfrutar de una excelente salud. Los médicos no encontraron rastro del cáncer. Resultó que la iglesia donde habían estado era famosa por sus energías curativas, aunque ni ella ni su hijo lo sabían entonces. En este caso, la mujer se curó sin ninguna creencia consciente en las propiedades curativas de la iglesia. Pero sin duda albergaba en su psique la posibilidad de que la vida es más misteriosa de lo que pueda parecer.

> **«La ayuda no física nos llega desde una esfera de Luz de frecuencia más alta que la nuestra. Las inteligencias que nos asisten y nos guían... pertenecen a una esfera más alta de la creación y por lo tanto pueden ofrecernos una calidad de guía y asistencia que nosotros no podemos darnos unos a otros.»**
>
> ***Gary Zukav*** [2]

Generalmente, es mucho más rentable invertir en fe que invertir en preocupaciones.

Creencias limitadoras

Conocí a Colleen McGovern a través de amigos comunes. Muchos me habían contado que Colleen tenía el don, cada vez que iba de viaje, de estar en el lugar oportuno en el momento preciso para conocer a la única persona de la ciudad que hablaba su idioma o que le podía proporcionar la información que precisaba en ese momento. Recientemente Colleen había anunciado su compromiso con David, en lo que parecía un romance de novela. David, un hombre rico, apuesto, interesado por el camino espiritual y diez años más joven que ella, le propuso un viaje a Hawai y dispuso que Colleen recibiera su anillo de compromiso en la cabeza de un delfín.

Aunque se muestra modesta en cuanto a esto, Colleen admite que después de mucho trabajo personal a lo largo de los últimos años, ha comenzado a ver los resultados de identificar y reconsiderar las creencias limitadoras. Con una fuerte base espiritual, ha llegado a creer que cualquier cosa es posible.

«En los años ochenta trabajaba para las empresas Fortune One Hundred. La vida era exactamente un reflejo de mis creencias. Yo me pasaba la vida viajando con una maleta, para vender productos. Tenía dos creencias que me impulsaban a seguir trabajando de firme. La primera era que *tenía* que realizar aquel tipo de trabajo sencillamente porque se me daba muy bien. De cara al exterior parecía una empleada buena y organizada, pero la verdad es que estaba constantemente agotada.

»La segunda creencia era que tenía que cuidar de mí misma. Esta fe en la autosuficiencia absoluta quería decir que vivía apartada de Dios. Este sentido de independencia lo tenía desde mi infancia, porque la relación con mi madre era muy dolorosa. Cada vez que recibía algo de ella, tenía que pagar un precio muy alto. Mi sentido de independencia era tan fuerte, que durante años no dejé que nadie se me acercara.»

Las cualidades de ser organizada y perseverante, que le proporcionaron el éxito en el mundo de los negocios, también le fueron muy útiles cuando emprendió el camino espiritual de conocerse a sí misma. Pasó varios años leyendo, meditando, estudiando y asistiendo a varias clases, cosas que la abrieron a las verdades y principios universales. Su mayor adelanto, cuenta ella, fue darse cuenta de que su percepción interna de lo que era o no era posible definía o limitaba lo que podía atraer en el mundo exterior.

Finalmente cambió de profesión y abrió una consulta como consejera. En lugar de repetir la experiencia de su adicción al trabajo, esta vez decidió que quería tener tiempo para explorar otras aficiones, como la jardinería, la cocina y la pintura, con la absoluta convicción de que lo que necesite siempre le llegará. Ahora el mismo lunes tiene ya completa la agenda de la semana, no hace ninguna publicidad y gana suficiente para vivir bien trabajando tres días a la semana.

«Cuando trabajo con mis clientes según estos principios, les veo realizar cambios sorprendentes en cuanto identifican y transforman las creencias que han sostenido desde la infancia.

«No tiene que ver con los logros, ni siquiera con lo que hacemos. El liderazgo significa crear un dominio en el que los seres humanos profundicen constantemente en su comprensión de la realidad y aumenten su capacidad de participar en el desarrollo del mundo. En último término, el liderazgo significa crear nuevas realidades.»
Peter Senge[3]

»Los dos puntos de mayor importancia, en mi opinión, son: En primer lugar, cualquier cosa es posible, y en segundo lugar, aunque una situación parezca inamovible, para cada circunstancia hay siempre una solución específica que puede no ser obvia en la superficie. Cada vez que me enfrento a un conflicto interior o a un obstáculo, automáticamente me pregunto: ¿Cuál es la creencia que está limitando esta experiencia?

»Hace un par de años, cuando quería comenzar a trabajar sólo tres días a la semana, me enfrenté por supuesto al viejo tópico que afirmaba que yo tenía que trabajar a horario completo para ganar lo suficiente para vivir. En los viejos tiempos, cuando trabajaba para la empresa, empecé a creer que tenía que trabajar incluso más horas porque no estaba casada. Cuando comencé con la consulta, me enfrenté a la creencia colectiva de que es difícil sobrevivir con la práctica privada.

»Ahora trabajo sólo tres días a la semana y me mantengo perfectamente. Mi trabajo no me cuesta ningún esfuerzo. No hago publicidad, pero ofrezco muy buen servicio. Yo creo que parte de mi propósito es hacer otras cosas, aparte de mi trabajo, de modo que esa creencia parece allanar el camino para que esas otras cosas fluyan.

»Mi compañero dice que soy como un rayo láser. Cuando despierto el lunes pienso en la semana que quiero vivir. Me siento más segura si tengo las citas establecidas con tiempo de antelación, para no tener que preocuparme por ellas. Miro los huecos de mi agenda y deseo que la gente me llame para concertar citas. Y así sucede. Es increíble. Creo que cuando vives tu propia verdad, cuando estás en el camino de tu propósito, el universo te apoya. No me atribuyo el mérito, porque sé que trabajo con la energía de Dios. No sé si esto es cierto, pero así lo creo. A mí me funciona. Cuando uno cree en una posibilidad, permite que esta posibilidad surja.

»No ser consciente de la infinita capacidad del universo es una carencia. Por ejemplo, si uno se siente sin ganas de vivir, es porque tiene una creencia que le impide experimentar su auténtico propósito. Esta creencia limitadora puede estar basada en muchos factores y es distinta para cada uno. Tal vez creamos que todo el mundo tiene talento para realizar una carrera perfecta, menos nosotros; quizá estamos convencidos de que no tenemos ninguna suerte, o de que si hubiéramos recibido mejor educación podríamos triunfar.

»Creo que los mecanismos para realizar un deseo son inherentes al deseo mismo. Por ejemplo, si deseo ser músico, es que el universo desea expresar la música a través de mí. Cuando me resultaba tan difícil encontrar una relación amorosa, yo sabía que estaba pasando algo por alto. Hace un par de años dejé de pedir que el amor se presentara en forma de un novio. En lugar de eso me pregunté: ¿Qué traería a mi vida un novio? ¿Qué es lo que quiero en realidad cuando pido un novio? ¿Cuál es la importancia de tener una pareja? Cuando profundicé en mis motivaciones, descubrí que lo que realmente deseaba era ofrecer mi contribución al mundo y al mismo tiempo compartir esto con alguien. Había pedido una pareja, pero lo que en realidad deseaba era trabajar con alguien y sentir que servía a los demás.

»De modo que comencé a hacer cosas que me gustaban y que

al mismo tiempo eran un servicio. Me ofrecí como voluntaria, trabajé con una amiga, ayudé a algunos adolescentes con problemas. Busqué formas distintas de vivir la experiencia que buscaba.

»Conocí a David en un proyecto con un chamán. Estuvimos trabajando codo con codo y fue una experiencia maravillosa. Al final nos enamoramos. Yo me había concentrado en mi deseo más profundo y había dejado de pedir la forma, que era una pareja. Si hubiera escrito la lista de las características de mi hombre ideal, no tendría ni la mitad de lo que tengo con David. Me concentré en los sentimientos que quería experimentar, y lo que apareció fue un hombre mejor de lo que habría podido soñar. Yo creo que nos hacemos un bien cuando intentamos realizar el trabajo de la fuerza creativa que dio origen a mares y árboles. Algo que puede crear los mares, puede satisfacer mi deseo de contribuir con el mundo.»

ESCRIBA LA DESCRIPCIÓN DE SU TRABAJO

En el pequeño vestíbulo del programa Re-Entry de Berkeley, de la Universidad de California, en una columna del edificio están grabadas las siguientes palabras de George Eliot: NUNCA ES DEMASIADO TARDE PARA SER LO QUE PODRÍAS HABER SIDO. El programa Re-Entry ofrece una variedad de servicios para ayudar a la gente que ha vuelto a estudiar después de un paréntesis. A diferencia de los estudiantes jóvenes que entran inmediatamente en la universidad con una identidad social definida y están acostumbrados a los rigores del mundo académico, las personas que retoman los estudios suelen estar inseguras tanto de su posición social como de sus capacidades académicas. Pueden tener trabajos, familias y muchas responsabilidades a las que hacer frente. Estas personas suelen sentirse aisladas y, como grupo, tienen sus preocupaciones y necesidades específicas.

Entrevisté a Helen K. Johnson, fundadora y coordinadora del programa, en su acogedor despacho. Helen es una mujer recatada, serena y segura. Su historia es un clásico ejemplo del dicho: busca una necesidad y satisfácela. Le pedí que me contara qué se siente al dejar una casa lujosa en Burlingame a la edad de 50 años y volver a la facultad en pos de una meta que en aquel momento ni siquiera era del todo clara. ¿Cuáles eran los escollos de un cambio tan radical? ¿Qué miedos siente la gente cuando decide volver a la facultad después de haber estado un tiempo «en el mundo exterior»? Helen me informó inmediatamente.

Volver a estudiar

«Lo primero es el dinero. La gente no sabe cómo podrá hacer frente a los estudios, el trabajo, su familia y todo lo referente al aspecto económico. En segundo lugar, todos tienen miedo de que su cerebro ya no funcione suficientemente bien —me dijo echándose a reír—. También existe el miedo de cambiar el *statu quo*. La gente piensa: Si dejo ahora lo que tengo, tal vez no encuentre luego nada mejor. También pueden tener miedo de entrar en la universidad porque tuvieron problemas de aprendizaje en el instituto o porque se sienten inseguros de su ortografía. Lo más importante es que deben abandonar una posición de comodidad y la posición que tuvieran en su trabajo. De pronto tienen que escuchar a un profesor, cuando quizá estaban acostumbrados a que los escucharan a ellos. Tal vez han dejado un buen empleo sin saber si van a llegar a alguna parte con los estudios. Y, por supuesto, todos se enfrentan a las preguntas y opiniones de sus familias.»

Helen pasó por todo esto cuando decidió abandonar su cómoda vida en un barrio residencial para desarrollarse personalmente. Helen, nacida en Escocia, emigró a Estados Unidos a los 19 años. Se casó y tuvo hijos. «En 1957, nunca se veían mujeres embarazadas en una oficina. Eso no existía.» Pero después de dedicarse a su casa durante trece años, comenzó a participar de forma activa en su comunidad. «Siempre me habían dicho que era inteligente. Los amigos me animaban a estudiar en la universidad, pero yo me sentía demasiado insegura.»

La falta de confianza es un punto crucial cuando sentimos el impulso de realizar un cambio en nuestro estilo de vida. La gente puede darnos mensajes sobre el siguiente paso a dar, pero si nos falta confianza para pasar a la acción, no aprovecharemos esos mensajes. Yo le pregunté qué aconseja para aumentar la confianza en uno mismo.

«Yo creo que es importante mirar alrededor buscando personas que nos sirvan de modelo. ¿Quién más ha hecho esto mismo? Es esencial avanzar mediante pequeños pasos. Para mí el primer paso fue comenzar con la escuela de la comunidad. En lugar de imaginarme todo el proceso, pensé intentarlo sólo un semestre. No pensé en la carrera de cuatro años. Se me hacía demasiado grande. Sólo me comprometí con un semestre, sin pensar que toda mi vida tenía que cambiar.

»También es importante sentir que no estamos quemando ningún puente. Tenemos que hacerlo fácil. Debemos darnos cuenta de que seguramente nos sentiremos incómodos una temporada. Esto es normal: estamos cambiando, y si siempre nos encontramos cómodos, jamás nos veremos obligados a hacer algo diferente.

»Tenemos que estar dispuestos a aprenderlo todo desde el principio. Tenemos que seguir aprendiendo si vamos a vivir hasta los 80 o 90 años. Tal vez tengas que dejar un empleo en el que te sientes importante. Puede que esto afecte a tu confianza en ti mismo, pero si te das cuenta de que te estás haciendo cargo de tu vida y estás dispuesto a hacer lo que haga falta para ello, recuperarás la confianza que sentías, pero de un modo distinto. Aprenderás y crecerás, y luego tal vez llegues a una meseta y te sientas estancado. Todo esto es normal.

»Las personas que retoman los estudios añaden muchas nuevas dimensiones a la educación. Si logras verte como parte del proceso, serás consciente de tu contribución. Esto te ayudará a sentirte conectado con lo que haces, aunque no sepas adónde te llevará.

»Gran parte del programa de reentrada consiste en unir a la gente para que comparta sus sentimientos comunes, para que todos vean que no están solos ni aislados. Esto es muy importante. Para las personas que todavía no han dado el paso, tenemos reuniones orientativas para que conozcan a otros que están en su misma situación. Todos nuestros empleados son estudiantes que han retomado sus estudios.»

Le pedí a Helen que nos contara su experiencia, cómo dejó su vida establecida para convertirse en estudiante.

«Fui a una escuela de la comunidad y allí se sorprendieron de mis dotes para escribir. Pero cuando llegué a la facultad, en mis trabajos de literatura solían anotar: "muy trillado". Para mí fue una auténtica prueba. Pero de todas formas seguí adelante, sin tener ni idea de cómo me iría. La facultad fue toda una transformación para mí. Acabé sacando sobresalientes y graduándome Phi Beta Kappa. En aquel tiempo ni siquiera sabía lo que era. Era tan ingenua que pensaba que para ir a una escuela universitaria tenías que ser invitada, y no sabía que había que mandar una solicitud. Al final cuatro profesores me pidieron que me uniera al programa de literatura.

»Justo cuando entraba en la escuela universitaria, en 1981, llegué a la menopausia. Al principio pensé que sufría una apoplejía. Sufría muchos sofocos y una gran pérdida de memoria. Estaba sometida a mucha tensión, estudiando, separándome de mi marido y dejando mi vida de Burlingame. Pero aquello era para mí casi cuestión de vida o muerte.

»En aquel entonces no había nada escrito sobre la menopausia y, francamente, estaba aterrorizada por el insomnio, la pérdida de memoria y la sensación de que el cerebro ya no me funcionaba como antes. No podía pensar. Me sentía muy extraña. Pero sabía que tenía que proseguir con mi desarrollo intelectual, y creo que eso me ayudó mucho a impedir que se me atrofiara la mente. Está demostrado que si una sigue marcándose metas, las dendritas del cerebro no mueren. Pero finalmente cedí y tomé estrógenos.

La falta de confianza es un punto crucial cuando sentimos la llamada para realizar un cambio en nuestro estilo de vida. La gente puede darnos mensajes sobre el siguiente paso a dar, pero si nos falta confianza para pasar a la acción, no aprovecharemos esos mensajes.

»Hubo un momento en el que tuve que buscar un trabajo remunerado. Para mí fue algo muy distinto del trabajo voluntario que había estado realizando. Me daba tanto miedo buscar empleo que me sometí a una terapia de corto plazo. Parte de la terapia consistía en hacer dibujos sobre mis miedos. Yo dibujé una enorme cerca de alambre de espino y mi cabeza mirando la cerca. A mí me parecía bastante sombrío, pero la terapeuta dijo: "No, mira. Tu cabeza está por encima de la cerca. Puedes ver tu camino."»

¿Qué era lo que más miedo le daba con respecto al trabajo?, le pregunté.

«Tenía miedo de mis pérdidas de memoria, de no poder pensar con la misma claridad que antes. En aquel entonces tenía cincuenta años. Me daba miedo no dar la talla, no ser capaz de cumplir con un horario de ocho horas. Me daba miedo que me evaluaran y no me aprobaran. Pero a pesar de todo, sabía que tenía una educación y no pensaba rendirme.

«Cuando estamos bloqueados ante un problema, lo que nos impide actuar es o bien que nos falta información o bien que en alguna ocasión se dañó nuestra sensación de fuerza personal, o bien que no existe ningún sistema que nos permita avanzar. Al plantear cuestiones estratégicas, abrí una puerta para que la gente superara su dolor, su culpa y su impotencia, para que estimulara sus sueños sobre su propia contribución.»

Fran Peavey [4]

»De nuevo la gente me dijo que debería enseñar en escuelas locales, pero yo no me sentía bastante segura. Así que di un paso minúsculo. Comencé a trabajar en el Centro de Mujeres. No parecía el típico "lugar de trabajo", y pensé que serían amables conmigo. Lo mismo que pensé cuando emigré de Escocia a Estados Unidos y mis amigos me preguntaban por qué me iba. Yo siempre decía: "Me voy sólo seis meses." Así se me hacía más fácil.

»Cuando llegué al Centro de Mujeres, encontré una pila de memorándums de mujeres que habían llamado porque querían volver a estudiar. No había nada, ninguna orientación para ellas. Yo simplemente me senté allí y las fui recibiendo. Era evidente su ansiedad, y yo pensé: Son como yo. Aquello fue como un regalo para mí. Entonces pensé que la universidad debería tener en cuenta aquel tema, porque aquellas mujeres presentaban problemas específicos, no vivían en el campus, no pertenecían a ninguna hermandad. Pero aquel problema era invisible para la administración. No veían que aquella comunidad tenía necesidades diferentes.

»Comencé a hablar con los distintos departamentos, como el de ayuda financiera, inscripción y alojamiento, pero era muy ingenua en cuanto a la política imperante.

»Finalmente me di cuenta de que aquello era lo que yo quería hacer. No me renovaron el contrato y no estaba en muy buenos tratos con la directora del Centro de Mujeres, pero conseguí un pequeño despacho, lo pinté y decidí dedicarme a eso. El primer año obtuve una subvención y al cabo de dos años el programa de reentrada pasó a formar parte de la administración oficial de la universidad. Ahora hago todas las cosas que me gustan (medito, hago de consejera y abogada), empleando dotes personales que no sabía que tenía. Escribí la descripción de mi trabajo ideal, y lo he encontrado. Todavía me apasiona lo que hago, y todos los días tengo la sensación de que hago algo significativo. Para mí es un placer, y un bien para la universidad y para los estudiantes.»

¿Hay alguna necesidad cerca de usted?

Helen nos dice que la administración de la universidad no tenía en cuenta los problemas de las personas que retoman los estudios porque esos problemas eran *invisibles* para ella. La identidad de este grupo se hizo evidente gracias al valor de Helen y su habilidad para ver una necesidad que debía satisfacerse. Al hacer esto, encontró el propósito de su vida. ¿Hay alguna situación en su comunidad o su trabajo que sea invisible porque nadie se toma la molestia de identificarla?

REALIZAR EL SUEÑO

¿Cuántas veces ha tenido usted un destello de inspiración creativa sobre un producto y ha pensado: Vaya, es una idea estupenda. Alguien debería vender esto? Tal vez incluso habló con alguien sobre el precio del producto o su lanzamiento. Pero finalmente, la idea se traspapeló o usted pensó: ¿A quién intento engañar? No tengo tiempo para encargarme de esto. Además, seguramente no funcionaría, y no tengo el dinero necesario para empezar.

Kermit Heartsong, fundador y presidente de la Word Origin, Inc., piensa de otra manera. Este empresario de San Francisco, de 36 años de edad, obedeció a su corazón hasta el último paso, con una idea que nació de una experiencia sorprendente. Su historia me llama la atención porque es un clásico ejemplo de como la sincronicidad, la perseverancia y la fidelidad a los propios valores nos guía por un camino que ni siquiera habíamos imaginado. Él mismo nos contará su experiencia.

Trabajar y jugar

«Las palabras, el lenguaje, fueron siempre muy importantes para mi madre, de modo que nos lo leía *todo* a mi hermano y a mí. Yo me iba siempre a la cama con un libro y una linterna, y cuando me obligaban a apagar la linterna, leía con la lámpara de mi hermano.

»Cuando llegué a la universidad, no sabía qué carrera quería estudiar, pero al final ingresé con unos amigos en la facultad de ingeniería. Me licencié, aunque la verdad es que no tenía ningún interés en ser ingeniero. No era lo mío. También me di cuenta de que mi vocabulario se había empobrecido durante los años de facultad, porque no había asistido a muchos cursos de literatura. Intenté leer el diccionario, pero era demasiado aburrido. Entonces me puse a pensar cuál era la mejor forma de aprender, aprender jugando, aprender divirtiéndome.

»En aquel entonces realizaba todo tipo de trabajos. Participaba en un programa que se hacía cargo de niños cuyos padres trabajaban. Algunos de ellos no habían visto nunca el mar, así que los llevábamos de excursión a la playa o les enseñábamos otras cosas. Un día me puse a jugar con unos chicos de diez años. Se trataba de representar con acciones los verbos. De pronto llegó un chico nuevo y yo le pedí que deletreara la palabra "escalera". Él se quedó pensando un momento y luego comenzó con una "s".

»Yo pensé: Oh oh, aquí pasa algo. Escribí la palabra "casa" y le pedí que la leyera. Él dijo: "Escalera." Era un chico que estudiaba cuarto. Siempre hemos oído hablar del analfabetismo, pero hasta que no nos lo encontramos de cara no podemos imaginar lo abrumador que resulta. El chico no podía deletrear ni la palabra más sencilla. Me quedé tan preocupado que quise hablar con sus padres, pero estos eran muy suspicaces y no quisieron que ayudara a su hijo.

»Lo interesante es que en este barrio vivían varios niños "dotados". En todos estos casos,

«Tomar la decisión de servir a los demás. Cuando estemos sirviendo, recibiremos. Cuanto más ofrezcamos, más seguridad tendremos en los efectos milagrosos de este principio de la vida. Y a medida que disfrutemos de la reciprocidad, más capacidad tendremos de servir.»

Greg Anderson[5]

sus padres empleaban tiempo en leerles, en jugar con ellos, en compartir alguna actividad que les estimulara la mente. Se notaba que estos chicos disfrutaban con la lectura. De modo que estas dos actitudes (la de los padres suspicaces y descuidados y la de los padres comprometidos) me indicó que era importante que los padres se implicaran en la educación de los hijos.

»La clave es empezar con estos niños a una edad temprana, cuando tienen ansia de aprender. Mis juegos están encaminados a unir a las familias. Tengo un juego llamado "Articulación. Versión familiar", que está diseñado en dos niveles, para que padres e hijos puedan jugar a la vez y los padres no se aburran.»

Le pregunté a Kermit qué le animó a seguir adelante con su idea.

«Tal vez porque era terco e ingenuo. La industria de los juegos es muy dura. Al principio simplemente anoté mis ideas básicas. Durante un par de meses, aquel primer folio se convirtió en un pliego de trece páginas. Hablé con todo el mundo que pude del negocio de los juegos. Insistí durante seis meses en ver a los del Trivial Pursuit y el Pictionary, hasta que por fin me recibieron. Entonces los acribillé a preguntas como: ¿Cuánto cuesta manufacturar un juego? ¿Cómo se puede distribuir? ¿Se consiguen beneficios con la primera edición? Una vez informado, decidí que era una buena idea seguir adelante.

»Mis familiares y amigos me dieron algún dinero para empezar, pero el gran paso adelante llegó el día que me rompí el tendón de Aquiles jugando al baloncesto. Tres cirujanos me operaron y yo les conté lo que estaba haciendo. Resultó que a los tres les encantaba el lenguaje, de modo que cuando salí del hospital vinieron a mi casa y después de una charla decidieron ayudarme a montar mi empresa. Sin ellos no habría podido hacerlo. Siguieron sucediéndome sincronicidades (como la de dar con los compradores adecuados) que me confirmaron que estaba en el buen camino.

»Lo mejor, sin embargo, sucedió hace un año. Las cosas iban bien, pero avanzaba muy poco a poco. No tenía dinero para promoción ni publicidad. No tenía siquiera un despacho. En 1995 estaba claro que o daba un gran paso o abandonaba. Si no conseguía fondos, todos mis esfuerzos no habrían servido de nada. Entonces una amiga me habló de un grupo de inversores llamado Investor's Circle. Ella pensaba que mis juegos eran fantásticos, de modo que insistió en que presentara mi propuesta. Eso hice. Esperé. Volví a llamar y les mandé otro de mis catálogos. Pasaron unas semanas. Era julio, y ya no quedaba mucho tiempo si quería presentar mi proyecto en la feria de regalos. Tres semanas antes de la fecha límite me llamaron. Hay que señalar que este grupo recibe miles de propuestas entre las que sólo seleccionan diez. Yo era la número diez. Me dijeron que preparase una presentación de diez minutos.

»Yo ensayé mi discurso una y otra vez. Me jugaba la empresa. Si aquello no daba resultado, todo habría terminado. Por fin fui a Atlanta y cometí el error de sentarme en la sala donde las otras nueve personas estaban haciendo sus presentaciones. Yo sudaba como loco y pensaba que no saldría adelante. En el público había cientos de personas (los Getty, los Mellon, los McKay), gente de muchísimo dinero.

»Pero entonces me tranquilicé y recé. Fue como una oleada de serenidad. Por fin llegó mi turno. Me levanté y pedí un micrófono inalámbrico. Me aparté del podio para estar más cerca de la audiencia y empecé a hablar. Simplemente conté mi historia. A partir de ahí, parece cuestión de magia. Todos se rieron, me aplaudieron, sintieron lo que yo sentía. Les hice ver el lado personal, aparte del aspecto empresarial del proyecto.

Pero entonces me tranquilicé y recé. Fue como una oleada de serenidad.

»Al cabo de cinco minutos había expuesto mis veinte planes de negocios, aunque me dijeron que jamás lograría exponerlos todos. Durante el almuerzo, todo el mundo me hacía preguntas. No pude probar un bocado.

»Poco después tenía doce inversores interesados. Esto fue hace algo más de un año.

»Cuando comencé con mi empresa vivía en una habitación tan pequeña que sin levantarme de la cama alcanzaba mi ordenador. Ahora tengo siete trabajadores, ochenta representantes y treinta y siete productos.»

¿Y qué piensa Kermit de su propósito, de su camino?

«Ahora estoy en el camino. —Hace una pausa y prosigue—:

SEGUIR LA META

- **Toda situación tiene un propósito.**
- **Hacer lo que nos gusta nos sumerje en el flujo de la sincronicidad.**
- **Atraemos aquello en lo que nos centramos.**
- **La inteligencia universal es perfecta y opera sin esfuerzo.**
- **Siempre tenemos elección.**
- **Establezca su meta y pida apoyo.**
- **Deje que el universo se encargue de los detalles.**
- **Confíe en el proceso.**
- **Su vida es parte de un plan mucho más amplio.**

Recuerdo que cuando estudiaba en el instituto tenía un sueño: un internado en el que los chicos recibieran no sólo la educación básica, sino algo más, donde les enseñaran idiomas, arte, música. Cuando trabajaba con niños en aquel programa, era muy difícil tratarlos y además sabía que luego volverían a un entorno muy duro para ellos. Yo quiero llegar a los niños cuando todavía son pequeños, quiero motivarles para que aprendan, quiero que sepan que alguien se preocupa por ellos. Me parece increíble que estemos recortando los fondos dedicados a la educación. Es necesario dar a los chicos arte y música, ensancharles la mente en lugar de estrechársela. Puede parecer una locura, pero creo que algún día acabaré trabajando con niños.»

DIÁLOGO INTERIOR

¿Ha tenido alguna idea innovadora que le entusiasmara?
¿Qué ha sido de esas ideas?
¿Qué le ha conmovido más?
¿La historia de McGovern?
¿La de Helen Johnson?
¿La de Kermit Heartsong?

Vuelva a leer estas historias dentro de seis meses o un año. Compruebe si le emocionan de otra forma y advierta cómo ha evolucionado su pensamiento.

5

El campo magnético del propósito de su vida

En cierto sentido es como pensar que las cosas que deseas están en una cuerda infinitamente larga, atada invisiblemente a ti. Es cuestión de confiar en que puedes alcanzar esa cuerda, y que encontrarás aquello que deba entrar en tu vida, una vez hayas desarrollado la capacidad de recibirlo. Pero la cuestión es que no puedes recibirlo, ni siquiera acercarte a ello, si no confías en ti mismo como una extensión de Dios.

WAYNE DYER[1]

ESTABLECER UN CAMPO DE ATRACCIÓN POSITIVA

¿Ha tenido alguna vez la experiencia de estar viajando y llamar a casa por si tiene algún mensaje? ¿Ha tenido la impresión de que posee una «vida» esperándole en casa, aunque usted se encuentre realizando un viaje que de alguna forma no es tan real como lo que ha dejado atrás?

Imaginemos visualmente su «vida» como un campo de energía. Este campo atrae personas, oportunidades y eventos. Dentro de ese campo hay un punto central, un propósito en torno al cual se organiza la energía. Afectando y modificando ese propósito central se encuentran los subcampos energéticos de las creencias, actitudes, experiencias pasadas, expectativas, estados emocionales sin resolver y otro material inconsciente. En todo momento emitimos cierto patrón energético basado en nuestro estado físico, emocional y espiritual. Podemos comparar nuestro campo con un campo magnético, puesto que no sólo irradiamos energía desde el propósito central, sino que también atraemos hacia nosotros, magnetizamos a las personas y cosas que nos ayudarán a realizar ese propósito. Nuestro campo energético también filtra toda la información que recibe, a través de las creencias, expectativas, traumas y experiencias. Sólo utilizamos la información a la que prestamos atención de forma consciente. La información a la que no atendemos la almacenamos. Puesto que nuestro objetivo es trabajar simbólica y energéticamente en nuestro campo perceptual para comenzar a ver nuestra misión en la vida, vamos a profundizar más en este sencillo modelo para hacernos conscientes de los campos de energía interrelacionados en nuestra vida.

¿Qué energía tiene usted en este momento? En una escala del uno al diez, donde diez es «me siento estupendamente», ¿cómo se encuentra ahora mismo? Si está bastante contento y despierto —si se concede una puntuación de seis o siete, digamos—, entonces tómese un momento para afirmar: «Mientras leo estas palabras, mi vida comienza a cambiar para atraer oportunidades que cumplan mi propósito.» Si su energía está a un nivel dos o tres, intente recordar que todo es posible. Es evidente que algunos días sentiremos que podemos comernos el mundo y otros tendremos ganas de escondernos en un rincón.

«Tú participas en esta forma de intercambio de datos, por así decirlo, con todas las almas que te son cercanas y, hasta cierto punto, con todas las almas que tocan tu vida. Al cambiar el contenido de tus datos y la información que envías a un alma, este alma procesa el cambio en su propio sistema. En este aspecto, la causa y efecto de tus intenciones, la forma en que decidas modelar tu energía, afecta a los demás.»

Gary Zukav [2]

Cada vez que se sienta desanimado o deprimido, piense en todas aquellas cosas, por pequeñas que sean, por las que esté agradecido. Si se concentra en sentir gratitud por cosas como tener un techo, una cómoda cama, agua caliente, las sonrisas de sus hijos, el árbol del jardín, la capacidad de moverse libremente o cualquier otra cosa, generará una frecuencia más alta de energía. Al vivir y actuar en una frecuencia más alta (que es a la vez más profunda y rica), usted está más en consonancia con su propósito.

Puesto que todos existimos dentro del campo de inteligencia universal, parece obvio que cuanta más gente lea este libro y otros de naturaleza similar, más fácil nos resultará ponernos en consonancia con el propósito de nuestra alma.

EL CAMPO MAGNÉTICO DEL PROPÓSITO DE SU VIDA

Atraiga oportunidades basadas en sus creencias sobre

- sus fuerzas
- sus debilidades
- lo que ama
- lo que piensa que es necesario
- la naturaleza de la vida
- lo bueno y lo malo
- su nivel de creatividad
- sus intenciones conscientes
- sus motivaciones inconscientes
- su nivel de optimismo
- los logros significativos y los momentos que le enorgullecen
- fracasos y éxitos
- su valía
- su capacidad para ver un significado en los hechos
- su capacidad para vivir el presente
- su capacidad para ser usted mismo en torno a los demás
- su capacidad para confiar en el proceso
- su capacidad para reírse de usted mismo
- su capacidad para enfrentarse al miedo
- su capacidad de rendirse
- su capacidad de ver un propósito y un mensaje en los obstáculos

El autor Penney Peirce me dijo una vez: «Intento recordar que estoy rodeado por un campo etérico amistoso, cooperativo. Yo lo llamo el campo del Sabedor. Por ejemplo, el otro día necesitaba saber de alguien que se hubiera curado a sí mismo mediante la intuición, para un artículo que estaba escribiendo. Llamé a todos mis amigos, pero ninguno estaba en casa. En cuanto reafirmé que el campo estaba conmigo y que no necesitaba una anécdota de otra persona, recordé inmediatamente una experiencia propia. En la medida en que lo permitamos, podemos obtener del campo de energía universal cualquier cosa que necesitemos.»

¿QUÉ FORMA EL CAMPO MAGNÉTICO DE SU PROPÓSITO?

Describa su propio campo magnético contestando las siguientes preguntas. Responda con toda la sinceridad posible, aunque tenga que elegir con frecuencia la opción «débil» o «depende». Estas respuestas le ayudarán a ser consciente de cualquier miedo, apatía o bloqueo que tenga, no para que se juzgue mal sino para que pueda empezar a concentrar energía positiva en esas zonas. No hay preguntas correctas o incorrectas. No hay ningún problema que resolver. Se trata simplemente de poner atención en ciertas zonas con el deseo de que queden fortificadas o desbloqueadas.

Mis fuerzas son ____

____

Mi capacidad para ver un sentido en los obstáculos es	Muy fuerte Fuerte Normal Débil Depende
En general, mi capacidad de correr riesgos emocionales es	Muy fuerte Fuerte Normal Débil Depende
En general, mi capacidad de correr riesgos económicos es	Muy fuerte Fuerte Normal Débil Depende
En general, mi capacidad para decir lo que pienso en asuntos controvertidos es	Muy fuerte Fuerte Normal Débil Depende
Mi capacidad de reírme de mí mismo es	Excepcional Fabulosa Buena Normal Depende
Creo que soy creativo	Absolutamente Bastante Algo No mucho Depende
Mi nivel de optimismo es	Muy alto Alto Moderado Bajo Depende
Mi capacidad para ver un significado en los eventos es	Muy alta Alta Moderada Baja Depende
Mi capacidad de rendirme (abandonar el control) es	Muy alta Alta Moderada Baja Depende

En mi vida y mi familia soy responsable de ______________________
____

Soy leal a ____
____

Confío en mi capacidad de tomar decisiones acertadas — Siempre Casi siempre A veces Quizá Depende

Tiendo a juzgarme con dureza cuando ______________________
____

El miedo bloquea mi progreso — Constantemente A menudo A veces Casi nunca

Mis tres peores miedos son:

1. Miedo a la muerte. 2. Miedo a hablar en público. 3. Miedo a cometer errores. 4. Miedo a hacer el ridículo. 5. Miedo a conocer gente nueva. 6. Miedo a parecer estúpido. 7. Miedo a sentirme atrapado. 8. Miedo a ser invisible. 9. Miedo a estar solo. 10. Miedo a estar desarraigado. 11. Miedo a la pobreza. 12. Miedo a la enfermedad y el dolor. 13. Miedo a la autoridad. 14. Miedo a tomar decisiones equivocadas. 15. Miedo a ______________________

Los eventos significativos que me han moldeado son ______________
____
____

Los logros de los que estoy más orgulloso son ________________
____
____

Las actividades que me gustan son ______________________
____

Yo me describiría como ______________________________
____

Mi propósito actual es ______________________________
____

Yo vivo mejor el presente cuando ______________________________

____

Me gustaría atraer ____________________________________

____

SU CAMPO MAGNÉTICO PIERDE FUERZA A TRAVÉS DE LOS PENSAMIENTOS, EL LENGUAJE Y LA ACCIÓN ENRAIZADOS EN

- juicios negativos sobre usted mismo
- una desmesurada necesidad de control
- culpar a otros de sus situaciones
- pesimismo
- deseo de venganza
- compromisos no meditados
- creencias sociales
- lamentos por los fallos
- resentimiento por las injusticias
- odio
- miedo

PENSAMIENTOS

- Pierde fuerza creativa cuando piensa desde alguna de las emociones anteriormente mencionadas, que agotan su energía.
- Para evitar la pérdida de fuerza, acostúmbrese a advertir los pensamientos que surgen de estos estados de energía y aprenda a abandonarlos. No se aferre a ellos. Recuerde que su realidad depende de la energía que invierta en ellos.
- Pregúntese: «¿De verdad quiero seguir pensando así? ¿Por qué?»

LENGUAJE

- Preste atención al lenguaje que utiliza al conversar. El inconsciente almacena como verdades todo lo que usted dice, o incluso todo aquello sobre lo que bromea.

ACCIONES

- Para recuperar energía, practique el perdón hacia sí mismo y hacia los demás en cualquier situación problemática. Perdone y afirme la intención de seguir adelante.
- Preste atención cada vez que saque a relucir estos patrones en la conversación.

DESCUBRA A QUÉ O QUIÉN DAR SU ENERGÍA

Una parte del propósito de su vida es dominar el uso de la energía creativa humana. Cuando está en una dimensión espiritual, no tiene un cuerpo físico, ni energía física que manipular. Desde su nacimiento es usted capaz de crear formas trabajando con energía física. Algunos estamos tan ansiosos por expresarnos, por dejar nuestra huella, que trabajamos sin descanso. ¿Es usted de los que trabajan horas y horas hasta quedar sin fuerzas? ¿Cómo cuida su vehículo físico vital (su cuerpo)? ¿Se mantiene en forma o se entrega a los placeres físicos? Algunas almas se encarnan con el deseo específico de sentirlo y tocarlo todo en la vida, gozando de la sensual experiencia de la vida en la tierra.

Si cree que sus actitudes mentales crean su visión del mundo y son responsables de que se desarrolle su propósito, entonces le resultará útil comprobar cuánta energía emplea en la atracción positiva y cuánta en la atracción negativa. Las actitudes mentales negativas surgen porque inconscientemente usted se siente separado o aislado de su fuente espiritual. Cuando nos sentimos aislados, intentamos lograr nuestros objetivos concentrándonos sólo en nuestra fuerza de voluntad e intentando controlarlo todo. Si sintonizamos con nuestra propia naturaleza y nuestro propósito, estaremos en contacto con nuestra fuerza natural. Cuando sintonizamos con un solo valor, como la compasión, la confianza, el respeto por nosotros mismos, o cuando prestamos atención a las sincronicidades, la vida cobra sentido y a menudo se torna más divertida, más llena de esperanza. Su propósito es el propósito de Dios, y el Creador desea que usted cumpla su propósito.

El siguiente ejercicio, inspirado en el trabajo de Caroline Myss —*Energy Anatomy*— le ayudará a averiguar dónde puede estar perdiendo energía creativa.

Imagine que al despertar cuenta con un ciento por ciento de energía creativa, de sobra para crear y atraer la vida que desea vivir. ¿Está de verdad funcionando al máximo? Tal vez no. La mayoría de nosotros emplea un tiempo considerable en quejarse, preocuparse, lamentarse y generalmente en bloquear sus circuitos internos. Aunque deseamos el éxito, todos enviamos mensajes de preocupación con los que sólo cosecharemos resultados negativos. Sin embargo, tenemos la opción de depurar el papel que debemos realizar, si sabemos cuál es este papel. Frecuentemente nuestros pensamientos son la fuente de lo que solemos considerar problemas externos. Según algunos observadores de la condición humana, como el físico David Bohm, la raíz de nuestros problemas se encuentra en la misma naturaleza de nuestro pensamiento no identificado y fragmentario.

ANÁLISIS DE PÉRDIDA DE ENERGÍA

Lea las siguientes afirmaciones y calcule de forma intuitiva qué porcentaje de energía creativa emplea en cada una de las categorías. Para realizar este trabajo tiene que ser muy sincero consigo mismo. Imagine sus porcentajes en incrementos de treinta minutos, una hora, dos horas, etc. por día. Deje que su intuición dé la respuesta y confíe en que será precisa. Sume los porcentajes cuando haya terminado.

Si quiere ver una imagen de su pérdida de energía, trace un mapa mental de su campo de energía con líneas que vayan a las personas y situaciones en que actualmente pierde energía.

ANÁLISIS DE PÉRDIDA DE ENERGÍA

Responda las siguientes preguntas, sin emplear en ninguna más de un minuto o dos. Calcule cuánta energía emplea de forma no constructiva.

¿A quién, o a qué, culpa de las situaciones negativas? ______________
¿Se siente presionado para complacer a su familia o a cualquier otro grupo? ____
¿Qué porcentaje de energía gasta en complacer a su familia? ______ %
¿Cuánta energía emplea en ser pesimista? _______________________ %
¿Cuánta energía emplea en su deseo de venganza? _________________ %
¿Cuánta energía emplea intentando complacer a su jefe? ___________ %
¿Cuánta energía emplea en hacer juicios negativos sobre usted mismo?
____ %

¿Cuánta energía emplea en lamentar sus fallos? ________________ %
Me siento resentido hacia ______________________________
¿Cuánta energía emplea en resentimientos? ________________ %
Yo odio ______________________________
¿Cuánta energía envía a sus enemigos? ________________ %
Intento controlar (¿qué o a quién?) ______________________________
¿Cuánta energía emplea en intentar controlar a los demás? ________ %
¿Cuánta energía emplea preocupándose cada día? ____________ %
Total de energía creativa empleada en áreas que repercutirán negativamente en usted ______________________________ %

En las siguientes historias, conoceremos a tres personas que encontraron un propósito en distintas etapas de sus vidas. Todas ellas experimentaron una llamada para seguir avanzando en su camino, a pesar de las incertidumbres. Cuando las lea, fíjese en cómo sus campos de energía atrajeron una vida plena llena de sentido. Boona cheema, una nativa de la India, dirige ahora una agencia social multimillonaria en Berkeley, California. Jerry Horovitz ha tejido un impresionante tapiz de intereses, habilidades y profesiones en su propia empresa de publicidad. Laura Kwong, la vivaz esposa de un maestro de Zen, enseña budismo zen en una comunidad espiritual.

BOONA CHEEMA

La familia de boona cheema (ella prefiere escribir su nombre con minúsculas) vivía según los principios de «fe, servicio y propósito». Uno de los dichos favoritos de su padre era: «Hagamos lo que hagamos, es importante que haya las menos bajas posibles.» Al enterarme de los eventos que dieron forma a su vida, me llamó la atención el evidente sentido de todas las experiencias cotidianas de esta mujer, hondamente espiritual.

Boona cheema es la directora ejecutiva de BOSS (Building Opportunities for Self-Sufficiency), una empresa sin ánimo de lucro con base en Berkeley. Es una mujer imparable, íntegra, inteligente, sabía y compasiva, y con un gran sentido del humor. Nació en la India el día que lanzaron la bomba sobre Hiroshima y emigró a Estados Unidos en 1971, sin un céntimo. Al principio recibió una ayuda del recién establecido organismo Berkeley Oakland Support Services, donde pronto la contrataron como asistente social y del que llegó a ser directora en 1979. A partir de entonces convirtió la BOSS en una agencia con un presupuesto anual superior a los seis millones y medio de dólares y un personal de cien trabajadores. Es una empresa que promueve el desarrollo económico y la construcción de viviendas, y que ofrece alojamiento y servicios para gente sin recursos. Su trayectoria es un buen ejemplo para ver que la necesidad, combinada con el deseo de servir de un individuo, puede marcar una gran diferencia en las vidas de muchas personas.

Yo quería saber cómo se desarrolló su vocación. Repasamos brevemente los eventos significativos que la habían ayudado a seguir adelante. Es sorprendente la sensación de finalidad que parece guiar su vida.

El credo familiar de «fe, servicio y propósito»

«Yo creo que la mendicidad es una lucha de clases —me decía boona—. Los mendigos urbanos de América tienen mucho en común con los refugiados, en el sentido en que no tienen conexión con su comunidad. La pobreza y la sensación de desarraigo me recuerdan mi juventud, cuando se dividió la India en 1947.

»En estas personas sin recursos encontramos muchos modelos de fuerza y temple, incluso en las que parecen tomar decisiones equivocadas (vendiendo su cuerpo o abusando de las drogas). Sus decisiones no significan que hayan renunciado a su centro espiritual. En Estados Unidos no estamos preparados para reconocer esto, de modo que consideramos que estas personas han empobrecido sus almas. Pero la vida me ha enseñado que mañana puedo perder todas mis posesiones materiales, pero nunca perderé mi ser, mi identidad.»

Boona subrayó algunos de los eventos y lecciones que la experiencia le ha enseñado sobre el misterio de la vida:

6 de agosto, 1945. El día de su nacimiento. El día que bombardearon Hiroshima. Uno de los temas presentes siempre en su vida es la guerra dentro del espíritu humano.

División de la India, 1947. Boona se convirtió en una refugiada junto con tres generaciones de su familia. Profunda sensación de indefensión al verse despojada de todo por una fuerza externa, en este caso una acción política.

La envían a una escuela católica a la edad de 8 años. Su familia intenta dar a su hija una buena educación. Boona aprende a vivir en condiciones difíciles y a cuestionar la autoridad de forma pacífica y hábil.

Visita el Templo Dorado de los sikhs a la edad de 9 años. Esta religión, reprimida tanto por el islam como por el hinduismo, le enseñó el mensaje de la universalidad. Le impresionó especialmente su credo, según el cual cualquier persona necesitada que entrara en el templo recibiría comida y refugio.

Conoció al Dalai Lama a los 13 años. Estaba con su padre, que entonces ayudaba a establecerse a los refugiados tibetanos. El Dalai Lama le tocó la cabeza. «Aunque era muy pequeña para darme cuenta de quién era aquel hombre, sentí que su contacto era una inmensa bendición.»

Trabajó como periodista. Desarrolló el pensamiento crítico y ensanchó su visión del mundo.

Estudió improvisación y teatro en India. Al representar papeles masculinos y femeninos, equilibró su parte masculina y femenina.

Se casó y emigró a Estados Unidos. Aprendió lo que es pasar hambre y la incertidumbre con respecto al futuro.

Nacimiento de su hijo. «¡Así que esto es el amor!» Su corazón se abrió. A partir de ese momento, no volvió a sentir miedo de la guerra, la muerte o la pobreza. También se hizo consciente de la necesidad de preservar el medio ambiente.

Asistió a una escuela de divinidad. Satisfizo la necesidad interior de añadir disciplina y un aprendizaje formal a su naturaleza intuitiva, para ser más eficaz en la vida.

Contacto con las drogas. Al enfrentarse a un desafío mayor que ella misma, boona aprendió que no había atajos para acceder a los lugares sagrados. Más humilde después de esta experiencia, se dio cuenta de lo poderosa que es la fuerza que sostiene al universo.

Conoció y se casó con su segundo marido. Era la primera relación en la que ambos aceptaban completamente al otro y se apoyaban en su camino. Se sintió aún más libre que antes.

Toma una decisión con respecto a la comunidad y el trabajo. «Para mí es más fácil estar con gente que luchar por alcanzar una vida mejor.

»Puedes asistir a todos los cursos que quieras y leer todos los libros sobre espiritualidad, pero todo es ego, ego, ego, hasta que empiezas a ayudar a hacer un mundo mejor para todos. Cuando conozco a una persona, me fijo en sus fuerzas y virtudes, en lo hermosa que es. ¡No sabes la energía que hace falta para dormir en la calle todas las noches con una temperatura de cero grados! Debemos desarrollar la capacidad de ver el interior, no sólo la ropa sucia y harapienta. Debemos aprender a conectar con el miedo, la duda, la rabia. Yo me he esforzado mucho por no juzgar a los demás. Cuando siento racismo o miedo, lo reconozco e intento ver más allá. La cultura nos aisla, y lo que necesitamos es tender la mano y cruzar sus límites.»

> **«Yo creo que lo que buscamos es nuestra integridad entre estos dos polos: entre despojarnos de la conciencia que tenemos de nosotros mismos y adquirir una nueva conciencia, entre los miedos que nos encogen y la capacidad de amor que nos agranda, entre la necesidad de vigilancia ante el peligro y la confianza que nos permite dormir.»**
>
> ***Kathleen Norris*[3]**

Le pregunté cómo se enfrenta a la abrumadora tarea de satisfacer las necesidades de tantas personas. «Soy muy testaruda. Primero aclaro las razones por las que voy a hacer cualquier cosa, ya sea buscar fondos o calcular un presupuesto. Estoy convencida de que la trayectoria de una persona puede marcar una gran diferencia en las vidas de los niños y ancianos que esa persona encuentre. No me aferro emocionalmente a muchas cosas. No creo muchos sistemas. Si tuviera que ponerme un título, diría que soy una guerrera —en el buen sentido— más que una burócrata. Mis armas son mi mente, mi alma y mi espíritu. El mío no es un trabajo fácil, así que no gasto energía implicándome en los conflictos de otras personas. Siento que mi vida tiene un propósito. Quiero ofrecer mi fuerza y mi coraje a otras personas que tienen una fuerza y un coraje distinto. Seguiré confirmando, tocando, creciendo y cambiando con todo aquello que me encuentre. Puedo decir: "Sí, hoy es un gran día. No voy a añadir más víctimas al mundo."»

EL FLUJO DE LA DIVERSIDAD

Jerry Horovitz es el único propietario de una pequeña editorial, Amber Lotus, que publica tarjetas de felicitación, calendarios y periódicos. Todo su trabajo gira en torno a la belleza de la naturaleza, el arte étnico y el arte visionario. Yo conocí a Jerry hace unos años, cuando era urbanista y diseñador, jugaba al baloncesto y practicaba el budismo. En aquel momento también se estaba introduciendo en el Feng shui. Aunque no lo conocía muy bien, tres rasgos de su personalidad eran evidentes: era una persona íntegra y comprometida, practicaba sus principios espirituales, y en todas las decisiones de su carrera, parecía seguir una meta interior. Yo quería saber qué le había motivado a avanzar en su camino.

Una vida correcta

«No quiero emplear demasiado tiempo haciendo lo que es urgente, para luego no poder hacer lo que es importante —comentaba Jerry sobre su nueva empresa—. Para mí este negocio es un matrimonio entre el arte, el comercio y el servicio, que siempre han sido mis objetivos. Una parte de mi trabajo consiste en tomar decisiones artísticas que sean también buenas para el negocio. Pero otra parte más importante es el trato con la gente. Yo quiero que el proceso sea tan artístico como el producto. Sería muy hipócrita si mantuviera una empresa artística y supiera tratar con los demás o no realizara una producción cuidadosa. Si trabajas con honestidad y realmente te preocupas por el negocio, se nota en el producto final y en las relaciones con los clientes, vendedores, empleados, etc. Yo no quiero estar en el mundo de los negocios si no es de forma artística y humana.

»El otro día una persona de Berkeley me hizo un pequeño pedido de calendarios. Puesto que yo iba en aquella dirección, me ofrecí a pasar por su casa para entregárselos. Esta persona se llevó una sorpresa al oír que yo le entregaría el pedido en mano. Cuando llegué nos pusimos a charlar y a ella se le ocurrió la idea de presentar mi trabajo a un cliente importante. Hay que decir que yo no tenía más expectativa que la de entregar los calendarios. Pero creo que las relaciones de trabajo florecen si uno es honrado y cuida el servicio. Creo firmemente que uno cosecha lo que siembra. No sé si esta empresa ganará dinero, pero creo que si permanezco fiel a estos valores, funcionará.

»También creo que para mí es el momento adecuado para dedicarme a los negocios. Tengo cuarenta y siete años, he viajado por más de cincuenta países, me he divertido mucho y he probado muchas cosas. Parece el momento de comprometerme en algo con lo que pueda crecer, y mis capacidades se adaptan muy bien a este tipo de negocio.

»Mucha gente puede pensar que es un momento muy malo para montar una editorial, puesto que las grandes cadenas se están comiendo a los pequeños empresarios. ¿Estoy loco? ¿Sabré salir adelante con mi empresa? Francamente, no lo sé. Pero confío en que éste es mi camino.»

La actitud de Jerry pone de manifiesto tres creencias muy importantes y necesarias para estar en consonancia con el propósito de nuestra alma: 1) Tiene un fuerte compromiso con su ética profesional que satisface su mente y su corazón (y su talonario). 2) Ve más allá del pensamiento convencional («las grandes cadenas lo engullen todo»). 3) Confía en sí mismo y en su capacidad para tener éxito, y cree que algo más profundo está apoyando sus esfuerzos.

Le pregunté si había vivido sincronicidades significativas en este proceso.

«Desde luego. Conocí a mi distribuidor sincronísticamente. Yo pensaba entrevistar a cierto distribuidor de la American Book Association de Chicago cuando por casualidad di con alguien a quien ya conocía. Esta persona supo al instante de qué forma podríamos trabajar juntos para aumentar nuestras ventajas en el mercado. Tuvo inmediatamente una visión general del asunto, que es algo que admiro mucho. Me parece una gran suerte haberle encontrado en aquel momento.»

Puesto que Jerry tiene diversas experiencias laborales, le pregunté qué quería ser cuando era pequeño. ¿Hubo algo que le indicara el tipo de vida que llevaría de adulto?

«Recuerdo que cuando tenía 8 años vi, en un ejemplar de la revista *Parade*, un artículo que hablaba de planear el futuro. Entonces pensé: ¡Eso es lo que quiero hacer! Planear el futuro. Mis padres, naturalmente, querían que fuera médico o abogado, pero a mí siempre me interesó el futuro. Cuando me licencié en la universidad me asocié a una empresa de urbanismo. Fue entonces cuando me di cuenta de algo muy importante: que quería trabajar para mí mismo. Para ello necesitaba un *master*, de modo que volví a la universidad. Allí me di cuenta de otra cosa: mientras los demás estudiantes se interesaban por las prácticas y querían un puesto de trabajo en alguna empresa, lo que a mí me interesaba era el aspecto humano del trabajo. Por ejemplo, ¿qué pasa con las personas que quedan destituidas en un proyecto de ingeniería? Con este punto de vista, pude obtener un trabajo como urbanista social del medio ambiente. Esto fue el principio del camino.

»Entonces fue cuando descubrí que no se puede planear el futuro. Podemos tener los mejores planes del mundo, pero el resultado de esos planes está determinado por consideraciones políticas y económicas. Me sentí desilusionado y abandoné este campo. En aquel momento estaba muy implicado en organización política. Muchos cambios en mi vida han venido motivados por mi intento de cubrir mis necesidades de desarrollo personal o porque quería seguir siendo tan íntegro como me fuera posible.

»En esta época yo estaba muy ocupado haciendo informes y estudios que jamás eran aprobados y que estaban muy lejos de las verdaderas necesidades de la gente. Yo quería ofrecer una ayuda directa, de modo que me saqué un certificado de masajista. Aquello fue muy satisfactorio durante un tiempo, pero pronto me enfrenté a una decepción similar a la anterior. El servicio directo no me llenaba del todo. A mí me interesa la conciencia y la acción, más que la forma.

»En cuanto decidí que el trabajo con el cuerpo no era suficiente, se me presentó la oportunidad de dedicarme al desarrollo de edificios para una agrupación de ayuda a los niños. Era estupendo porque podría aplicar toda mi experiencia al objetivo de construir más centros para el cuidado de los niños. Podría servir a una buena causa. En todos los casos, tanto con el masaje como con el urbanismo, yo trabajaba para transformar la conciencia de la gente. Aunque mis caminos profesionales parezcan muy dispersos, yo creo que el hilo que los une a todos es mi interés por el desarrollo de la conciencia.

> **«Todos llevamos dentro lo que yo llamo una entelequia. Entelequia es una palabra griega que significa "propulsión dinámica y generadora". La entelequia de la bellota es convertirse en roble, la entelequia de un recién nacido es convertirse en adulto en el mundo. La entelequia de cada uno de nosotros es ser... sólo Dios sabe qué. A veces vislumbramos esa entelequia. Parte de nuestro propósito es lograr que la entelequia alcance su madurez.»**
>
> ***Jean Houston*** [4]

»Antes me preocupaba el sentido de la vida, saber qué tenía que hacer con mi vida. Ahora veo que es posible que uno no sepa por qué hace lo que hace o cuál es su significado. Sencillamente es suficiente con sentirnos relativamente cómodos con nuestra actividad y ver en ella algún valor. Tal vez no veamos el propósito hasta más tarde. Si consideramos todos los trabajos que yo he realizado, da la impresión de que no sabía lo que hacía. Pero hay un hilo que los relaciona todos. Normalmente nuestro trabajo externo es un reflejo del trabajo interno que estamos realizando. Cuando alguien se implica mucho en la política, o se convierte en devoto de algún guru, algo se está desarrollando en su historia personal.

»Quizá deberíamos dejar de cuestionarnos si estamos logrando un determinado propósito teórico. Tal vez se trate simplemente de hacer lo que tenemos delante y hacerlo bien, con el corazón. Haz lo mejor que puedas con lo que tengas entre manos en este momento. Ése es ahora mismo el propósito de tu vida. No intentes encontrar algo absoluto. Si entramos por puertas traseras o laterales, tal vez encontremos el propósito de nuestra vida. A mí me gusta mucho el viejo refrán: "Si tienes limones, haz limonada." Sigue adelante con lo que tienes y no te tomes demasiado en serio a ti mismo. Tal vez no conozcas la finalidad última de lo que estás haciendo, y tal vez sólo sea un paso intermedio, pero algo encontrarás. No se trata de estar bloqueado ni parado, sino de saber que cada momento tiene su propósito.»

La partida y la vuelta a casa

En la historia de Jerry existe una característica que he encontrado en muchas personas que viven el propósito de su vida. Todas ellas han partido hacia alguna parte para luego volver a casa con una nueva perspectiva. Tal vez todos nosotros, en algún momento, representamos el arquetípico viaje del héroe encaminándonos hacia sitios lejanos. Una parte del proceso de descubrirnos a nosotros mismos consiste en ver y conocer las experiencias de otros seres humanos de todo el mundo. Este proceso está impulsado por la urgencia arquetípica de ver una imagen más completa, de incorporar el conocimiento de otras sociedades y de experimentar realidades «tribales». Debemos alejarnos del camino conocido y entrar en lo inexplorado. En ese viaje llegamos a ciertas conclusiones sobre nuestro lugar en el mundo, conclusiones muy distintas de las que alcanzaríamos de quedarnos en el refugio del sistema de creencias con el que nacimos.

Le pedí a Jerry que me contara si sus viajes le habían ayudado a encontrar su lugar en el mundo.

«Mis viajes han influido de forma decisiva en mi visión de mi camino. En 1983 decidí ir a Asia durante cuatro meses para visitar nueve países. El punto álgido fue el recorrido a pie por el Himalaya, donde viven los budistas tibetanos. Descubrí en sus vidas y sus aldeas una gran fuerza y solidez interior. No tienen nada, no poseen nada. Viven en una tierra tan desolada que no pueden ni cultivar. Pero a pesar de todo parecían las personas más felices que jamás he conocido.

»Lo cierto es que yo ansiaba saber qué era lo que les producía tanta alegría interior, de modo que cuando volví a Estados Unidos empecé a estudiar budismo tibetano, y eso fue lo que permitió que esta nueva empresa entrara en mi vida. Cuando decidí viajar a Asia no sabía que aquello me conduciría a ser editor. A veces los eventos parecen no tener un propósito profundo, pero todos debemos seguir nuestros impulsos, a menos que sean instintos básicos. Tenemos que perseguir nuestros sueños, aunque no parezcan directamente relacionados con nuestra carrera profesional o con nuestro propósito. Ahora, con la editorial, tal vez haya descubierto la forma de provocar un impacto en el trabajo de los demás. Y tal vez esto no sea el final. Me siento afortunado por haber tenido la ocasión de realizar lo que me ha interesado en cada momento.»

COMPAÑEROS DE ALMA

Laura Kwong, una mujer de 40 años, esposa y compañera de alma de Kwong-roshi, me habló de su camino espiritual. El pelo le empezaba a crecer después de rapárselo para ser ordenada monja zen el mes anterior. Yo conocía a Laura desde hacía veinticinco años, cuando trabajaba como interna para obtener la licenciatura de terapeuta. Sabía que era madre de cuatro hijos. Ella me recordó que en su juventud había estudiado claqué.

«Hacía años que me resistía a ser ordenada monja. He tardado mucho tiempo en darme cuenta del anhelo que siempre había sentido.»

> **«He visto que la gente se alimenta de compasión y libertad, como las plantas del jardín se nutren de sol, lluvia y fertilizantes.»**
>
> ***Jack Jornfield*** [5]

Maestra de Zen, bailarina de claqué

«La noche antes de la ceremonia en la que tenía que afeitarme la cabeza, todavía no estaba convencida. Pensaba que estaría feísima. Pero el caso es que cogí las tijeras y empecé a cortar. Entonces me acordé del día de mi boda, cuando mi madre me obligó a cortarme el pelo. Recuerdo que con Roshi no era sólo un matrimonio, era haber encontrado a mi compañero de alma. Ahora me he ordenado y por fin le he aceptado como maestro espiritual. Pero seguimos disfrutando mucho. La otra noche me maquillé y me puse mi mejor vestido y fuimos al Sheraton Palace a bailar. Yo soy ambas cosas: la persona de mi juventud —la bailarina a quien le encantaba el maquillaje y la vida social— y la persona espiritual que siempre he sido por dentro. Ahora la parte espiritual está por fuera y la bailarina por dentro. Pero todo se desarrolla de forma tan misteriosa que ni siquiera puedo empezar a comprender. ¡Por ejemplo, mi primera profesora de baile se ha hecho budista!

»Si hubiera conocido de antemano todo el camino, probablemente no habría comenzado a practicar el budismo. Pero ahora tengo suficiente experiencia y disciplina espiritual para que la práctica zazen sea muy importante y valiosa. Tiene que ver con la cordura y la claridad. Hay en esto algo verdadero, algo desnudo, algo de lo que no hubiera podido huir. Es como apreciar el agua para apagar la sed. Si aprecias el agua, ya no necesitas refrescos ni ninguna otra bebida.

»Cuando era pequeña, el baile siempre estaba presente en mí, además del deseo interior de bondad. Yo sabía muy bien que en el mundo había mucho sufrimiento, y tal vez bailaba para entretener a los demás, para que se sintieran mejor. Porque el interior está en contacto con el sufrimiento de la gente. Yo eso lo sabía ya de joven, pero no podía expresarlo.

»En mis prácticas de Zen, más que seria o rigurosa, soy entusiasta. Todos los días siento alegría al acercarme más a mi auténtico ser y al auténtico universo. Es muy emocionante, pero ¿por qué? Supongo que le estaré dando vueltas hasta el día que me muera. Ésa es mi gran cuestión.

»Cuando alguien me consulta la forma de encontrar el sentido de su vida, yo le recuerdo que tiene que conocer su auténtico ser. Nuestro método para lograrlo es el zazen. Meditando, nuestro ser se nos hace accesible de forma muy directa. En realidad es una información que siempre llevamos dentro, pero no sabemos dónde. Es muy importante practicar y pasar tiempo con uno mismo. La información la llevamos dentro, aquí sólo damos el método para encontrarla, y este método consiste en los rituales que denominamos práctica zen. Tenemos que abrirnos al conocimiento sutil. Tenemos que oír el latido del corazón, sentir el viento, oír el conocimiento que surje de nuestro interior en el presente, no en el futuro. Hay que vivir el presente. Aunque no sepamos cuál es el propósito de nuestra vida, el propósito es ser conscientes del momento presente.»

DIÁLOGO INTERIOR

Puntos significativos en su camino. Escriba sus puntos de transición en una sencilla línea temporal desde su nacimiento hasta ahora. ¿Cuáles fueron los eventos decisivos en su vida? ¿Cuál cree que era el propósito de cada evento? (Es decir, ¿qué aprendió? ¿De qué forma le conmovió? ¿Cómo le cambió?)

Una vez hecho esto pregúntese:

¿Cómo me modelaron mis padres y mi entorno cuando era pequeño?

Suponiendo que uno elija a sus padres, ¿por qué escogí concretamente a los míos?

Como grandes almas que aceptaron estar presentes en mi vida, ¿qué me transmitieron, en el más alto nivel espiritual, mediante su lenguaje, pensamientos y acciones?

¿Cuál es su imagen del mundo en este momento?

Haga un dibujo de las cosas más importantes de su vida en este momento. No se preocupe si no sabe dibujar, utilice palotes y símbolos para indicar:

Todo lo que considera precioso y valioso para su bienestar.

Las cosas que le gustaría atraer en su vida. Dibuje un corazón en torno a las cosas que desee.

Las cosas de las que quiere liberarse. Dibuje alas en torno a las cosas que quiera dejar ir.

Sus valores: mire todo lo que ha dibujado y debajo de cada cosa escriba una palabra que indique el valor que representa para usted.

Su dibujo es ahora un mapa de sus valores. Al ponerse en consonancia de forma consciente con sus valores, usted está directamente en contacto con el propósito de su vida.

Sarah, por ejemplo, dibujó un bosque, una casa con humo que salía de la chimenea, su ordenador, su gato, su coche y cuatro miembros de su familia sentados en torno a una mesa. Ella quería atraer un viaje a Brasil, un encargo para escribir y más dinero. Quería liberarse de su frustración con su hermano, su adicción al chocolate y su tendencia a criticarse. A continuación se explica el valor que asignó a cada uno de sus símbolos visuales.

VALORES DE SARAH

Símbolo	Valor
Bosque	Cercanía con la naturaleza, soledad
Familia en torno a una mesa	Sentirse amada y apoyada
Gato	Amor incondicional
Casa con chimenea	Estabilidad
Coche	Movilidad
Ordenador	Creatividad

6

Las sincronicidades revelan su propósito

Podríamos hacer nuestras vidas mucho más interesantes y desarrollar muchas capacidades nuevas si trabajáramos con los imprevistos, en lugar de intentar eliminar la sorpresa de nuestras vidas.

MARGARET J. WHEATLEY Y MYRON KELLNER-ROGERS[1]

¿QUÉ ES LA SINCRONICIDAD?

Una sincronicidad es un encuentro aparentemente casual que sin embargo parece cósmicamente orquestado. Si queremos ponernos en el camino de nuestro propósito, será necesario reconocer estos eventos catalizadores y abrirnos a ellos.

Las sincronicidades son fuerzas que se unen en el tiempo y el espacio, proporcionándonos lo que necesitamos. Para los protagonistas del evento, es algo especial, inesperado e inexplicable mediante el razonamiento típico de causa y efecto. La sincronicidad nos hace conscientes de que tal vez en ese momento está operando un propósito mayor —o incluso divino—. Las sincronicidades parecen respuestas externas a un estado psicológico interno. Por ejemplo, tal vez necesitamos cierta información y de repente damos con alguien que nos la ofrece. Las sincronicidades son un momento en el tiempo en el que nos unimos a personas o hechos de forma racionalmente inexplicable. Son eventos que nos hacen pararnos a pensar. Esto también se llama providencia.

«Pero la suerte entraba de nuevo en la vida de Joseph Campbell, o la "sincronicidad", como lo llama Carl Jung. Esas coincidencias significativas que no sólo parecen suceder sin nuestra intervención, sino que en útlimo término están en perfecta consonancia con nuestras necesidades internas. De hecho fue a un amigo de Carl Jung a quien los asistentes invisibles pusieron en el camino de Campbell en 1941. Aquella reunión tendría como resultado el entrelazamiento de sus destinos que tan profundamente afectaría no sólo su vida, sino toda la obra de ambos hombres.»

Stephen y Robin Larsen[2]

El término *sincronicidad* fue utilizado por primera vez por el psicólogo Carl Jung, que comenzó a estudiar estas «casualidades» como fenómenos tal vez de una dimensión distinta. Hasta hace poco, nuestra explicación del mundo material se basaba sólo en la lógica y se entendía en términos de causas y efectos. Durante los últimos quinientos años, el método científico buscaba caminos lineales entre una causa y su predecible resultado. Esto es lo que llamamos «prueba». Probar es la capacidad de mostrar por qué o cómo ha sucedido algo, y recrear ese evento a voluntad. La causalidad satisface nuestra necesidad mental de explicar la vida. La causalidad nos proporciona seguridad.

Pero las cosas han cambiado. Los físicos modernos, después de la teoría cuántica, nos enseñan que la causalidad explica sólo parcialmente nuestro mundo físico. No estamos tan limitados por el tiempo y el espacio como pensábamos. Por ejemplo, los científicos han separado partículas moleculares y luego han cambiado el espín de una de las partículas y han comprobado que la otra partícula cambiaba también al instante, por muy distanciada que estuviera de la primera. La interrelación de las partículas se mantenía sin quedar afectada por el tiempo o la distancia. Parece que todas las cosas existen dentro de un campo interconectado de energía.

Según la psicóloga Marie-Louise von Franz:

> El pensamiento sincronístico, tradicional en China, significa pensar en campos, por así decirlo. En la filosofía china este modo de pensar se ha desarrollado y especializado mucho más que en cualquier otra civilización. Allí no se cuestiona por qué ha surgido un evento o qué factor provocó un efecto determinado, sino qué cosas pueden suceder juntas de forma significativa en el mismo momento.[3]

Nuestra reacción normal ante un problema es atacarlo directamente. Por ejemplo, si nos quedamos sin trabajo, entramos en el proceso lógico de buscar otro. Ponemos al día nuestro currículum y lo enviamos a veinte empresas. Nos llaman para hacer una entrevista. Si nos gusta la empresa y a la empresa le gustamos nosotros, tenemos un nuevo puesto de trabajo. Nuestra vida ha cambiado: vamos todos los días a un nuevo lugar, interactuamos con personas nuevas y realizamos nuevas labores. No parece que haya nada extraño en la relación entre la búsqueda de trabajo (causa) y la obtención de un trabajo (efecto). Es una relación que entendemos racionalmente, que tiene lógica.

Pero también tenemos la opción de seguir las sincronicidades que nos abren un camino que tal vez nunca hayamos planeado. Es el caso de Jill Coleman, que sin ningún plan previo se trasladó a Portugal para montar allí su consulta.

Jill Coleman me llamó mientras yo escribía este capítulo. Jill trabaja en captación de personal y da sus propios seminarios para ayudar a la gente a encontrar empleo. Yo decidí incluir aquí su historia puesto que muestra una combinación de sincronicidad, intuición y determinación. La intuición de Jill la llevó a elegir el lugar adecuado para reemprender una vieja relación después de quince años. Una vez allí, su determinación de ver el significado de esta sincronicidad le hizo emprender una nueva vida, una vida que jamás habría soñado.

Amor y negocios

«En julio de 1996, una vieja amiga y su marido me llamaron para trabajar en una empresa de alta tecnología en Europa —me contó Jill—. Tienen consejeros de recursos humanos en todo el país y estaban estableciendo sus primeros empleos internacionales. Hablé con ellos el martes y al cabo de una semana volaba hacia Europa. Pasé dos meses reclutando personal para una empresa en Bruselas y Amsterdam. No me interesaba un trabajo a largo plazo, así que les dije que tenía que marcharme a finales de agosto, aunque me pagaban mucho más de lo que cobraba antes.

»A finales de agosto, dos amigas y yo decidimos irnos de vacaciones. Yo quería ir a alguna playa cerca de Grecia, pero una de ellas insistió mucho en ir a Portugal. Yo ya tenía Portugal muy visto, porque había pasado bastante tiempo allí cuando tenía veinte años. De todas formas, ante la insistencia de mi amiga, decidí ir. Alquilamos una villa en el Algarve.

»Quice años atrás yo había viajado por Portugal y entablé una relación con un portugués llamado Fernando. Me pasé dos años yendo de San Francisco a Faro, estudiaba portugués y ganaba el dinero justo para seguir viajando hasta allí. La última vez que vi a Fernando fue en 1986.

«El tema del romance de Grail es que la tierra, el país, todo el territorio estaba devastado. Era un páramo. ¿Y cuál es la naturaleza de un páramo? Es una tierra en la que todos viven una vida no auténtica, cada persona hace lo que hacen los demás, hace lo que le dicen, sin valor para vivir la vida propia. Eso es un páramo. Y eso es lo que T. S. Eliot quería decir en su poema "El páramo".»

Joseph Campbell [4]

»Puesto que mis amigas y yo estábamos a unos ocho kilómetros de Faro, decidí ponerme en contacto con Fernando. Pensé que estaría casado y con un puñado de hijos. Al principio me costó dar con él, pero mi tozudez me impulsó a seguir intentándolo. Volví al bar donde nos habíamos conocido, y resultó que el dueño se acordaba de mí. Me dijo que intentaría concertar una cita con él.

»Para resumir diré que cuando nos vimos la química volvió a surgir inmediatamente entre nosotros. Él no estaba casado. Ahora estoy a punto de trasladar mi negocio allí. Me había resistido a ir de vacaciones a Portugal, pero ahora parece todo obra del destino.»

INCLUSO CUANDO NOS PARAMOS ESTAMOS EN EL CAMINO

¿Y si tu coche un día no arranca y al tener que ir andando conoces a alguien que cambia tu vida? El padre John Rossner, un sacerdote episcopal y profesor de religión en la Universidad Concordia de Montreal, tenía 24 años y acababa de licenciarse en la Universidad Brown, donde se había especializado en historia antigua y lenguas clásicas. Él mismo nos cuenta su historia:

«En Inglaterra tenía un pequeño MG rojo que me traje a Estados Unidos. Un domingo, otro estudiante licenciado me pidió que le llevara a una iglesia fuera de Providencia para la misa del domingo. Fue la primera vez, desde que tenía el coche, que no arrancó. Yo sugerí ir andando a la iglesia de St. Stephen, que estaba cerca, en el campus. Resultó que aquel día oficiaba el reverendo Edward S. White, decano de Nashotah House en Wisconsin.

»Al salir de la iglesia después de misa, el decano estaba en la puerta saludando a los parroquianos. Al estrecharle la mano comenté: "Vaya, usted es el decano de uno de nuestros seminarios. Muchas veces he pensado en ir al seminario." Él me cogió del brazo y me apartó a un lado. "Espere aquí, joven —me dijo—. Quiero hablar con usted cuando se vaya la gente." Al cabo de unos minutos reanudamos nuestra conversación y yo le hablé de mis recientes estudios. Él me preguntó si podría enseñar griego clásico y yo le dije que era mi especialidad. "Bien —respondió él—. Mi profesor de estudios del Nuevo Testamento me ha pedido que encuentre a alguien que enseñe griego clásico. Le ofrezco comida, alojamiento e instrucción gratuita durante tres años si viene a Nashotah House a licenciarse mientras enseña." Yo acepté, y esa experiencia cambió mi vida.

«Cuando opera este nuevo compromiso, hay un flujo en torno a nosotros. Empiezan a pasar cosas. Empezamos a ver que en cada movimiento, por pequeño que sea, surgen toda clase de acciones consecuentes. Desarrollamos lo que los artistas llaman "economía de medios". Es decir, en lugar de aplicar el esfuerzo y la fuerza bruta, comenzamos a operar de forma muy sutil. En torno a nosotros actúa un flujo de significado, como si formáramos parte de un plan más amplio.»

Peter Senge[5]

»Después de almorzar volví al aparcamiento por mi coche. Pensaba llamar a la grúa, ¡pero arrancó a la primera!»

La anécdota del doctor Rossner muestra cómo una sincronicidad puede provocar un gran cambio en la vida. Es como si nuestro ángel de la guarda nos tocara con el ala para indicarnos un nuevo camino.

NIVELES DE SIGNIFICADO EN LAS SINCRONICIDADES

Existen también casualidades menos claras. Podemos, por ejemplo, estar pensando en alguien que de pronto nos llama por teléfono. O encontrarnos a un viejo amigo en el supermercado. O tal vez tu amiga de Taiwan te llama justo cuando estás a punto de salir de viaje para Taiwan.

Como sucede con todo en la vida, también aquí existe una jerarquía de importancia, varios niveles de significado. Un mensaje de la persona que amas tiene prioridad emocional sobre un mensaje de un amigo que quiere cambiar una cita contigo. Yo creo que las sincronicidades deben evaluarse del mismo modo.

Si, por ejemplo, una amiga nos llama justo cuando acabamos de ver su nombre en la agenda mientras buscábamos otro número, es posible que tenga un mensaje para nosotros. A mí me sucedió hace unas semanas. En aquel momento andaba pensando en el tema para la columna mensual que escribo. Una mañana estaba buscando en mi agenda cuando por alguna razón me llamó la atención el nombre de Cori Kenicer. Yo pensé por un instante que hacía tiempo que no sabía nada de ella (en realidad no hablaba con ella desde hacía nueve o diez meses). Una hora más tarde, Cori me llamó. A mí me pareció de lo más peculiar, puesto que no tenemos costumbre de charlar, y le comenté que me había acordado de ella hacía un rato. Resultó que Cori era la persona perfecta para una entrevista para mi columna. Cori es una de las personas a las que yo observo de vez en cuando porque las sincronicidades han desempeñado un papel protagonista en su transición de agente inmobiliaria a escritora. En el próximo capítulo sabremos más cosas de ella.

EL TRABAJO CON LAS SINCRONICIDADES

Cuando experimente cualquier clase de curiosa «coincidencia», le sugiero que se pare un momento y deje vagar su mente, como si estuviera «relajando» su capacidad intuitiva para que haga surgir lo que necesita saber. Plantéese las siguientes cuestiones:

1) ¿En qué estaba pensando ahora mismo? 2) ¿Cuál es mi relación con esta persona? 3) ¿Tiene algo que decirme esta persona sobre mis planteamientos o intereses actuales? 4) ¿Qué parece sugerir esta coincidencia? ¿Podría ser una respuesta negativa o afirmativa a algo que haya estado preguntando, aunque sea de forma sutil? 5) ¿Me siento con más energía? ¿Podría ser una señal para seguir adelante? 6) ¿Me siento inclinado a volver a ver a esta persona? 7) ¿Qué pareció estar ocurriendo cuando nos encontramos?

He advertido que muchas veces la información más importante surge al final de la conversación, casi como un comentario de última hora. Si al separarse de alguna persona usted tiene alguna duda, no se apresure. Si algo le inquieta en el fondo de su mente, observe en qué parte de la conversación su energía se fortalece. Mire a la otra persona bajo una luz favorable. Observe su sonrisa, sus ojos, y envíe energía positiva. Si siente el impulso de mencionar una cuestión o un proyecto en el que esté trabajando, hágalo.

Cuando reciba una llamada, tómese un momento para recordar que tal vez la persona que le llama tiene un mensaje para usted, aunque crea que la llamada es una interrupción. Aunque no le dé un mensaje literal, le puede hacer pensar o mirar en una dirección que había pasado por alto. Recuerde que su campo de energía atrae personas, lugares y eventos que le ayudarán a encontrar y cumplir el propósito de su vida en cada momento.

Nunca se sabe de dónde vendrá la inspiración. Un día me llamó una persona a quien apenas conozco pero que había evitado porque descarga mi energía. Yo estaba escribiendo el capítulo sobre la parte oscura del propósito de la vida. Esta persona me contó algunos de sus problemas personales y con ello desencadenó una fructífera cadena de pensamientos.

EL FACTOR TIEMPO

Por la misma razón, si quiere ponerse en contacto con alguien y no lo consigue en varios intentos, tal vez tenga que considerar que en ese momento no necesita a esa persona, o que sería mejor contactar con otra.

Confíe en su proceso. Pueden pasar años antes de que una sincronicidad le abra la siguiente puerta. El doctor Rossner nos cuenta un ulterior desarrollo de su sincronicidad:

«Pasé tres años en Nashotah House. En febrero del año que me licenciaba —en junio me ordenaría sacerdote— salía de clase con un compañero justo cuando el padre John Bruce, el profesor de estudios sobre el Nuevo Testamento, salía al claustro. Fuimos andando juntos hacia el refectorio. Por el camino vi a lo lejos a un hombre con ropa de clérigo. Llevaba un sombrero alto de piel, muy inusual en Wisconsin en ese entonces. Le pregunté al padre Bruce si sabía quién era. Él me contestó: "Es el padre Hertzler, rector de una gran parroquia en Montreal. Está buscando un párroco asistente que esté interesado en ampliar sus estudios en la Universidad McGill y trabajar media jornada." Yo dije que me interesaba mucho, aunque la verdad es que no lo había pensado. El padre Bruce me llevó entonces a la casa del decano, donde se alojaba el padre Hertzler. ¡El decano era Edward S. White, el mismo que había encontrado de forma sincronística en la iglesia de St. Stephen del campus de la Universidad Brown! El padre Bruce le explicó que yo estaba interesado en la propuesta del padre Hertzel y el decano respondió: "Maravilloso. Es usted el hombre perfecto." En ese momento entró el padre Hertzler. Estuvimos hablando y me ofreció el trabajo, que por supuesto acepté.

»De no haber ido entonces a Montreal, jamás me habrían ofrecido un puesto como profesor en la Universidad Sir George Williams/ Concordia, como sucedió cuatro años más tarde. Y si esto no hubiera ocurrido, no habría conocido a mi esposa Marilyn y nunca habríamos fundado el Instituto Internacional de Ciencias Humanas Integrales, en 1995. Hoy el instituto es una organización no gubernamental afiliada a las Naciones Unidas, y ha influido en las vidas de personas de muchos continentes en toda la aldea global.»

Los siguientes tres personas que conoceremos tienen algo en común: la pasión. La pasión y un sentido de finalidad (hacia la música, el servicio, los retos y la aventura) crearon las circunstancias que permitieron su éxito. En el caso del músico Steve Cooper, sus pasiones han atraído a su vida todo lo que necesitaba para realizar sus sueños. Experimentó sincronicidades tanto pequeñas como grandes y transformadas. Para la sanadora Mary Lee Banks, ya en su infancia las circunstancias le ofrecieron todos los ingredientes necesarios para manifestar el propósito de su vida. Para Leyla Bentley, la vida ha sido un desafío tras otro. Esto le ha permitido vivir fuertes emociones e influir decisivamente en muchas culturas y circunstancias. En todas estas historias se pone de manifiesto la libertad de espíritu que se logra mediante el trabajo y la dedicación.

En 1994 entrevisté a Steve Cooper, músico y líder de dos bandas, la Steve Cooper Orchestra y la Dixie Patrol, para el *Manual de las nueve revelaciones*. Al cabo de un año y medio Steve me llamó de nuevo y yo pensé que debía de haber una razón. Efectivamente, Steve estaba a punto de vivir el evento más significativo de su vida. «Llámame en una semana —me dijo enigmáticamente— y te lo contaré.» Le llamé en la fecha acordada y le pedí que empezara por el principio.

Seguir la melodía

«Siento que el sentido de mi vida es ser músico en todos los aspectos: tocando, enseñando, componiendo. He hecho en la vida todo lo que quería hacer, y todo ha ido sucediendo mediante las más curiosas casualidades. Gracias a las sincronicidades, me interesé por la metafísica hace unos quince años. Ahora creo que al contar mi historia, influyo sutilmente en otras personas y les ayudo a abrir los ojos a la sincronicidad.

»Yo he visto cómo se manifestaba ante mí todo lo que deseaba, y creo que hay dos maneras de entender esto. En primer lugar, podría ser que mi fuerte determinación atrajera esos eventos, o, en segundo lugar, tal vez yo preveía sucesos futuros que luego ocurrían. Por ejemplo, tal vez conocí justo a la mujer que yo deseaba porque sabía que ella entraría en mi vida. No lo sé.»

Yo sabía que Steve tenía una destreza especial para dar con la información que necesitaba en cada momento. Recuerdo que en una ocasión me contó que iba a entregar una caja de casetes a un músico de un club. Había olvidado el camino para llegar y estaba en una encrucijada, sin saber hacia dónde girar. En ese momento oyó en la radio de su coche un anuncio del club y el locutor dijo: «No lo olviden, giren a la izquierda en el cruce.»

«Hace un par de meses —prosiguió Steve—, alguien me llamó y dejó un mensaje. Había olvidado quién era e iba a escuchar de nuevo el mensaje del contestador pero de pronto recordé que estaba a punto de empezar un programa de televisión que yo llevaba dos semanas esperando. Hablaba de las granjas de perros, un tema que a mí me interesaba mucho. Al cabo de un minuto, después de que comenzara el programa, apareció en la televisión la persona que me había llamado. Yo no tenía ni idea de que estuviera relacionada con el tema de los perros. Él me había llamado para decirme que estaba disponible para tocar en mi grupo.

»En otra ocasión asistí a un congreso de electrónica en Las Vegas. Estaba en una pequeña sala, viendo una película de presentación que mostraba la televisión de alta definición. Como me aburría me puse a pensar en el grupo con que iba a tocar el año siguiente. Yo nunca había oído hablar de ellos y me pregunté qué tipo de bajista tendrían. Justo en ese momento, apareció en la película un concierto de ese mismo grupo, con un primer plano del bajista. Me resultó tan sobrenatural que no paré de sudar en media hora.

»Pero esta semana me ha sucedido lo más fantástico de mi vida, algo que jamás hubiera podido soñar, algo que no pensaba posible.»

Steve era de pequeño un gran admirador del líder de un famoso grupo musical a quien llamaremos X. Siempre le escuchaba en la radio y la televisión. Esta persona le influyó tanto que Steve aprendió a tocar varios instrumentos a muy temprana edad y sacó de oído varios temas del grupo.

«Pues bien, hace poco me llamaron de la librería musical de X y me invitaron a ir y copiar a mano todo lo que quisiera. No me lo podía creer. Todos sus temas estaban en un estante por orden alfabético. Me dejaron copiar todo lo que quise. Fue como un sueño. Había diez mil arreglos y yo sabía exactamente lo que quería. Era como tener acceso a todo lo que uno ha deseado saber. Todavía no me lo creo. Y no sólo eso, además di con varias personas que le conocían y vi fotografías de amigos míos que tocaban con él. Hasta vi una foto del concierto al que había ido con mi madre, ¡y nosotros aparecíamos! Lo mejor fue la fotografía de Red Nichols (un músico cuya obra X coleccionaba) y X. Increíble.

»Cuando era joven mis padres insistían en que me hiciera maestro. Decían que si no sería un músico vago y me pasaría la vida oyendo discos sentado en el suelo. Es cierto que ahora oigo discos sentado en el suelo, ¡pero me pagan por ello! Tengo más trabajo del que puedo realizar. He intentado apartarme de la música, pero la música siempre vuelve a mí.»

En los últimos diez años, a través de estas increíbles sincronicidades, Steve ha conocido o ha tocado con los músicos que más le han influido (o bien ha tenido acceso a sus arreglos musicales): Red Nichols, Jimmy Palmer, Bob Crosby y X.

«He trabajado muchísimo, pero me ha ido muy bien porque he aprendido lo que vale el esfuerzo. He aprendido que puedo hacer cualquier cosa. Todavía doy clases, porque tengo alumnos maravillosos que necesitan mis enseñanzas. Pero he hecho cosas que consideraba imposibles: tocar con las mejores bandas de Chicago, tocar en el *Oprah Winfrey Show* y el *Mary Tyler Moore Show*. Hace dos años fui el primer trompeta de Steve Allen, que era otro de mis héroes. Uno de los temas que toqué con él fue *Moonglow*, que me recuerda la historia de mi vida. Mientras tocaba se me llenaron los ojos de lágrimas. He logrado todo lo que deseaba, aunque siempre hay que pagar factura por ello. Yo he tenido que ensayar mucho y me ha llevado toda una vida lograr lo que quería.»

«DE PRONTO SUPE CUÁL ERA MI MISIÓN»

A mí me interesa mucho cómo la gente emprende un negocio. En este sentido es especialmente significativa la historia de Mary Lee Banks, que sacó al mercado un producto muy original. Mary Lee es la fundadora de Earth Tribe, una empresa que vende aceites esenciales medicinales. Comenzó trabajando en su sótano y ahora tiene una sólida empresa.

Recuperar la herencia

«Cuando era pequeña quería ser bruja o sanadora. Me encantaban las brujas, como Thomasina, de Disney, que podía resucitar a un gato. Me parecía maravilloso ser bruja. Mi abuela y mi bisabuela se pasaban la vida haciendo infusiones de hierbas del jardín. Mi madre me decía que yo era una sanadora porque siempre traía a casa pájaros enfermos. Yo me crié en Walker, Minnesota, cerca de la reserva india de Leech Lake. Es una zona turística, de modo que en invierno éramos novecientos residentes, pero en verano había más de diez mil personas. Vivíamos en la misma tierra de mis antecesores. En mi comunidad no existía el crimen. Llevábamos una vida rural, de campo, pero un poco más sofisticada gracias al constante flujo de turistas. Mi bisabuela, por parte de padre, era Ojibwa.

»Yo creía que todos los niños se criaban igual, con medicinas sacadas de la tierra. Cuando alguien caía enfermo, mi madre o mi abuela hervían una raíz o algunas setas. Recuerdo la sorpresa que me llevé la primera vez que vi un tubo de pastillas o un jabón con forma de corazón. Nuestro jabón lo fabricaba mi abuela. Cuando me hice mayor supe que esas cosas se vendían en las tiendas. Ahora estoy muy orgullosa de mi familia y todavía utilizo las recetas de mi abuela.

»Cuando fui a la universidad quería ganarme la vida curando, pero la medicina me desilusionó pronto. Yo quería diseñar mi propio programa de medicina holística, pero mis profesores me dijeron que no me sería posible hacer prácticas en el campo de la holística.

»Poco después de esta decepción, estaba un día desayunando cuando una amiga abrió el gas del horno pero no lo encendió. Yo encendí una cerilla y la cocina explotó. Sufrí quemaduras de segundo grado en la cara y el torso. Los médicos del hospital de la Universidad de Michigan dijeron que tendría cicatrices toda la vida. Me aconsejaron no tomar el sol y predijeron que envejecería antes de lo normal. Pero yo estaba decidida a demostrar que estaban equivocados.

»Cuando volví a mi casa, me traté con aceite esencial de lavanda. Esto sucedía hace quince años, cuando nadie había oído hablar de estos aceites. Al cabo de unas semanas volví a ver a los médicos. No podían creerlo. Me había curado y no tenía cicatrices.

»Me intrigaba mucho lo que había pasado, pero era imposible estudiar estos métodos en Estados Unidos. Nadie sabía nada del tema. Por suerte mi novio era un dentista sueco que trabajaba para una empresa farmacéutica sueca. Cuando tuvo que viajar por cuestiones de trabajo, yo le acompañé. Vivimos en Atenas, Londres y Estocolmo. Lo maravilloso es que en Europa pude estudiar aromaterapia clínica, puesto que allí comenzaba a ponerse de moda, sobre todo en Gran Bretaña. Estudié con algunos de los que ahora están considerados grandes maestros. También trabajé para una empresa farmacéutica europea y pude ver el negocio desde el punto de vista europeo, que es muy distinto del que impera en Estados Unidos.

»Cuando volví a casa, comencé a fabricar mis propios productos. Al principio no tenía ninguna intención de hacer negocio con ellos. Sólo pensaba en realizar los preparados, que luego regalaba a los amigos. Hasta que un amigo me preparó un seminario en el hotel Beverly Hills, y resultó que asistieron varios empresarios de productos de belleza, lo cual fue una suerte. Estos empresarios escribieron varios artículos sobre los aceites y comencé a tener clientes famosos, como Sigourney Weaver. En aquel entonces yo estaba embarazada de mis gemelos.

> **«Los guías familiares cuidan del destino de las familias. Vigilan el camino de cada individuo y el de la familia como grupo. Rescatan a los niños en peligro, sobre todo a los pequeños de cinco años y a los adolescentes que van a la deriva bordeando el mal camino. También recopilan el karma acumulado que los miembros de la familia deben trabajar en conjunto.»**
>
> ***Leah Maggie Garfield y Jack Grant*** [6]

»En la revista *Woman's Day* apareció un artículo donde mencionaban mi dirección. Yo no me enteré, porque estaba muy ocupada con los gemelos, que tenían dos o tres meses. Un día fui al buzón y lo encontré lleno a rebosar de cartas, junto con una nota que decía: "Venga a la oficina a recoger más correo." Todas las cartas me pedían información sobre aromaterapia. Fue mi marido el que me dijo: "Deberías montar un negocio. Mucha gente necesita tu ayuda."

»Así pues, tres eventos fueron los responsables de que comenzara con esta empresa. Primero el accidente y mi curación. En segundo lugar el nacimiento de mis gemelos, porque entonces vi que deseaba trabajar en casa. El tercer suceso fue la llegada de aquellas cartas. Mi esposo me dijo: "Si te quedas sentada en casa, nadie oirá tu mensaje." Fue entonces cuando se encendió la luz. De pronto me di cuenta de que mi misión era llevar ese mensaje a los demás y ofrecerles los beneficios de estos aceites de la naturaleza.

»Ahora recibo todos los días numerosas cartas y testimonios. Un día leí, con lágrimas en los ojos, la carta de una mujer que había estado al borde del suicidio después de un accidente de coche. Era alérgica y no toleraba ningún medicamento. Pero contaba que tomó Calming (una de las fórmulas de aceites esenciales de Earth Tribe) y su vida cambió. Los aceites obran a veces efectos espectaculares. Mi vida también ha cambiado gracias a ellos.

»Yo creo que si seguimos los dictados del corazón, se nos abren puertas que ni siquiera imaginábamos. Esto es especialmente importante para las mujeres. Si nuestro único objetivo es ganar dinero, esto nos bloqueará como un muro. Pero si no pensamos en el dinero, si nos fijamos en lo que nos gusta o en lo que puede ser de ayuda para los demás, entonces todo fluye sin esfuerzo.

»Lo que me gustaría de verdad es cambiar la vida de la próxima generación. Creo sinceramente que la aromaterapia es uno de los redescubrimientos más importantes de nuestra época. Estos métodos de sanación nos vuelven a conectar con la naturaleza, después de muchos siglos de desconexión. Estos aceites unen a los padres y los hijos, porque el hecho de aplicarlos promueve el contacto y un lazo curativo. Yo creo que los aceites esenciales están sacando a la superficie la fuerza femenina, tras muchos siglos de rechazar la sabiduría natural de la mujer y a las mujeres como sanadoras.»

Mary Lee encontró sentido a su vida trabajando con los dones de su herencia. Su historia muestra también de qué forma la decisión de una persona puede afectar a muchas otras, tal vez incluso a generaciones futuras. Su compromiso con su propio camino se enmarca en el contexto de un movimiento más amplio hacia la integridad y la vuelta a las raíces de la tierra. Mary Lee me contó una de sus anécdotas favoritas con una sonrisa:

«Cleopatra era la más grande aromaterapeuta de todos los tiempos. Sedujo a dos de los hombres más poderosos del mundo, Julio César y Marco Antonio. Perfumaba las velas de su barco antes de cruzar el Mediterráneo y los romanos sabían de su llegada antes de verla. Era su tarjeta de visita. Al principio, Julio César se negó a concederle audiencia, de modo que ella se ocultó en una alfombra enrollada y se perfumó con aceites. Los guardias llevaron la alfombra ante César y cuenta la historia que Julio y Cleopatra pasaron los tres días siguientes en la cámara real. Cleopatra conquistó la mitad del mundo conocido sin derramar una gota de sangre. Lo hizo mediante los aceites esenciales.

»Yo creo que las mujeres aportamos intuición, instinto, amor y humanidad a las empresas privadas y que damos mucho a la comunidad. En lugar de fijarnos en números y cuotas, tomamos las decisiones con el corazón, que es como deben tomarse las decisiones importantes.»

DE CALIFORNIA A ÁFRICA

En una ocasión fui a Sacramento para dar un seminario. Leyla Bentley lo había visto anunciado y me llamó para invitarme a pasar la noche en su casa, después de la conferencia. Leyla vive ahora en East Nicolaus, un pueblo de 270 habitantes a unos treinta kilómetros al norte de Sacramento, California.

Yo conocía a Leyla desde 1989, cuando era una de las principales vendedoras de la Cámara de Comercio de San Francisco. Nos hicimos amigas y hace dos años me escribió una carta desde Botswana. Se había unido al Cuerpo de Paz y vivía en África. Yo tenía muchas ganas de saber cómo había realizado esta transición.

Leyla es una mujer de 50 años, atractiva y vivaz, siempre con una chispa en los ojos y una sonrisa en los labios. Lo que más me impresiona de ella es que cuando se le presenta la ocasión de hacer algo totalmente nuevo, se lanza a ello con los ojos cerrados y siempre logra ganar algún premio o realizar lo imposible, aunque afirma que no hace más que ir siguiendo el hilo de lo que se le presenta delante.

Mujer aventurera

—Cuando entré en la Cámara de Comercio en 1984, no tenía ninguna experiencia en ventas —comenzó—. Siempre había sido gestora y coordinadora de oficinas médicas. En aquel entonces la cámara estaba muy desorganizada. Mi labor consistiría en reclutar personal y trabajaría a comisión, sin pensar siquiera lo inseguro que esto podía ser. En cuanto comencé, mi jefe se quedó muy sorprendido. Me dijo que nunca había visto nada igual en toda su vida. Pronto ganaba yo más dinero que nadie. La única persona que ganaba más que yo era el director ejecutivo.

»Recluté a todo tipo de gente, no sólo los ejecutivos tradicionales. Pensaba que todo el mundo podía estar en la cámara, de modo que incluí a masajistas, psicoanalistas, físicos, etc.

Yo me eché a reír. Nunca olvidaré la primera vez que fui a la cámara, a una reunión de orientación para nuevos miembros. Leyla me saludó, aunque no me conocía. Recuerdo que me estrechó la mano con una gran sonrisa y me dijo: «Me alegro de que seas numeróloga. Te necesitamos aquí.» El apoyo de Leyla ha significado mucho para mí.

—¿Por qué crees que tuviste tanto éxito? —le pregunté.

—Me propuse enseñar a la gente cómo la cámara podía ayudar en sus negocios particulares —contestó ella—. Les invitaba a los actos que podían interesarles y a veces les concertaba citas con personas a las que no habrían podido acceder sin mi intervención. ¡Nunca he seguido las normas al pie de la letra! —Leyla estalló en carcajadas—. También me gustaba estar en la cumbre, eso sin duda. Pero lo que más le gustaba a la gente de mí era mi entusiasmo. Siempre me decían que tenían la impresión de que yo escuchaba sus problemas e intentaba sinceramente ofrecer nuevas soluciones. Supongo que me apasionaba por sus empresas, lo cual en último término me ayudaba con mi propia empresa: las ventas.

—Así que éste era un campo nuevo para ti —dije—. ¿Qué habías hecho antes?

—Madre mía, no te creerías cómo fui a dar con mi trabajo anterior. ¡Aquello sí que fueron sincronicidades! Yo fui al dentista que, sabiendo que buscaba un empleo, mencionó mi nombre a un amigo suyo, el doctor Richard Walden, que necesitaba una asistente. Era un especialista en medicina interna y enseñaba a otros médicos. Vino a mi casa, me entrevistó y dijo que necesitaba una ayudante para su clínica en Mount Shasta, California. ¡Lo que no me dijo es que la clínica todavía no estaba ni construida!

Yo dije: «De acuerdo. Puedo hacerlo.»

»El doctor Walden practicaba la medicina preventiva, que en 1972 era una idea nueva. Yo tenía entonces 26 años. El caso es que él me dijo: "A propósito, dentro de un par de días me marcho a China. Todavía no tengo ningún despacho en Mount Shasta, pero tengo un solar y he encargado una oficina modular que montarán mientras no estoy." Necesitaba un aparcamiento asfaltado, un pozo de agua, agua y tuberías, permisos de la comisión de urbanismo, y quería notificarlo a todos los médicos para que pudieran comenzar a enviarle clientes. Quería tener concertadas citas con pacientes para empezar a pasar consulta el mismo día que volviera de China. Y yo le contesté: "De acuerdo. Puedo hacerlo."

»Además de encargarme del montaje del edificio, contraté personal administrativo y de laboratorio, así como técnicos de rayos X. Monté todo el equipo y coloqué hasta sus libros. El día que él llegó pudo empezar a visitar a sus pacientes.

—¿Y cómo hiciste todo eso? —pregunté atónita.

—Debía de estar loca. No, en serio, simplemente pensé: Bueno, esto es lo que quiere, de modo que adelante. Después él me enseñó a extraer sangre y a realizar análisis de sangre y orina. Incluso salvé dos vidas porque encontré ciertas células en las muestras de sangre. Ahora mismo no me acuerdo de lo que eran.

—Pero tú no eras enfermera.

—No. De hecho decidí terminar el bachillerato y estudiar enfermería en la Universidad Estatal de Chicago. Sabía que si trabajaba en la clínica de los estudiantes podría matricularme gratis. No tenía ni idea de que había una lista de espera de años para obtener aquellos puestos de trabajo, pero el caso es que mandé una solicitud y obtuve un empleo de media jornada. Era perfecto, porque esto me permitía asistir a clases sin pagar la matrícula.

»Me asignaron al doctor Stephen Cowdrey, director médico de la clínica. Todos decían que era muy duro y muy difícil trabajar con él, y que cambiaba de enfermera muy a menudo. Pero enseguida vimos que nos llevábamos muy bien. Un día me llamó y me dijo: "No quiero que te aburras." Yo siempre había hecho más de lo que requería mi trabajo, pero me sorprendió que se interesara por mí. El doctor Cowdrey estaba realizando una investigación sobre la prevencion del cáncer en mujeres vírgenes. Aunque cueste creerlo, en aquellos días las mujeres no podían hacerse citologías a menos que hubieran realizado el acto sexual o tuvieran hijos. Los médicos no creían que las vírgenes corrieran riesgo de cáncer y el doctor Cowdrey quería probar esta teoría, porque no creía en ella. De modo que me enseñó a hacer citologías y autoexamen de los senos, y yo escribí un folleto para dar a conocer este servicio a las estudiantes. Dos tardes a la semana veía a pacientes vírgenes.

»Un día el doctor me llamó y me dijo: "Tienes un porcentaje de un ciento por ciento de muestras recuperadas. (En aquellos días los portaobjetos de todas las citologías se limpiaban para volverse a utilizar.) ¿Cómo lo consigues?" El porcentaje de muestras recuperadas del resto del personal era de un ochenta y dos por ciento, y la media de algunos médicos era incluso inferior.

—¿Y cómo lo hacías? —pregunté.

—Bueno, a mí me encantaba mi labor. Trabajaba despacio y con mucho cuidado para no hacer daño a las pacientes, y siempre les explicaba lo que iba a hacer. Me concentraba en las pacientes, les preguntaba cosas sobre ellas y escuchaba todo lo que me contaban. Yo pensaba que aquel trabajo era muy importante para las mujeres, y explicaba que era un programa especial que podía contribuir a cambiar la política del estado. Supongo que ellas se sentían importantes en cierto modo al participar en aquel proyecto. A propósito, el estudio fue publicado y demostró que las vírgenes corrían tanto riesgo de sufrir cáncer como las que no lo eran, y que la prevención podía salvarles la vida.

Yo advertí una característica en el método de Leyla, tanto con respecto a los nuevos miembros de la Cámara de Comercio como en las pacientes a las que visitaba: Leyla tenía buenas dotes para crear un flujo de energía entre ella y los demás. Era capaz de elevar la vibración energética y crear un lazo especial que afectaba a todos los aspectos del trabajo que estuviera realizando. Todo funcionaba mejor porque ella se comprometía a fondo y disfrutaba de lo que hacía. Esto afectaba a todo y a todos.

—El Cuerpo de Paz era un deseo que yo siempre había tenido. Hace unos años hubo otra transición en mi vida. Me acababan de nombrar vicepresidente de banco después de los años pasados en la Cámara. Para ese entonces conocía a todo el mundo y querían que presentara el banco a todos mis contactos. Tenía un despacho enorme. Llegué incluso a cerrar un trato de dos millones de dólares. Pero no estaba contenta allí. Entonces mi tía murió y esto para mí fue un detonante. Dejé el trabajo del banco sin saber qué iba a hacer a continuación. Lo cierto es que pasé dos años sin trabajar prácticamente, aparte de ciertos encargos de asesoría y de captación de personal para la escuela de magisterio Rudolf Steiner. Envié una solicitud al Cuerpo de Paz y poco después me llamaron para ofrecerme un puesto en el bloque oriental: Estonia, Hetonia, Polonia, etc. Pero yo no me sentía inclinada a ir a estos países, de modo que rechacé la oferta, esperando no perjudicar mis oportunidades para optar a otro puesto, ya que tenían doce mil solicitantes para doscientos empleos.

»Esperé nueve meses y trabajé organizando una gira de veintisiete ciudades para una compañía de danza. Mientras tanto volvieron a llamarme del Cuerpo de Paz y me ofrecieron Yemen o Botswana. Fui a la biblioteca a informarme sobre Botswana y supe que era donde quería ir. Me dieron seis meses para prepararme, lo cual me permitió terminar mi trabajo con la compañía de danza. La sincronización fue perfecta.

»Almacené todas mis cosas. No tenía deudas y era libre. El Cuerpo de Paz no ofrece sueldo, pero sí alojamiento y manutención. Yo tenía muchas ganas de salir de esta cultura materialista. Me enviaron a Kanye, Botswana, donde recibí mi formación trabajando con los basarwa, una tribu bosquimana que con sus más de cuarenta mil años de existencia, se cuenta entre las más antiguas. El trato con los indígenas me resultó fácil. Con los voluntarios del Cuerpo de Paz fue más complicado. Al cabo de dos semanas contraje la malaria y podría haber muerto de no ser porque los nativos me cuidaron. Mi compañera de habitación no hizo nada por ayudarme, pero finalmente vino la abuela de uno de los niños y me aplicó unas compresas. Luego toda la familia vino al hospital con el camión del sobrino del jefe, y se quedó conmigo todo el día siguiente.

»Por fin me asignaron a una región del norte, con la Oficina de

Industria Regional, para desarrollar programas de formación en gestión empresarial para pequeñas empresas de manufactura. Yo tenía que gestionar el programa de ayuda financiera para empresas en sus comienzos. Eran empresas dedicadas a la carpintería, el sector textil, el metal y el trabajo en pieles. Durante los primeros seis meses fui la única persona blanca entre setenta personas, y la única mujer en un puesto similar.

»Los primeros seis meses, no logré que se hiciera nada. No me aceptaban y saboteaban toda mi labor: no me pasaban los mensajes de teléfono, por ejemplo. Un amigo nigeriano me dijo: "Lo más importante para ellos es el carácter. Te pondrán a prueba y observarán tu comportamiento." Yo había ido allí para hacerme cargo de todo, y no estaba consiguiendo nada. Por fin claudiqué y fui a ver a mi jefe para pedir disculpas por todo lo que él decía que eran insubordinaciones. Le dije que lo había hecho mal, que él era el jefe y que quería empezar de nuevo. Ese día todo cambió. Era un hombre encantador, muy espiritual. Todo quedó perdonado y no me guardó ningún rencor.

»Mi tarea era comenzar a crear un programa para desarrollar pequeños negocios. Con el trabajo que te encarga el Cuerpo de Paz hay tarea de sobra, pero si de verdad quieres lograr algo, tienes que hacerlo tú sola. Yo estaba decidida a no aceptar una subvención para el programa. Quería que estuviera financiado por la gente local. El resultado fue un curso intensivo de educación para pequeños empresarios. El problema era que la gente casi no tenía estudios y hablaba muy poco inglés. El curso al que asistían no funcionaba bien. Había muchas inasistencias, a pesar incluso de que a la gente se le pagaba por asistir.

»Yo monté un curso dividido en pequeños módulos de planificación, control de stocks, gestión, contabilidad, etc. Además advertí que había una falta de flujo de información entre la gente y la administración. Yo quería cambiar esto. Sabía que a la gente le sería muy útil atender a estas clases. La administración no creía que mi idea pudiera dar resultado, pero yo calculaba que por lo menos asistirían quince personas.

»El primer día de clase aparecieron 81 personas de todo el país. Algunas incluso habían viajado cinco horas. Después, la media de asistencia era de 55 a 65 personas todos los días. Todos lograron el certificado de gestión empresarial de la Universidad de Botswana. Fue algo muy importante para aquellas personas con muy pocos estudios. Yo siempre les decía que eran pioneros e insistía en que sus esfuerzos ayudaban a todo el país.

»De allí nacieron varias ferias de comercio local y una de comercio internacional. También organizamos una pasarela de moda en Botswana y una empresa para mujeres que todavía funciona. Para mí, lo mejor fue la alegría de lograr algo. Era un trabajo muy satisfactorio.

DIÁLOGO INTERIOR

¿Qué le ha llamado la atención de las historias de este capítulo? ¿Cómo escribiría su propia historia? ¿Qué riesgos ha corrido? ¿Qué sincronicidades ha vivido últimamente? ¿Cuál cree que era su mensaje? ¿De qué manera le afectaron o le conmovieron? ¿Qué nuevos desafíos ha encontrado últimamente? ¿Qué nueva habilidad le gustaría aprender?

SEGUNDA PARTE

TÉCNICAS

7

Determinación y desapego

Cuando estamos abiertos a la vida y a todas sus posibilidades, dispuestos a dar el siguiente paso que se nos presente, entonces conocemos a personas notables que hacen importantes contribuciones a nuestra vida. Esto sucede en parte a través de las miradas. Es como si nuestras almas conectaran de inmediato, y desde ese momento llegamos a ser parte de una vida en común.

JOSEPH JAWORSKI[1]

PRACTIQUE LA DETERMINACIÓN

Mientras escribía este capítulo, viví una sorprendente y divertida sincronicidad. Recibí una llamada de Giorgio Cerquetti, un escritor italiano y un espíritu libre. «Antes solía llamarme yogui —me dijo—, pero ahora prefiero decir espíritu libre.» Nos conocimos el año pasado y él me llamó para charlar sobre algunos proyectos. Giorgio viaja mucho entrevistando a personas de todos los senderos del camino espiritual. Acaba de terminar un libro sobre sus experiencias personales y sus investigaciones en el campo de las reencarnaciones. También es fundador de un proyecto sobre distribución de alimentos en ayuda de las personas sin hogar, llamado Vegetarian International. Acababa de volver de hacer una prestación en Atlanta e iba a pasar unas semanas viajando por Norteamérica para entrevistar a gente que trabajara en el campo metafísico.

Él y su amiga Tara DeMarco llegaron a mi casa a las dos y media de la tarde. Durante la conversación Giorgio mencionó su método para incrementar las sincronicidades en su vida. Yo acababa de empezar este capítulo sobre la determinación y era justo la información que estaba buscando. Conecté la grabadora y me puse a tomar notas. Giorgio se sentó en el suelo al estilo yogui y me contó:

«Yo todas las mañanas digo: "Quiero conocer a gente buena." Me refiero a gente compatible con mi camino y con la que pueda intercambiar información o mensajes referentes al siguiente paso que debo dar. Le pido al universo que me envíe a estas personas. Al emplear este método, es bueno también grabar tu propia voz diciendo esto para luego escucharla. Por la noche, antes de dormir, digo: "Envío mi energía positiva a toda la gente que he conocido, a los que han pensado en mí, a los que se han cruzado en mi camino de alguna manera." O bien afirmo: "Deseo a todas las personas que he conocido buena salud, buena fortuna y una buena vida." De esta forma envío energía positiva. Si se me viene a la mente el rostro de alguien durante mi meditación (tal vez alguien que no me cae bien), digo, mencionando su nombre: "Te quiero, John, y te perdono." Esto me permite ir a dormir sin rabia, sin celos. Todas las noches me limpio.

»Te aseguro que si haces esto tres semanas, tu vida cambiará. Hay que hacerlo durante tres semanas porque es el tiempo que hace falta para que cambie la sangre en tu cuerpo. Hay que dejar que estos pensamientos saturen las células.»

Al cabo de cinco minutos sonó el teléfono. Esa misma mañana había recibido dos mensajes urgentes de Mateo Madoni, a quien había conocido en Montreal el año anterior. Mateo, un próspero empresario, propietario de seis restaurantes y un gimnasio de artes marciales en Montreal, está muy interesado en la metafísica y en libros como *Las nueve revelaciones*. Cenamos juntos y él me contó numerosas sincronicidades que habían cambiado su vida.

Ese día, curiosamente, mi servicio de buzón de voz me había enviado por fax sus mensajes, sin esperar que yo llamara pidiéndolos. Yo había intentado telefonear a Mateo, pero me dijeron que estaría fuera tres horas. Y resultó que Mateo me devolvió la llamada justo cuando Giorgio —que yo ignoraba que me visitaría ese día— estaba en mi despacho.

Mateo comenzó a hablar precipitadamente:

«Carol, cuánto me alegro de hablar contigo. Tengo que decirte que desde la última vez que nos vimos me han estado pasando las cosas más sorprendentes. Todo tipo de fenómenos extraños. Acabo de volver de Hawai. He conocido a algunos amigos de James y Salle Redfield en Sedona. He escrito un libro sobre mis experiencias y la gente que lo ha leído está entusiasmada.»

Yo alcé las cejas mirando a Giorgio y Tara.

«¿Puedo ponerte por el altavoz?», le pregunté a Mateo, que accedió.

Entonces nos contó algunas sincronicidades y encuentros cruciales con ciertas personas en Sedona. A juzgar por el tono ansioso de su voz, era evidente que tenía más cosas que explicar.

Al cabo de un momento Giorgio entró en la conversación. Después de presentarse le pidió a Mateo que nos contara exactamente qué había pasado. Resultó que, entre otras cosas, había conocido a un sanador en Sedona que había dado pie a otros eventos insólitos. Mateo nos dijo que volvía a Sedona el siguiente miércoles y que viviría en cierto alojamiento. Giorgio conocía a la persona que dirigía aquel lugar y tenía pensado marchar a Sedona el jueves de la siguiente semana. A mí ya me había dicho que se iba, que no conocía a nadie allí pero que confiaba en conocer a quien necesitara conocer. Mateo, que también es medio italiano, invitó a Giorgio a acompañarle en algunas de las aventuras que parecían esperarles a ambos.

Fue un momento muy especial, sobre todo porque Giorgio acababa de contarme su meditación para afirmar su determinación de conocer a las personas que necesitaba. Nos pusimos a intercambiar números de teléfono como locos y colgamos riéndonos.

DETERMINACIONES CONSCIENTES E INCONSCIENTES

La determinación es esa actividad de la mente, energetizada con la pasión del corazón, que desea que algo ocurra. Es el anhelo o propósito que hay en la base de una acción. Generalmente definimos la determinación como algo que decidimos conscientemente con el deseo de que se cumpla. Casi siempre el problema es que no sabemos qué desear. Cuando comenzamos a ser conscientes de nuestro proceso intrapsíquico (es decir, cómo hablamos con nosotros mismos y cómo seguimos nuestra intuición) advertimos dónde centramos habitualmente nuestra atención. Saber dónde centramos la atención es como saber dónde gastamos el dinero.

EL MARCO
«Lo más importante en el arte es el Marco. En la pintura, esto es literal, porque sin este humilde objeto, no puede saberse dónde empieza el Mundo Real y dónde termina el Arte. Hay que poner una "caja" en torno a él porque si no ¿qué es esa mierda de la pared?»
Frank Zappa [2]

Como sucede con todo en la vida, cualquier deseo o determinación está interrelacionado con otros estados psíquicos de energía en nuestro interior. Por ejemplo, John, de 20 años, tiene la determinación de encontrar el propósito de su vida. Sabe que siempre se le ha dado bien dibujar y las artes gráficas, le gusta cocinar y leer sobre psicología y filosofía. Sin embargo, el padre de John piensa que la cocina es cosa de mujeres. Cuando John menciona que está interesado en el campo de la psicoterapia, su madre opina que es una idea demasiado deprimente y le dice que ya hay demasiados psicoterapeutas intentando ganarse la vida. En ese momento, John está muy apegado a la opinión de sus padres y no desea ir en contra de sus consejos. Su intención de conocer el propósito de su vida está debilitada por el miedo a contrariar a otras personas. En su estado de dependencia psíquica, perseguirá sus sueños sin mucho entusiasmo e incluso pasará por alto información importante en este sentido. En este punto de su desarrollo, la determinación real de John está más bien impulsada a individuarse de la esfera de influencia de sus padres.

¿Qué se quiere tener?

Todos los días se nos plantean cuestiones. Por ejemplo uno puede preguntarse: «¿Me matriculo en la facultad de derecho o me dedico a llevar el negocio de mi padre?» Sopesará los pros y los contras y probablemente pedirá consejo a los amigos.

Al cabo de los años he aprendido a enfrentarme de forma distinta a las cuestiones de la vida. Ahora, cuando alguien me pregunta: «¿Qué debo hacer?», yo sugiero que se formule la pregunta de otra manera, a saber: «¿Qué es lo que quiero?» En lugar de centrarnos en la confusión que se genera al tener que decidir entre dos opciones (o más), nos concentramos en lo que nos gustaría tener (es decir, qué sentimiento queremos experimentar), renunciando a saber exactamente cómo conseguirlo en este momento. En lugar de bloquearse ante una cuestión específica, intente imaginar el sentimiento que le gustaría experimentar. Observe sus cuestiones e intente encontrar el resultado final que realmente quiere obtener. Por ejemplo, si se plantea la cuestión anterior sobre asistir a la facultad de derecho o llevar el negocio familiar, ¿cuál es el resultado que en realidad desea? Imaginemos que, trabaje donde trabaje, lo que usted quiere sentir es que ha elegido bien. Quiere emocionarse con su trabajo y notar que está utilizando al máximo todos sus talentos. Debería entonces escribir estos sentimientos como si ya hubiera logrado sus objetivos: «Estoy trabajando en el lugar adecuado para utilizar todos mis talentos al máximo y trabajo con gente con la que me siento bien. Mi vida es maravillosa.»

Pasión, creencia, afirmación

Hay tres puntos importantes que no debemos olvidar. Primero, su afirmación sobre el resultado o sentimiento que desea obtener debe generar cierta emoción en su interior. Usted debe sentir una descarga de energía al saber que está logrando esos objetivos. En segundo lugar, debe ser capaz de creer que usted tiene esa buena suerte. Recuerde que todo es posible y deje que el universo se encargue de los detalles. Y en tercer lugar, pronuncie su afirmación por la mañana y un par de veces

¡SEAMOS COMPOSITORES!
Siga estas sencillas instrucciones:

1. **Declare su intención de crear una composición.**
2. **Comience la pieza en algún momento.**
3. **Haga que suceda algo en un período de tiempo (no importa lo que suceda en su «paréntesis de tiempo». Ya tenemos críticos que nos dirán si es bueno o no, de modo que no tenemos que preocuparnos por eso).**
4. **Termine la pieza en algún momento (o continúe con ella, diciendo al público que es «un trabajo en progreso»).**
5. **Busque un empleo de media jornada para poder seguir haciendo estas cosas.**

***Frank Zappa*[3]**

durante el día. Antes de ir a dormir, pida que sus sueños le den información sobre el método para lograr los resultados que desea. Sea muy específico al pedir que sus sueños respondan sus preguntas y por la mañana escriba todo lo que recuerde de ellos. Tómese muy en serio esta información y siga pidiendo más detalles.

Si utiliza estos métodos para abrir su campo de energía, estimulará la aparición de muchas nuevas ideas y aumentará su claridad. Preste atención a las sincronicidades, que le darán más información. Su camino se desarrollará en direcciones que jamás hubiera podido prever.

¿En torno a qué se organiza uno?

> **«Nos complicamos la existencia mediante interacciones no observadas con los elementos que se nos presentan.»**
>
> ***Margaret J. Wheatley y Myron Kellner-Rogers*[4]**

La vida es complicada. No espere avanzar en línea recta desde su actual confusión hasta una sensación de plenitud y claridad. Estamos constantemente organizando nueva información mediante la experimentación y la prueba de ensayo y error. No crea que la intención es una fuerza mediante la cual su propósito sólo puede desarrollarse de determinada forma. Debemos estar dispuestos a considerar los fracasos tan importantes como los éxitos, puesto que nos darán información sobre el mundo y sobre nosotros mismos. Si nos concentramos en el momento, en lugar de insistir en una forma preconcebida, seremos más creativos. En muchos casos el camino nos lleva ante una decisión que ni siquiera habíamos considerado. Cuando polarizamos una cuestión (esto es, cuando nos damos sólo dos opciones —facultad de derecho o negocio familiar, por ejemplo—), bloqueamos los circuitos de energía y hacemos más lento nuestro progreso. Si centramos nuestra intención en algo más amplio y relacionado con nuestros sentimientos, el campo de energía se desbloquea.

Nuestro propósito se desvela en aquello a lo que prestamos atención

No tenemos que esforzarnos en crear nuestro propósito. El orden y el propósito son componente inherente a nuestro sistema de energía. Nos organizamos en torno a aquello a lo que prestamos atención. La intención es una fuerza impulsora y guía a través de la cual atraemos un resultado.

¿Hasta qué punto está usted abierto?

Estamos conectados unos con otros. Nos modelamos mutuamente las experiencias, el comportamiento y el entendimiento cada vez que interactuamos. Sin pensarlo muy conscientemente, siempre tenemos una intención. Nuestra intención puede ser causar una buena impresión, dar la sensación de que somos dignos de confianza, ser amistosos, parecer amenazadores, ser felices o hacer lo correcto. A lo largo de la vida, estamos siempre organizándonos en relación al mundo, en relación a los demás.

Generalmente vislumbramos el propósito de nuestra vida precisamente a través de las relaciones. Por tanto, si las relaciones son tan importantes, es útil que usted se pregunte: «¿Hasta qué punto estoy abierto a los demás? ¿Escucho de verdad lo que los demás me dicen, o estoy demasiado pendiente de mis propios comentarios? ¿Escucho con mi intuición para captar los mensajes? ¿Hasta qué punto confío en los demás?»

¿Qué intenciones tiene usted con los demás?

Comience a advertir su motivación interna cuando hable con distintas personas: su jefe, su ayudante, sus hijos, su pareja, sus padres, sus colegas. ¿Es usted suspicaz o reservado con los demás? ¿Se muestra demasiado complaciente? ¿Está dispuesto a iniciar el contacto? ¿Se siente competitivo? ¿Le parece que debe dominar cualquier conversación?

Afirme su intención de cumplir su propósito

El fundamento de una vida plena es hacer lo que a uno le gusta y estar dispuesto a ver la voluntad divina. Si se mantiene fiel a lo que ama, podrá captar los mensajes pertinentes y evitará la influencia de las opiniones de los demás. Podrá fluir con las sincronicidades en lugar de sentirse confuso con respecto a su camino. Si vive con intención y es capaz de rendirse a un orden superior, le será más fácil aguantar los largos períodos en los que parece que no pasa nada.

Lo que tiene sentido

Sus intenciones surgen de lo que usted ha visto, experimentado o soñado. ¿Cómo sabe a qué información debe prestar atención? Como sistema que se organiza a sí mismo, sólo presta atención a lo que para usted tiene sentido y que de alguna forma se relaciona con su propósito más profundo. Las investigaciones indican que casi todo lo que vemos es algo que hemos aprendido previamente. Confíe en su proceso de selección interior en lugar de seguir empleando energía en la confusión, el miedo y el control.

A continuación, la escritora de viajes Cori Kenicer nos cuenta cómo las sincronicidades le ofrecen la información exacta que necesita cada vez que realiza un trabajo. Su historia es un buen ejemplo de la fuerza de atracción de un campo de organización interna con un propósito.

DE AGENTE INMOBILIARIA A ESCRITORA

Cori Kenicer llevaba muchos años en el negocio inmobiliario antes de empezar a considerar seriamente cambiar de carrera. Su sueño era ser escritora de viajes. En cuanto el sueño comenzó a tomar forma en su mente como una posibilidad real, sucedieron dos cosas. En primer lugar, en una recepción de negocios le presentaron a una mujer francesa que, al enterarse de su interés por escribir, le pidió que escribiera un artículo sobre su negocio. Aunque esto parecía apuntar en la dirección de sus aspiraciones, Cori dudó durante unas semanas porque no sabía a quién podía interesar su artículo.

Un día, dos meses más tarde, mientras daba su paseo diario vio una nueva revista de viajes y tuvo la intuición de que tal vez estaría interesada en un artículo sobre el negocio de aquella francesa. Por su inexperiencia sobre los procedimientos habituales para ponerse en contacto con un editor, Cori envió por fax su propuesta directamente al director de la revista. Resultó que al director le gustó la idea y le encargó el artículo. Desde ese momento, la vida profesional de Cori experimentó un despegue gracias a una serie de sincronicidades. No tardó en pasar a escribir sobre el mundo del golf y ahora tiene más trabajo del que puede asumir. De momento la han enviado varias veces al palacio de un sha, a grandes torneos de golf y a clubes del mundo entero.

Viajes

«He empezado a tomar notas de todos los eventos que suceden sin ningún esfuerzo por mi parte —me dijo Cori—. He vivido muchísimas sincronicidades, pero dos anécdotas recientes muestran especialmente cómo fluyen las cosas cuando tengo un encargo de alguna revista. Cada vez que pasa esto, parece que todo se cristaliza en torno a mi lugar de destino: contactos, recursos, información.

»El primer incidente fue cuando mi editor me encargó un artículo sobre golf en Monterrey. Más o menos al mismo tiempo me hicieron una entrevista en televisión junto con algunos profesionales del golf, uno de los cuales dirigía un gran club de golf en Monterrey y resultó ser un contacto estupendo para mi artículo. Mi plan era ir llamando a los clubes, uno por uno, para concertar una visita. Pero entonces me llegó por correo una invitación para visitar algunos de los clubes. A veces los clubes invitan a los informadores del mundo del golf para mostrarles los cambios y mejoras que hayan realizado. Y por último, en el *San Francisco Chronicle* apareció un especial sobre restaurantes y clubes en Carmel y Monterrey. ¡De nuevo todo apuntaba hacia allí! Era increíble.»

La segunda anécdota se refiere al encargo que le hicieron de escribir un artículo sobre pistas de golf californianas de la A a la Z.[5] Cori había encontrado sincronísticamente toda la información que necesitaba, menos una cuestión. Le faltaba la entrada para la letra X y no sabía cómo encontrar un club de golf relacionado con esta letra.

«A mí sólo se me ocurría pensar que la X señala el punto, pero ¿qué significaba eso? No tenía ni idea. Pues bien, un día iba conduciendo por la autopista y un coche me adelantó. En el parachoques llevaba un adhesivo que rezaba: "Ven a ver el Punto Misterioso en Santa Cruz." El Punto Misterioso era una atracción turística de

Santa Cruz, donde se encuentra una de las mejores pistas de golf del país: Pasa Tiempo, diseñada por Aleister McKinley. De modo que Pasa Tiempo era el club de golf relacionado con la letra X.»

Aquí vemos como el mensaje subconsciente de Cori, «la X marca el punto», le permitió estar abierta, de modo que al ver el adhesivo con la expresión «punto misterioso», todo se le aclaró.

RENDICIÓN

Primero afirme su intención. Luego abandónese. La rendición es crucial para encontrar el propósito de su vida. Podemos rendirnos voluntaria o involuntariamente. Para hacerlo voluntariamente debemos afirmar un objetivo o intención pero sin obsesionarnos por el momento o el modo en que se realice. Imagine por ejemplo que lo que desea es diseñar jardines profesionalmente. Una vez haya hecho su declaración, deberá hacer todo lo necesario para que la rueda comience a avanzar en la dirección que desea. Mientras estudia o busca un trabajo de diseñador de jardines, debe seguir las ideas que se le ocurran («Debería llamar a mi primo que es contratista y conoce a mucha gente con casa nueva.»). Esté también alerta a cualquier sincronicidad, tal vez conozca a alguien que le ayude a lograr sus objetivos. Mientras realiza este trabajo en el mundo exterior, no debe tener prisa en que su objetivo se realice. No sabe cuánto tiempo hará falta para ello. Si tiene la impresión de encontrar muros en su camino, sólo usted puede decidir si indican que no es el momento adecuado o si los obstáculos intentan decirle que se equivoca de camino. Debe estar dispuesto a dejar que el universo le envíe señales sobre dónde y cómo diseñar jardines, aunque al principio estas señales no parezcan relacionadas con su objetivo. Tal vez no sepa cómo comenzar a manifestar su meta, pero su tarea es permanecer claro y centrado en su amor por la jardinería. La rendición es el acto de ser paciente y confiar en que Dios o el universo ha oído su intención y está atrayendo a su vida las personas, lugares y eventos que realizarán esa intención. Otra palabra para rendición es receptividad.

Pero también podemos rendirnos involuntariamente, cuando «saltamos», como cuando supe que no estaba en mi propio camino, sino en el de otra persona. Cuando nos rendimos involuntariamente, es porque nos encontramos entre la espada y la pared, porque no tenemos más remedio que reconocer que lo que estamos haciendo no va a ninguna parte.

> **«Otra noción de libertad comenzaba a abrirse paso en mi conciencia, muy por debajo de la superficie: la libertad para cumplir el propósito de mi vida comprometiéndome hasta donde fuera posible y a la vez permitiendo que las fuerzas creativas de la vida se movieran a través de mí sin que yo las dominara, sin "provocarlas". Como aprendería con el tiempo, ésta es una forma de operar mucho más poderosa.»**
>
> ***Joseph Jaworski*** [6]

Rendirnos es darnos cuenta de que no estamos a cargo de nuestra vida. Para las personas que tienden a controlarlo todo, esto puede resultar atemorizador o doloroso. Más tarde, sin embargo, nos damos cuenta de que al rendirnos a una voluntad más alta estamos siguiendo una señal más profunda que los planes del ego. Rendirnos o renunciar es concentrarnos menos en cómo provocar las cosas y más en participar en la vida. Rendirnos es advertir la información significativa y estar dispuestos a dejar que la intuición nos lleve a algún lugar que tal vez al principio no concuerda con nuestras expectativas. Nuestra creencia colectiva es que el cambio es difícil, que la vida es competitiva, que los recursos son pocos y que todo es una lucha. ¿Cuántas veces ha dicho «Quien algo quiere, algo le cuesta»? Nuestra cultura nos enseña que para cumplir nuestra finalidad debemos controlar nuestras acciones futuras, trazar un plan y ceñirnos a él. Paradójicamente, lo que deseamos viene justo en el momento en que dejamos de tener tanto miedo.

Para fluir mejor, intente no juzgar sus progresos. En lugar de preguntarse si está cumpliendo su propósito, sea más consciente de lo que le llama la atención cada día, rindiéndose y confiando en su capacidad para organizarse. La rendición puede implicar sumarse al flujo positivo que venga hacia usted y dejar que forme parte de su propósito para este momento.

¿Tiene límite la rendición?

¿Hasta dónde debemos rendirnos? ¿Rendirse significa convertirnos en hojas secas en manos de los vientos del destino? Si está totalmente confuso, emprenda alguna acción para parar el frenesí. Imagine que está pulsando el botón de «pausa» de su estado emocional. Si puede vaya a un lugar tranquilo o simplemente cierre los ojos un momento, respire hondo varias veces y deje que la confusión se disipe. Cuando se haya serenado, recuerde alguna ocasión en que amara a alguien (aunque fuera su perro o su gato). Reviva el episodio en su mente y su corazón con toda la viveza que pueda. Conecte de nuevo con algún sentimiento maravilloso experimentado en el pasado. Esto es como poner bálsamo en una quemadura. Intente permanecer en ese estado de amor tanto como pueda, por lo menos dos o tres minutos. Advierta que se ha calmado. Pida que su guía interior le dé un mensaje sencillo y claro sobre el siguiente paso a dar. Luego reanude sus actividades, y recuerde: todo es posible. Las investigaciones han demostrado que una actitud tranquila y relajada aumenta la creatividad e incluso mejora la respuesta inmune.

MISS AMÉRICA

Sharon Ritchie fue coronada Miss América en 1956. Yo la conocí en Nueva York en 1991. Su historia pone de manifiesto el poder de una conciencia y una actitud positivas. Cuando la llamé para entrevistarla, le pregunté sobre sus sueños cuando era pequeña y vivía en Nebraska. Sharon comenzó diciendo: «Siempre me fascinó la posibilidad de ser actriz de cine. Me encantaba ir al cine y soñaba con aquella vida de *glamour.*»

La corona de Miss

«Cuando tenía 17 años gané una beca para el Colorado Women's College. La semana antes de marcharme mi padre me regaló el libro *The Power of Positive Thinking*, del doctor Norman Vincent Peale. Recuerdo que me lo dio por la tarde y yo me pasé toda la noche leyéndolo. Me sentí cautivadísima por todas las posibilidades que pueden abrirse ante nosotros si aprendemos a pensar positivamente para atraer resultados positivos. Creo que esa semana leí el libro tres o cuatro veces seguidas.

»Cuando llegué a la facultad, ya había cambiado. Era más sociable y tenía más confianza en mí misma. Durante los primeros meses me convertí en delegada de clase y dirigía las meditaciones matutinas en la capilla. Hice muchos amigos y me pasaron muchas cosas buenas. Gracias a mi trabajo interior, me mostraba más abierta a los demás y más amable. Incluso saludaba a la gente de forma diferente.

»En abril de mi primer año de estudios, la facultad celebraba por primera vez un concurso de belleza. La ganadora iría al concurso donde elegirían a Miss Colorado. Tres días antes del concurso, un par de amigas me convencieron para que participara. Fue un golpe de buena suerte, un auténtico punto de transición. Ahora, al mirar atrás, veo que tenía que ir a la facultad para tener acceso a esta magnífica oportunidad. El caso es que me llevé la sorpresa de ganar el concurso. Volví a mi casa, en Nebraska, para pasar el verano trabajando antes del concurso de Miss Colorado.

»Fue un momento muy importante de mi vida. Ya tenía las bases del pensamiento positivo, que seguía a pies juntillas. Durante esos dos meses me dediqué a hacer afirmaciones y a ejercitar el cuerpo y la mente. Cuando volví a Denver para el concurso, estaba en buena forma física y mental. De nuevo tuve la suerte de ganar.

»Me quedé en Denver cinco o seis semanas antes de ir a Atlantic City para el concurso de Miss América. Para ese entonces ya sabía que me encontraba en el camino correcto. No sabía si ganaría el título, pero sabía que si era la voluntad de Dios, todo iría bien. También era muy joven y no imaginaba la cantidad de cosas que podían torcerse. Tenía una fe absoluta en que ocurriría lo que tenía que ocurrir.

»Al entrar en el salón de convenciones de Atlantic City me sentí abrumada. Es gigantesco. Tiene un aforo de veinticinco mil personas y pueden jugarse dos partidos de baloncesto al mismo tiempo en el escenario. ¡Imagínate! Aquel viaje supuso también mi primer vuelo en avión. ¡Viví tantas novedades! Pero pude asimilarlo todo porque tenía calma interior. Como ya sabes, a estos concursos acuden muchísimos periodistas. Curiosamente, corrió la noticia de que Miss Colorado mostraba una actitud insólitamente tranquila, y a los periodistas les interesó. Venían a montones a entrevistarme para saber qué pasaba. Hay que decir que en aquel entonces lo del pensamiento positivo era una filosofía muy nueva. A los periodistas les intrigaba la actitud que demostraba aquella jovencita, sobre todo en aquel ambiente frenético.

»La noche de la final del concurso salí a la terraza del hotel a ver el mar. "Querido Dios, si es tu voluntad, haz que gane, por favor." Ya sé que suena raro, pero en cuanto dije esto sentí como si hubiera un ángel en las nubes y oí en mi mente la frase: "Así será." ¡Yo estaba entusiasmada! Mi acompañante me estaba esperando. En cuanto la vi le dije: "Iris, creo que voy a ganar, de verdad. Es como un sentimiento divino." Ella, claro, tenía miedo de que me llevara una decepción. Yo era muy joven comparada con las otras chicas. De pronto eché a andar por el largo pasillo que llevaba al ascensor y dije: "Mira, esta noche caminaré así por la pasalera." Era maravilloso. Sentía una presencia divina conmigo. Fue una semana magnífica. —Sharon se echó a reír—. Y gané. Ahora está mucho más aceptada esta consciencia de apoyo divino. Recibimos ayuda continuamente, y no siempre en algo tan grande como un concurso nacional. Incluso la revista *People* publicó recientemente artículos sobre gente que había recibido la ayuda de ángeles.

»Lo que he aprendido con el tiempo es lo importante que es encontrar un lugar en paz dentro de nosotros mismos para acudir allí cuando estemos inquietos. Yo he atravesado muchas épocas oscuras, de sufrimiento y dolor, y he necesitado ese lugar de paz para sobrevivir.

»Viviendo en Nueva York tuve ocasión de oír hablar al doctor Peale. Le conocí en persona y le dije lo mucho que su libro había cambiado mi vida. Le enseñé el libro que me había regalado mi padre, con la dedicatoria: "Querida Shari, camina siempre de la mano de Dios y nunca tropezarás." Al doctor Peale le gustaron tanto estas palabras que incluso las utilizaba en sus charlas. Poco después de aquello, me trasladé con mis hijos a un piso nuevo y resultó que el doctor Peale vivía en el piso de arriba. ¡El hombre que había cambiado mi vida vivía a mi lado! ¡Era una suerte increíble! Sentía que Dios me sonreía.

»Yo creo que es importante rodearnos de personas que compartan nuestros puntos de vista. Durante los años que trabajé en el cine y la televisión, nadie supo de mis ideas espirituales. Yo misma comencé a apartarme de ellas. Pero cuando volví a recordarlas di un giro de ciento ochenta grados. En los últimos años he conocido a mucha gente que comparte mis sentimientos y creencias, y sé que estoy rodeada de personas muy buenas.»

Le pregunté a Sharon cómo se había mantenido equilibrada.

«También es importante pararse a meditar cada mañana. Me imagino asiendo la mano de Dios y pienso en el amor. Con la avaricia, la corrupción y la deshonestidad que vemos por todas partes, es fácil que nos perdamos si no nos centramos en lo que sabemos que es correcto. Nos arriesgamos a perder nuestro camino. Pero siempre podemos hacer algo: leer libros, hablar con amigos y comunicarnos con nuestro ser superior, de la mejor manera que creamos. Todas estas cosas nos mantienen en el camino. Si nos cuidamos de esta manera seremos más capaces de iluminar el camino para otros. Es un acto de servicio.

»Cuando miro atrás, siento que mi mayor logro es haber encontrado mi camino, haberme encontrado a mí misma. Creo que estoy justamente donde debo estar.»

Entonces le pregunté por qué sabía que se había encontrado a sí misma. Ella contestó sin vacilar:

«Simplemente lo sé. Es como saber dividir: sabes dividir y ya está.»

LA MUJER QUE AMA A LOS CABALLOS

El compromiso de enfrentarnos a todo desde un punto de vista espiritual puede cambiar una situación que en principio parecía insostenible. Helena (no es su auténtico nombre) trabaja en una gran organización de cuidado de la salud, y cuando vino a mis clases en 1994 estaba enfrentada a una jefa a quien todos odiaban en la oficina. En aquel entonces se sentía frustrada. Helena no conocía el trabajo de intuición que nosotros realizábamos mediante las cartas del Tarot, meditaciones guiadas y la interpretación de las sincronicidades de la vida cotidiana. Al trabajar en sus percepciones internas, ha podido transformar un trabajo que odiaba en una actividad llena de significado. Ahora se siente cumpliendo un propósito, al reconocer lo buena que es en su trabajo. Ve que su departamento necesita su capacidad de ver entre la confusión y organizar múltiples tareas. También ha visto que su punto de vista espiritual es valorado por sus colegas, aunque ellos no lo digan. Después del trabajo se renueva con sus dos amados caballos.

LISTA DE CONTROL

- **Un cambio de creencias requiere un cambio en tres aspectos:**
  pensamiento
  lenguaje
  acción
- **Tenga claro lo que quiere manifestar.**
- **Sintonice con su proceso de pensamiento durante el día.**
- **¿Qué piensa cuando la gente le habla?**
- **¿Está atento a una idea que pudiera dar lugar a una nueva línea de pensamiento?**
- **Evite los comentarios en detrimento de usted mismo.**
- **¿Suele considerarse una víctima de las circunstancias?**
- **Concéntrese en lo que quiere, más que en los obstáculos.**

Cuando Helena vino a realizar su entrevista, me pareció más radiante que nunca. Me contó que venía de montar a caballo. Yo quise saber cómo era su vida en comparación a la que llevaba dos años atrás, cuando vino a mis clases. ¿Se sentía más realizada?

El poder de los caballos

«Sin duda —comenzó—. La perspectiva espiritual ha cambiado mi vida. De hecho, mi vida está ahora totalmente enfocada hacia la espiritualidad. Si tuviera que contar qué ha sido lo más importante, diría que el crecimiento personal y el haber aprendido a escuchar mi sabiduría interior y a profundizar en ella. Al hacer esto, las condiciones externas de mi vida parecen menos importantes. Ya no me tomo tan a pecho las cosas ni me irrito tanto con la gente. Ahora es mucho más fácil para mí renunciar a la negatividad.

»En 1994 me sentía prisionera en mi trabajo de ocho horas. No quería vivir así. Ya no me apetecía. Ha sido toda una revelación darme cuenta de que me gusta el trabajo y la gente. Ahora entiendo que en aquel entonces fui yo la que decidí ver el trabajo como una cárcel. Pero ahora me parece más fácil y placentero.

»Es cierto que no cambié de la noche a la mañana. Pero en lugar de abandonar cuando las cosas no iban como yo quería, realicé un trabajo interior que cambió mi entorno exterior. Me di cuenta de que me gusta organizar múltiples tareas y resolver problemas incluso con treinta y dos llamadas telefónicas cada día. Me pregunto por qué opuse tanta resistencia. Supongo que cambié toda mi percepción y ahora reconozco lo bien que se me da lo que hago y simplemente me dejo fluir.

»Yo creo que el detonante llegó para mí cuando realmente me sentí atrapada. He aprendido que cuando algo pesa tanto, es que necesito trabajar con ello y hacerme consciente de lo que sucede en mi interior. También entiendo que al decirme que me siento atrapada es cuando vivo la experiencia de estar atrapada. Pero si en lugar de considerar el trabajo una cárcel lo veo como una oportunidad de expresar mis capacidades, todo cobra otra dimensión.

»Cada vez siento más mi propósito. Aunque aún no lo tengo del todo claro, creo que el hecho de vivir el momento y estar en contacto con mi espíritu interior o con la mente universal que hay en mí, afecta a mi contacto con la gente. Es difícil explicarlo, pero lo diré con un ejemplo: cuando vivo el momento, cualquiera que sea la situación, casi siempre tomo la decisión adecuada y digo las palabras precisas.

»A veces me digo conscientemente: "Dios está aquí. Ayúdame a verlo. Deja que el Dios de mi interior se encargue de esto, porque yo no puedo." Es infalible. Cuando digo esto, o el problema al que me enfrento se resuelve o la persona que está inquieta se relaja.

»El otro día, por ejemplo, una compañera de trabajo parecía a punto de desmoronarse. Cuando le pregunté qué pasaba me habló de un problema familiar. Yo mientras escuchaba pensaba: "¿Qué puedo hacer?" Y lo único que le dije fue: "Pareces triste y furiosa al mismo tiempo." Ella lo admitió inmediatamente y se mostró más abierta. Lo único que yo hice fue validar sus sentimientos, pero ella me dijo al día siguiente que le había ayudado mucho, que todavía no sabía qué hacer pero se sentía mucho mejor. Fue una de esas ocasiones en que encontré las palabras precisas en el momento oportuno.

»Cuando yo me enfurezco o me inquieto, en lugar de dar rienda suelta a la rabia me digo: "¿De dónde viene todo esto?" Estoy dispuesta a entrar en la rabia y ver de qué tengo miedo. Trabajo con el sentimiento, en lugar de sufrirlo durante horas.»

Puesto que Helena había mencionado los caballos al comenzar la sesión, pensé que era un tema que nos podía decir algo sobre su propósito y su sentido de conexión con el espíritu. En cuanto le pedí que hablara de ellos, Helena esbozó una amplia sonrisa y se incorporó en la silla.

«Cuando estoy con los caballos, haga lo que haga, ya sea limpiar los establos o el granero, cepillarlos, montarlos o verlos jugar, lo que siento es una felicidad total y absoluta. Con ellos vivo momentos mágicos.

»Una noche de noviembre fui al picadero después de trabajar. No había ni un alma. Saqué mi caballo más viejo, lo ensillé y estuve trabajando con él unos cuarenta minutos en la pista. De pronto me detuve junto a las puertas y alcé la vista. La luna llena brillaba de color plata. Me quedé allí, a caballo, respirando hondo. El animal alzó también la vista y tuve una increíble sensación de bienestar, de paz, de contacto. Sólo con pegar la cara al cuello de mi caballo me siento en paz. Casi noto cómo me baja la presión sanguínea. Siento una gran conexión con la naturaleza. Los caballos son animales muy poderosos, de instintos vibrantes e inmediatos. Si ven algo que les asusta, huyen. Tienen una fuerza increíble.

»La comunicación con ellos me ha enseñado a tener paciencia. Es muy emocionante comunicarse con otras especies. A veces pienso: Si puedo manejar a este animal de quinientos kilos, puedo manejar cualquier cosa. Trabajar con caballos es una actividad muy espiritual, tanto en el aspecto físico como mental.»

Parecía que en los últimos dos años Helena había aprendido mucho. Había aprendido a confiar en sí misma, a enfrentarse a sus miedos y sentimientos y a reconocer la importancia de su contribución en su trabajo. Yo le pregunté qué había pasado con aquella jefa que le daba tantos problemas.

«Como ya he dicho, en mi vida todo sigue como antes: los mismos caballos, la misma casa, pero yo lo veo todo de forma muy distinta. Es una vida distinta y ya no puedo volver atrás. Lo curioso es que las cosas habían llegado hasta tal punto con mi jefa que pensaba que si la situación no cambiaba, tendría que marcharme. Entonces un amigo me contó la historia de un hombre muy preocupado porque todos sus clientes habían desaparecido y no tenía trabajo. No podía montar ningún negocio y estaba desesperado. Hasta que por fin dijo: "Muy bien, Dios, si es así como quieres que aprenda, me rindo. Yo no puedo dominar la situación."

»Esta historia me impresionó mucho y pensé que tampoco tenía control sobre mi jefa. No podía decidir que la despidieran o que se marchara. Sólo ejercía control sobre mí misma y el modo en que vivía el momento. Lo cierto es que me rendí, y dormí como no dormía hacía tiempo. Al día siguiente mi jefa entró en mi despacho y tras cerrar la puerta me dijo: "Estoy muy estresada. Ya no puedo más. Voy a pedir una excedencia." Esto el mismo día después de que yo decidiera rendirme. ¡Y así han ido las cosas desde hace dos años! Fue como quitarme un enorme peso de encima.»

Pensé que tampoco tenía control sobre mi jefa. No podía decidir que la despidieran o que se marchara. Sólo ejercía control sobre mí misma y el modo en que vivía el momento. Lo cierto es que me rendí, y dormí como no dormía hacía tiempo.

CUANDO LA INTENCIÓN LEVANTA MUROS

¿Qué sucede cuando uno tiene intención de montar su propio negocio y no encuentra más que obstáculos? ¿Nos equivocamos en la intención o es más bien un fallo de la intuición? Mary es una mujer de 36 años, esposa, madre y próspera ejecutiva que al perseguir una nueva pasión, encontró el éxito en un trabajo que antes odiaba. Años atrás había acudido a mi curso de tres meses y yo quería saber cómo le iban ahora las cosas. Mary, una persona encantadora, valiente y llena de energía, comenzó diciendo:

«Después de trabajar con éxito durante seis años, lo he dejado para estar en casa con mi hija de nueve años y mi marido, que está batallando contra un cáncer de próstata. Cuando asistí a tu curso en 1991, me encontraba en un momento de transición. Me estaba divorciando, mi economía era un auténtico desastre y yo estaba siempre aterrorizada o ansiosa. También estaba dejando varios hábitos nocivos (el tabaco, el alcohol y otras drogas). Y además, me enfrentaba a los reproches de mi familia.

»Acababa de comenzar a trabajar en investigación de mercado, pero en un puesto en que me sentía con muy poca autoridad. Trabajaba a las órdenes de una persona que carecía de visión de futuro, y era muy difícil para mí. Yo, para sentirme a gusto, tengo que estar al mando o bien tener una idea muy clara de adónde voy.

»Odiaba mi trabajo, y cuando me apunté a tus clases pensaba que no tendría fuerzas para ir a la oficina cada día. Me apasionaba la idea de montar mi propia empresa de gestión financiera. Pero la verdad es que no hacía más que encontrarme con obstáculos.

»Supongo que aprendí entonces el viejo refrán de "el hombre propone y Dios dispone". De todas formas yo seguía empeñada en marcharme de aquella empresa. Pensaba que en cualquier momento me estallaría el cerebro. Me pasaba todo el santo día planeando la forma de emprender mi propio negocio.

»Hasta que llegué al punto crítico. Después de tu curso, decidí asumir el control sobre mi trabajo. Despidieron a una persona y yo pensé que tal vez lograra la satisfacción que buscaba si obtenía ese puesto. Si tengo que quedarme aquí, me dije, más vale que lo aproveche al máximo. Puesto que no podía dejar la empresa, decidí cambiar mi percepción de ella. Tenía que aceptar que no podía montar un negocio propio, que las cosas no fluían en ese aspecto, y no podía dejar la empresa porque tenía una hija que mantener.

»Pero entonces sucedió algo increíble. Una vez que volví mi atención hacia el trabajo, doblé mis ingresos. Me compré un coche con teléfono y empecé a divertirme. Me dediqué a diseñar un plan y una misión para la empresa. Al estar más presente en la situación, llegué a ser mucho más productiva. Recuerdo que seguía pensando mucho en la falta de integridad que veía en la empresa. Pero ahora creo que era yo la que no era íntegra, porque pasaba mucho tiempo sin estar presente en mi trabajo.

»En cuanto me centré en mi trabajo, la empresa triplicó sus ventas. Ahora tengo más confianza porque sé que puedo mantener a mi familia, aunque siempre supe que aquel trabajo no era el propósito de mi vida. Lo que estaba claro es que allí tenía que terminar algo. No sé por qué. Una noche soñé que salían de mi armario muchos dinosaurios pequeñitos, y supe que los dinosaurios eran las personas con quienes yo trabajaba, y que había estado con ellas cientos de años. Son muy buena gente. Mi jefa incluso ha creado un puesto a propósito para mí. Pero finalmente llegó un momento en que sentí la necesidad de dejarlo, sobre todo por mi familia.

Aprendí que no es necesario estar realizando la misión de tu alma para encontrar alma en tu trabajo. Yo pensaba: No quiero pasarme la vida trabajando como un zombi en un puesto gris y aburrido. Desde entonces me he dado cuenta de que todos tenemos que mantenernos y que podemos encontrar mucha pasión simplemente trabajando con un grupo de personas.

»En aquella empresa aprendí que no es necesario estar realizando la misión de tu alma para encontrar alma en tu trabajo. Yo pensaba: No quiero pasarme la vida trabajando como un zombi en un puesto gris y aburrido. Desde entonces me he dado cuenta de que todos tenemos que mantenernos y que podemos encontrar mucha pasión simplemente trabajando con un grupo de personas. A algunas de estas personas las considero como de mi familia. Me sorprendió poder entusiasmarme en algo que ni siquiera había elegido. Ahora sé que podemos entregarnos a nuestra responsabilidad con los demás y con la comunidad. Al aceptar mi situación encontré una razón para levartarme por las mañanas. Me di cuenta de que mis acciones cotidianas afectaban a la gente de mi comunidad. Esto dio sentido a mi vida. Podía dar cohesión a la empresa, podía motivar a la gente hablando de nuestros planes. Me emocionaban los planes a largo plazo que teníamos y disfrutaba aumentando la energía.

»Me apasionaba la idea de montar mi propio negocio, sí, pero no hacía más que encontrarme con obstáculos. Estaba forzando las cosas. En algún momento hay que rendirse. En cuanto me rendí y me concentré en mi "aburrido" trabajo, mi economía floreció. El dinero me motivó, aunque sabía que aquél no era el empleo de mi vida.»

En el caso de Mary vemos que ella sentía que tenía un propósito, pero chocó contra una pared. Yo le pregunté cuál era el propósito de su pasión por una empresa propia dedicada al análisis financiero.

»Me gustaba tanto aprender sobre el tema que quería comunicarlo. En aquel momento parecía la labor de mi vida. Sin embargo no viví muchas sincronicidades en aquel momento. La verdad es que todo era una batalla. Al mirar atrás me doy cuenta de que tal vez no tenía la estructura interna necesaria, o quizá no era mi camino. Ahora creo que tenía que hacer algo en aquella empresa, algo que no habría hecho en mi propio negocio. Odiaba tanto mi trabajo que me costaba creer que aquel era mi lugar.

»Si algo he aprendido es que no hay que planificar, sino simplemente dar un paso tras otro. Estaba tan segura de que mi camino era montar una empresa que me sorprendió que no funcionara. Ahora veo que necesitaba aumentar mi autoestima, y eso lo logré en aquella empresa. Supongo que también sabía que no estaría allí siempre. Pero mi karma me impulsó hacia ella. Yo dejé de rebelarme y entonces me liberé. Cuando por fin dejé el trabajo, sentía que podía motivar a la gente y crear una comunidad.»

LAS INTENCIONES SE CONVIERTEN EN CREENCIAS

Si su vida no marcha como usted quisiera, tal vez tenga que examinar las creencias limitadoras que le implantaron en su niñez. Paul, un músico, comentaba: «En mi familia no aceptábamos la caridad de nadie.» En Paul esta idea se convirtió en la creencia de que jamás podría aceptar ayuda de ninguna clase. La falsa independencia puede crear un fuerte sentimiento de soledad, competitividad, avaricia, suspicacia o incluso amargura, que nos impide ver las sincronicidades.

Colleen McGovern, en la entrevista que realizó conmigo, declaró con firmeza la necesidad de reconocer nuestras creencias básicas, aquellas que damos por sentado como si fueran la única realidad.

«Lo más importante es aprender a creer que todo es posible. A veces basta con afirmarlo —decía Colleen—. Las afirmaciones se han hecho muy populares en los últimos años, pero no son suficientes. Tenemos que profundizar para saber cuáles son nuestras creencias de base. Podemos afirmar, por ejemplo, que la vida es maravillosa, pero si en el fondo de nuestro ser creemos que no somos dignos de una vida maravillosa, esa creencia se manifestará en el mundo exterior.»

Supongamos que usted piensa: «No tengo bastante talento para tener un propósito en la vida.» Entonces debería preguntarse:

«¿Qué eventos me han llevado a creer esto?» Tal vez cuando era pequeño le decían constantemente que no valía. Intente recordar la primera vez que recibió un juicio negativo. Una vez identifique el origen de su creencia, el siguiente paso es reconocer que sus padres (o cualquier figura de autoridad) lo hacían lo mejor que podían en ese momento. Las creencias se forman en un proceso de condicionamiento que finalmente alcanza una masa crítica. Usted no nació pensando que no valía. A veces la imagen que uno tiene de sí mismo se ve afectada negativamente por un solo comentario oído en un momento vulnerable, o tal vez haya recibido críticas constantes hasta llegar a considerarlas una verdad. Una vez comprenda que estos comentarios no constituyen la realidad absoluta, podrá repensar su identidad.

Colleen sugiere el siguiente método para cambiar una creencia como «no tengo ningún talento especial». «Comienza reconociendo que tienes el deseo de encontrar tu propósito. Esto es, crees que tienes un deseo de encontrar tu propósito. Puesto que podrás sentir la realidad de tu deseo de conocer tu propósito, esto comenzará a activar tu campo de energía. El universo responderá, ya sea enviándote un mentor o un trabajo nuevo, o bien te guiará hacia un curso o un seminario.»

LA IDENTIFICACIÓN DE LAS CREENCIAS TRANSFORMA LOS TRAUMAS

Colleen me contó la historia de su sobrina, que transformó una pesadilla en un camino de autodescubrimiento y transformación.

«Mi sobrina E. fue violada en una academia de Estados Unidos en febrero de 1995. Estuvo todo un año sufriendo las secuelas. Creía que no podía avergonzar a su familia hablando de ello y que no había forma de denunciar a la academia o llevar el caso a las autoridades. Creía además que sólo podía recibir una educación en aquella academia, porque tenía una beca y no tendría ocasión de ir a ningún otro lugar.

»Cuando empecé a trabajar con E., lo primero que hicimos fue cambiar su creencia de que la única forma que tenía de estudiar era mantener aquella dolorosa situación. Al cabo de un tiempo E. llegó a reconocer que sería mejor ir a otra escuela, aunque sus padres no tenían dinero para pagársela. Éste fue el primer paso. De momento no intentábamos dilucidar cómo lograrlo, sino simplemente reconocer que sería una buena idea cambiar de escuela.

«El mecanismo para lograr tu deseo es inherente a él. El deseo es la parte visible. El mecanismo —el cómo lograrlo— es todavía invisible porque no sabemos de qué forma se va a manifestar. Si hubiera escrito la lista de las características de mi hombre ideal, no tendría ni la mitad de lo que encontré. Al concentrarme en los sentimientos que quería experimentar, apareció un hombre mejor de lo que habría podido soñar.

»Es contraproducente intentar realizar el trabajo de la fuerza creativa que dio origen a mares y árboles. Lo que ha creado el mar, desde luego puede realizar mi intención de contribuir al mundo, mucho mejor que yo intentando dominarlo todo.»

Colleen McGovern

»Luego le pedí que afirmara su intención de poder asistir a otra escuela. E. practicó "sintiendo" la experiencia que quería vivir en la nueva escuela, a través de ejercicios de visualización. Le dije que se concentrara en lo que le gustaría sentir en otra escuela. Intentamos que se hiciera consciente de esos sentimientos, como si realmente ya estuviera en el nuevo colegio. E. me dijo que quería sentir más libertad y tranquilidad. Quería un trato justo (que como mujer no recibía en la academia), y quería, por supuesto, sentirse a salvo. Me dijo concretamente: "Quiero sentirme como me siento cuando voy a verte a California."

»E. se permitió sentir seguridad, tranquilidad y libertad. Le dije que no se preocupara por el dinero. Estuvimos trabajando en esto en mayo. En septiembre, con el dinero de becas, una ayuda de la familia y algo de trabajo por su parte, pudo matricularse en la Universidad Salve Regina de Rhode Island. Ahora vive en una mansión convertida en residencia de estudiantes y mantiene un buen expediente.

»Ha florecido. Curiosamente, ha recibido muchas peticiones para hablar del incidente de la violación. Ahora se da cuenta de que la academia era un entorno demasiado embrutecedor para alguien como ella. E. es una visionaria y no encaja en la academia.

»El caso de mi sobrina pone de manifiesto que nuestra temprana educación puede abocarnos a ver la vida sólo desde un punto de vista. Su padre es alcohólico y su madre es una persona muy chapada a la antigua. Muy pocos miembros de su familia han ido a la universidad y ella tenía pocos modelos en que fijarse para su desarrollo.

»E. cree ahora que su violación se ha convertido en un don. Antes de que sucediera, era demasiado independiente y nunca pedía ayuda. Esto puede resultar extraño, pero al vivir un incidente tan traumático aprendió que a veces hay que pedir ayuda. Ahora es una persona diferente, porque ha expandido sus creencias sobre lo que es posible y ha aprendido que pedir ayuda no es una debilidad. Ahora E. ha logrado establecer en Newport, Rhode Island, una línea telefónica de ayuda a las víctimas de violación.»

DIÁLOGO INTERIOR

¿Qué le gustaría que hubiera sucedido en su vida?

¿Qué tendría que cambiar para que esto sucediera?

¿Cuál es su peor miedo en estos momentos? Describa ese miedo por escrito. Por ejemplo: Me da miedo no encontrar nunca el propósito de mi vida. Me da miedo quedarme estancado haciendo algo en lo que no empleo al máximo mis habilidades. Me da miedo no tener lo que hace falta para triunfar.

¿De dónde cree que proviene el miedo?

Vuelva a escribir su miedo como una afirmación positiva. Si por ejemplo ha dicho: Me da miedo quedarme estancado haciendo algo en lo que no empleo al máximo mis habilidades. *Vuelva a escribir esto con sus propias palabras para decir algo así:* La vida me presenta oportunidades maravillosas de hacer lo que me gusta y lo que se me da bien.

8

Utilice la intuición para seguir el flujo del propósito de su vida

Cada vez que solicitamos una guía, la recibimos.

GARY ZUKAV[1]

ESCUCHAR

Si usted cree que Dios le va a entregar el plan de su vida, está en lo cierto. Recibirá mensajes y pistas que señalarán la dirección que está destinado a tomar. Pero no sentirá que se las entrega Dios, a menos que viva una experiencia trascendente. De todas formas, Dios le habla. Cuentan la historia de un hombre que durante una inundación se había refugiado en el tejado de su casa y rezaba a Dios para que le salvara. Pasó un barco, pero él no quiso tomarlo porque esperaba que Dios le rescatara. Luego un helicóptero le tendió una cuerda, pero él se negó a cogerla porque estaba esperando la aparición de Dios. Si usted no advierte los mensajes y oportunidades que llegan a su vida, también se sentirá abandonado. Al sentirse aislado y atrapado por obstáculos que parecen insalvables, se considerará una víctima de las circunstancias.

Una de las mayores virtudes que podemos cultivar es el simple acto de escuchar y hacernos conscientes de todo aquello que entra en nuestra esfera de actividad. Por ejemplo, en una ocasión me encontraba en una fiesta de fin de año hablando con una pareja sobre ideas metafísicas y sobre la escritura creativa en general. Junto a nosotros, un hombre llamado Richard intentaba hacer tapioca en el microondas.

—A mí me van los hornos tradicionales —dijo mientras abría por tercera vez la puerta para ver si la tapioca se había espesado.

—Lo entiendo —repliqué.

«La intuición debe ponerse en movimiento por una cuestión. La cuestión concentra la intuición y nos indica lo que necesitamos advertir en el mundo que nos rodea.»

Laura Day [2]

—Os he oído hablar de escribir —comenzó él entonces—. Madre mía, es lo último que haría. Es dificilísimo. Varias personas me han dicho que debería escribir un boletín informativo, pero es que no sé escribir.

Le pregunté a qué se dedicaba.

—Soy asesor de medio ambiente. A la gente con alergias, por ejemplo, le informo de lo que pueden poner en casa o incluso a veces aconsejo cambiar de casa para solucionar el problema.

Interesada en esta nueva ocupación y pensando que tal vez obtendría una anécdota para mi libro, quise saber si estaba satisfecho con su trabajo. ¿Le parecía que hacía uso de sus talentos? ¿Pensaba que era su camino? Obviamente sorprendido ante mis preguntas sobre el destino de su vida, replicó:

—Pues no lo sé. Sí, supongo que estoy bien. En realidad me gusta asesorar. Parece que siempre enseño algo. El problema es que me pagan muy poco. No gano lo suficiente.

Richard me preguntó a qué me dedicaba yo y estuvimos hablando de libros un rato. No sé por qué, pero tenía la sensación de que debía aprender algo de aquella conversación con Richard. Me llamaba la atención su frase: «El problema es que no gano lo suficiente.» Le conté cómo había tenido la ocasión de escribir el primer libro guía para *Las nueve revelaciones*. Primero dos personas me recomendaron leer el libro, luego apliqué sus principios a mi trabajo con mis clientes y finalmente mi agente me sugirió escribir una propuesta para un manual de la novela.

—Ahora suelo escuchar los consejos que me dan —concluí con una carcajada.

Luego proseguí:

> **«La expresión sensible, que implica decir palabras escogidas que surgen del corazón, tiene el poder de provocar risas o lágrimas, de inspirar acciones que pueden cambiar el mundo.»**
>
> ***Dan Millman*** [3]

—Richard, has dicho que necesitabas ganar más dinero con tu trabajo sobre medio ambiente y además has mencionado que la gente te ha dicho que escribas un boletín. Yo diría que tienes que escribir ese boletín y que tal vez ni siquiera tengas que escribirlo tú mismo. Probablemente pronto conocerás a alguien que escribe boletines.

Él asintió con la cabeza y sonrió tímidamente.

—Creo que tienes razón —me dijo.

La tapioca ya estaba casi hecha, y ahí nos separamos.

«Siempre me han dicho que...»

Si toda su vida le han dicho que tiene dotes para dar clases, ¿ha sabido escuchar? Si los fines de semana acude la gente a usted para que le arregle la bicicleta o la lavadora, ¿debería tal vez dedicarse a ello profesionalmente? Si le gusta el ejercicio y le interesa la salud y la nutrición, ¿no podría hacer de ello una profesión? Durante las próximas dos semanas escriba todas las ideas o sugerencias que reciba y que le parezcan significativas. Esté atento a lo que oiga en conversaciones ajenas. Piense si atrae a alguien especial a su vida. Advierta qué artículos lee casualmente en las revistas. ¿Se le ha presentado algún tema nuevo dos o más veces en un período de dos semanas? No juzgue ninguna de estas ideas, no se plantee si es fácil o difícil realizarlas. Limítese a escribir cualquier cosa que parezca un mensaje dirigido a usted y compruebe si algún tema comienza a desarrollarse. Si al cabo de dos semanas no ha recibido ningún mensaje, siga trabajando en esta línea quince días más.

Si cree que ha identificado un camino, pregúntele a su intuición qué podría hacer para dar un paso en esta dirección. Ahora es el momento de subir el volumen de su capacidad de escucha. Propóngase hacer una llamada telefónica y dar un nuevo paso en el período de una semana.

DESCUBRIR EL PLAN DE LA CONSCIENCIA

Joseph Campbell, un hombre de gran corazón y poderoso intelecto que se convertiría en uno de los mayores narradores de mitos eternos, escribía a los 21 años en su diario: «Un día de cavilaciones. He estado pensando si ponerme a trabajar o seguir estudiando un año más.» Cuando se iba a cerrar el plazo para las matrículas, Joseph decidió probar con la mercería de su padre. Al cabo de un mes reflexionaba en su diario:

> Después de comer el tiempo se alargaba más que nunca. Hablé con la señorita Torpie [una de las empleadas de su padre], me contó de cuando el tío Jack Lynch trabajaba en Brown and Durrell's [la mercería], y se me ocurrió una idea muy curiosa. Pensé que si él había decidido dedicar toda su vida a la mercería, tenía suerte de haber muerto cuando todavía era joven y libre. El negocio, por lo que he visto hasta ahora, convierte al hombre en una máquina gris que se pasa un día tras otro realizando estúpidas tareas sin la menor idea del objeto de su trabajo. Tom O'Keefe afirmó esta mañana que trabajaba hoy para poder vivir para trabajar mañana. Y no parecía muy contento con ello.[4]

Desde que Joseph comenzó a hacer preguntas peliagudas sobre lo que sentían sus compañeros hacia su trabajo, se levantó cierta inquietud existencial. Para su padre fue un alivio que dejara el puesto y prosiguiera su búsqueda de una vida con sentido en otra parte.

Joseph Campbell trabajaba continuamente en un plan de crecimiento personal que incluía desarrollar su fuerza física así como aprender nuevas vías de pensamiento. En cuanto dejó el negocio familiar, comenzó a leer y estudiar a pensadores tan fundamentales como Krishnamurti, Aldous Huxley y Ernest Holmes, autor de *The Science of Mind* y fundador de la Iglesia de la Ciencia Religiosa. En una de las conferencias de Holmes recibió una respuesta a una de sus preguntas. «Holmes dijo que para descubrir científicamente el plan de la propia conciencia, hay que anotar, durante un período de cuatro o cinco semanas, las cosas que nos interesan. Descubriremos entonces que todos nuestros intereses apuntan en una cierta dirección.» Ésta resultó ser «la técnica precisa que permitiría a Campbell, en este estado de su desarrollo, saber que su camino era la mitología.»[5]

Cuando Campbell comenzó a disciplinar su mente y sus pensamientos, se disipó la inquietud sobre su destino. Él mismo escribía en su diario:

> Se me quitó de encima el espantoso peso que llevaba a la espalda desde que me di cuenta de que habían pasado los días de universidad y de que ya no sabía qué debía hacer el resto de mi vida. Ahora estoy convencido de que es a través de la relajación, y no de la lucha, como descubriré el plan al que estoy destinado. Voy a descansar cómodamente con la certeza de que mi subconsciente encontrará su propio nivel.[6]

«Recuerdo muy bien a una profesora que durante un seminario anunció: "Estoy muy contenta de enseñar a los niños." Yo también lo estaba, puesto que parecía una mujer vibrante y vivaz. Pero lo que más me emocionó fue su explicación de que sólo en el jardín de infancia, se permitía a los niños "trastear con las cosas", saborear, tocar, oler y realmente entrar en la densidad del misterio de su entorno. Luego, en primer grado, llega el período de enseñanza de la "sociedad", donde aprendemos "sobre" las cosas, en lugar de "con" ellas.»

***Jean Houston*[7]**

¿ES USTED INTUITIVO?

Sí. No habría tenido ocasión de sobrevivir hasta aquí si no fuera intuitivo. Nuestros antecesores estaban muy en contacto con su intuición cuando cazaban, cuando miraban al cielo para predecir el tiempo o cuando descubrían la propiedades curativas de las plantas. La intuición es una capacidad natural que surge de un nivel más profundo de inteligencia que el de nuestra mente consciente, y sin la cual no podríamos vivir. Pero hace unos quinientos años nuestras mentes occidentales, en la evolución natural del desarrollo intelectual, comenzaron a creer que todo podía ser comprendido por el pensamiento racional deductivo. Buscamos una causa lógica para cada efecto, y al no encontrar la causa de la información intuitiva, desechamos o marginamos esta capacidad.

La intuición es el diagnóstico energético de un campo energético de información. La intuición es un movimiento hacia un evento futuro. Es un conocimiento directo que no surge de la práctica. Contempla el todo y presenta una solución inmediata. Muchos matemáticos son famosos por obtener la respuesta a un enigma científico antes de haber realizado el razonamiento paso a paso.

> **«Una de las preguntas que más me han planteado los alumnos de intuición es: "¿Cómo puedo estar seguro de que estoy intuyendo algo, y no proyectando mis miedos o esperanzas?" En otras palabras: ¿Cómo saber que una corazonada es intuitiva (o sea, válida) y no algo que he inventado o averiguado por pura casualidad?**
> **Mi respuesta es casi siempre la misma: "No se sabe." Y no bromeo. Ése es precisamente el reto de la intuición.»**
>
> ***Laura Day*** [8]

La intuición puede ser el factor autoorganizativo que dirige nuestra atención hacia el camino fructífero. La intuición, a la que se accede somáticamente, suele describirse como «una sensación en las tripas», un hormigueo de emoción o una luz. Es la capacidad de recoger información de la que éramos conscientes pero que, en el momento preciso, sabemos que poseemos (es como saber de pronto algo que no hemos aprendido). La capacidad de anticipar una dirección y de tomar decisiones basadas en datos relativamente brumosos resulta a menudo más válida que las decisiones basadas en datos convencionales y en hechos.

Un empleo evolucionado de la intuición puede encontrar significado en símbolos y sincronicidades. Cuanto más nos concentremos en encontrar un sentido en las «casualidades», más aumentaremos nuestra intuición. Si hacemos más profunda nuestra conexión con el entorno, aumentaremos la capacidad de seguir la guía de nuestro propósito interno. Todo está conectado.

PRESTAR ATENCIÓN

Todos tenemos esta habilidad, y hay métodos para fortalecerla y hacerla más efectiva. Para aumentar su capacidad de utilizar la guía de su intención, recuerde estos cuatro puntos:

- Su psique se organiza siempre en torno a los datos que recibe.
- Cada evento o información tiene un significado, sucede por algo.
- Su reacción ante los eventos le dirá algo que necesita saber. (Cultive la costumbre de advertir sus reacciones y sentimientos. Pregúntese a lo largo del día: ¿Qué siento ahora, o ante esta situación?)
- Los sueños suelen ofrecer información útil para su situación presente.

AUMENTAR LA CLARIDAD

Para fortalecer su capacidad intuitiva necesita hacerse más consciente de las señales del cuerpo, como rigidez en el cuello (que generalmente indica que usted está bloqueado en una lucha de poder o que se siente abrumado por tener demasiadas cosas que hacer), dolores de cabeza o de estómago, o insomnio. En lugar de aceptar sin más estos síntomas, piense que están intentando llamar su atención sobre algo. Confíe en que tienen un significado para usted.

Reflexione un momento para captar su mensaje. En lugar de intentar averiguar qué significan desde un punto de vista intelectual, dialogue con ellos. Intente escribir sus reacciones mediante escritura automática para que sus sentimientos le digan lo que significan. Pregúntese: Si yo supiera que puedo hacer algo que daría resultado, ¿qué haría?

La intuición parece ponerse en marcha ante los eventos externos y parece residir en una capa más profunda de conciencia. Cuando pensamos en algo determinado, podemos experimentar la intuición como un hormigueo en la piel, o podemos despertar una mañana y «oír» internamente un mensaje como «llama a casa», o bien podemos darnos cuenta de que nuestros pensamientos apuntan siempre a cierta idea como «debería aprender informática». Todo esto son formas de intuición.

SINTONIZAR

Para aumentar la intuición es bueno parar un poco, hacer menos cosas. Intente reservar una noche a la semana (o incluso una o dos horas) sin televisión ni radio (la música está bien, pero los anuncios pueden interrumpir). Si puede, no lea siquiera. Acaricie a su gato o deje volar la imaginación y relájese. No haga nada.

Anote en el calendario un día en el que tendrá una o dos horas para no hacer nada, preferiblemente al aire libre. Sea fiel a esa cita.

Otro ejercicio de intuición es pasar media hora mirando las nubes por la ventana. ¿Qué formas ve? La capacidad de ver significado en las formas implica que uno está sintonizando con una voz interior que organiza su realidad. Esa voz responde a cualquier cuestión interna que lleve una carga de energía (como «¿cuál es el sentido de mi vida?»). O, por ejemplo, si se está planteando dejar su empleo, advierta qué imágenes surgen de las nubes. Por sencillo que parezca este ejercicio de visualización, le permitirá fortalecer sus músculos intuitivos.

Podemos pensar que la intuición debe ofrecernos certeza absoluta y un plan exacto. Por lo general, cuando pedimos CLARIDAD, estamos solicitando en realidad un mensaje del universo que *nos garantice* que hemos tomado la decisión correcta, que ésta nos hará ganar mucho dinero, que no tendremos que realizar grandes cambios y que estaremos seguros el resto de nuestra vida. Más que claridad pedimos la garantía de que todo saldrá tal como nuestro ego imagina.

Saber que se cuenta con una facultad intuitiva puede dar una gran fuerza. Las corazonadas surgen de forma instantánea. La intuición es notablemente sabia y suele surgir cuando relajamos nuestra mente racional. Es el manantial de nuestra creatividad, nuestra guía y nuestra capacidad para elegir los caminos menos transitados. Y muy a menudo nos lleva a cumplir nuestros deseos más profundos.

Penney Peirce, persona muy intuitiva y autor de *The Intuitive Way,* recomienda el siguiente ejercicio para probar múltiples opciones para la toma de decisiones intuitiva. Si usted está considerando dos o tres carreras para escoger, por ejemplo, puede imaginarse realizándolas. Este ejercicio le permitirá poner más intención en su proceso natural.

PRUEBE SUS CAMINOS DE ACCIÓN

Paso 1. Seleccione tres opciones. Escriba tres opciones para cualquier cosa que quiera probar.

Paso 2. Elija una opción. Imagine que esa opción está delante de sus ojos. Ahora imagine que entra en la escena, como si fuera una película. Imagine que está sucediendo ahora.

Paso 3. Advierta sus sentimientos. Cuando imagine su primera opción, advierta su inmediata reacción física. ¿Se siente ansioso al imaginar la escena? ¿Está emocionado, expectante? ¿Se siente pesado, atemorizado o abrumado ante la idea que imagina? Sin perder de vista lo que le sucede en el cuerpo, fortalezca la escena imaginaria percibiéndola con todos los sentidos: Oigase, huela la escena, mire la gente. ¿Esta opción le expande o le contrae? ¿Se siente acalorado ante ella, sudoroso, reconfortado, contento, aliviado?

REVISIÓN DE LA INTUICIÓN
Antes de ir a dormir, repase el día. Intente recordar cualquier cosa destacable. Piense, por ejemplo: ¿Cuándo me he sentido incómodo? ¿Qué estaba sucediendo? ¿He hecho algo que fuera en contra de mi camino?
¿Qué es lo primero que piensa al despertar? Antes de levantarse afirme que se va a sentir como si acabara de comenzar las vacaciones. Mantenga esa actitud relajada y expectante todo lo que pueda.

Recuerde que Dios es su fuente de recursos.

Paso 4. Imagine el futuro. A continuación traslade la escena al futuro, a los próximos cuatro o seis meses. ¿Cuál es ahora su reacción? ¿Ha pasado del alivio a la ansiedad, o tal vez de la aprensión al bienestar? Advierta cualquier cambio que experimente ante esta escena futura.

Paso 5. Traslade la escena a un año en el futuro. Siga advirtiendo sus reacciones físicas. Tal vez su opción parecía buena al principio (paso 3) y luego le provocó tensión al verla en el futuro (paso 4). O quizá al principio estaba mal, pero un año más tarde la ve mejor. O podía ser buena al principio y hacerse insoportable al cabo de un año.

Paso 6. Mantenga la neutralidad. Después de probar su primera opción, despeje totalmente su mente de todas las imágenes y sensaciones y vuelva a la neutralidad. Repita el mismo proceso con cada una de las opciones.

Paso 7. ¿Y si no hiciera nada? Cuando termine de probar las opciones más obvias, repita una vez más el proceso de visualización con la opción de no hacer nada. ¿Le alivia ahora esta opción, o le produce tensión y ansiedad? Cuando la proyecta al futuro, ¿en qué momento le parece apropiado pasar a la acción?

Peirce sugiere que cuando utilicemos esta técnica para tomar decisiones, nos concentremos en la opción que nos provoca una sensación de profundo bienestar, no sólo una tranquilidad superficial.

UNA MONEDA AL AIRE

Otra técnica que le pondrá en contacto con su intuición es plantear una pregunta, lanzar una moneda y ver qué siente ante el resultado.

Piense en la pregunta y tire la moneda tres veces para ver si responde con un sí o un no. Advierta cómo se siente ante el resultado. ¿Aliviado, decepcionado, lleno de energía, decaído, temeroso, emocionado? *Ahora es la intuición la que le habla.* Así de sencillo. Esto es el principio de la claridad que buscaba. La información sobre su estado de energía le permite ver si está sintonizado o no con su camino.

CÓMO SEGUIR EN CONTACTO EN MOMENTOS DE CONFUSIÓN

«Cuando te sientas relajado, fluyendo —dice Penney Peirce— estás recibiendo mensajes de tu "mente superconsciente". En cuanto empieces a notar tensión, confusión o conflicto, probablemente has conectado con tu mente subconsciente y estás intentando solucionar el dilema sólo con la fuerza de tu voluntad. Al emplear la voluntad o la deliberación, te pierdes una información intuitiva vital que te devolvería a un estado de gracia.»

La lucha y el esfuerzo generalmente indican un conflicto entre distintas motivaciones dentro de su psique, con las cuales usted no está en contacto. Por ejemplo, tal vez vaya a comprar una casa barata y segura, pero carente de belleza. Si no está seguro de comprarla, es que su necesidad de belleza lucha por hacerse oír antes de que usted se comprometa.

Una vez se le ocurra la idea de dar un nuevo paso, es bueno hacer algo al respecto inmediatamente. Cuanto antes actúe sobre cambios de energía internos, antes podrá volver a fluir. De otra forma, si retrasa el momento de dar un nuevo paso, la energía no expresada puede estancarse y acabará sintiéndose cansado, frustrado o deprimido.

Si no se siente en contacto con la tranquilidad y el flujo de su mente superconsciente (Ser del Alma), Peirce sugiere que intente mentalmente «soltarse» unos minutos. Deje la mente en blanco o suelta, como un músculo relajado. Mire por la ventana o concéntrese en la respiración. Para volver a fluir, llene su cuerpo de un sentimiento de amor y bondad. Recuerde algún momento lleno de amor (cuando escalaba una montaña, cuando le aplaudían, cuando besaba a su amante o acariciaba a su gato). Recree ese recuerdo un minuto. Advierta qué pensamientos acuden a continuación, porque se están originando en una fuente muy cercana a su alma. Escuche su consejo interior, luego relájese y confíe en que recibirá más guía en breve. No luche por obtener un mensaje claro y unívoco de su alma al instante. La intuición aparecerá poco a poco.

DONES DE LA INTUICIÓN Y LOS SUEÑOS

La doctora Marcia Emery, autora de *Dr. Marcia Emery's Intuition Workbook* y consejera que realiza trabajos de intuición con ejecutivos, estuvo charlando conmigo sobre la intuición y cómo emplearla para descubrir cuál es el siguiente paso que debemos dar. Su historia muestra cómo aparecen pistas que nos ayudan a superar los obstáculos que se cruzan en nuestro camino. Ella me había dicho que le habían rechazado quince veces su libro *The intuitive Workbook*, y yo le pregunté cómo había evitado el desánimo. Ella sonrió y me contó:

—En primer lugar tenía la certeza de que el libro tenía algo que decir, y de que se publicaría. No sé cómo lo sabía, pero así era. Era casi como oír al libro decir: «Estoy vivo.» En segundo lugar, nunca hago caso a la gente negativa. También creo en la sabiduría de mis sueños. Por ejemplo, tenía un sueño recurrente en el que sacaba a mi gata de una jaula y la veía muy feliz. Está claro que no tengo a mi gata en una jaula, en realidad, pero tenía la impresión de que la gata era un símbolo de mi intuición, que en realidad era mi libro. En otro sueño estaba en un hospital y el médico me decía: «El niño no vivirá.» Pero luego me llamaba otra vez para decirme que el niño había resucitado. Poco después me aceptaron el libro, aunque debía realizar algunas modificaciones. Siempre busco señales de ánimo o que indiquen una nueva dirección, y sigo cualquier pista que me llame la atención. Tengo mucha paciencia.»

—¿Y qué sucede —pregunté— cuando tenemos una intuición, emprendemos una acción lógica para seguirla y no obtenemos ningún resultado (como sucedía en la historia de Mary del capítulo anterior)?

—Yo antes viajaba mucho —contestó ella—, y solía leer la revista *Hemispheres*, de las líneas aéreas. Me gustaba bastante y decidí escribir un artículo sobre la intuición. Los meses siguientes, cada vez que veía la revista pensaba: «Quiero que mi artículo aparezca en ella.» Por fin envié el artículo. La editora me dijo que el tema de la intuición era algo peliagudo, pero terminó por aceptar mi trabajo. Le gustaba la idea de que los ejecutivos pudieran integrar tanto la intuición como el razonamiento lógico para mejorar su éxito. Titularon el artículo: «Poderosas corazonadas.» Me gustó tanto que ahora utilizo la expresión en mis seminarios. Cuando lo tengo claro, claro de verdad, el camino se me muestra y todo lo que necesito se me ofrece.

FORMAS SENCILLAS DE AUMENTAR LA INTUICIÓN

- Dedique todas las semanas una o dos horas a estar solo. Entretenerse con algo o escuchar música ayuda a relajarse y a liberar la mente racional.
- Mire a la gente en los bares. Invente historias sobre sus vidas.
- Mire las nubes para ver distintas formas en ellas.
- Cada vez que suene el teléfono intente averiguar quién es, si es un hombre o una mujer.
- Antes de oír los mensajes de su contestador calcule cuánta gente le ha llamado. Imagine una cifra rápidamente, sin intentar deducirla.
- Compre una baraja de cartas metafísicas como el tarot o las cartas de medicina animal. Coja una cada mañana y observe qué predice para los sucesos del día o la semana. Busque referencias a la carta en su vida cotidiana.
- Antes de dormir, pida que sus sueños respondan a una pregunta específica. Escriba luego lo que recuerde del sueño. Y no olvide:
  —El comienzo de un sueño le indica cuál es el tema.
  —El desarrollo del sueño le indica lo que debe hacer para resolverlo.
  —El final del sueño muestra el resultado que obtendrá si sigue el camino indicado.
- Al relacionarse con cualquier persona, mírela advirtiendo la belleza en sus ojos o su rostro. Debe verla como un alma. Envíele conscientemente bendiciones o energía amorosa y advierta cómo su interacción mejora o sea consciente de la información que pueda serle útil.
- Por la mañana pida encontrar gente que le ayude, o recibir información útil para avanzar hacia su propósito específico.
- Comience el día con la esperanza de que se le cruzarán en el camino cosas buenas.

Cuando lo tengo claro, claro de verdad, el camino se me muestra y todo lo que necesito se me ofrece.

»Volví a vivir esta clase de providencia cuando consideraba la idea de mudarme con mi esposo a California desde Michigan, donde él llevaba viviendo cincuenta y ocho años. Asistí a una conferencia en San Diego y el viernes fui a cenar con Jeffrey Mishlove, el director de Intuition Network, y Inge Lillie, una analista financiera intuitiva. Yo mencioné que no sabía qué hacer, puesto que mi esposo estaba pasando por una profunda depresión clínica y yo tampoco tenía demasiadas ganas de mudarme. Jeffrey se volvió hacia Inge y le preguntó su opinión. Inge, al cabo de un momento de reflexión, procedió a escribir la información intuitiva que estaba recibiendo y me dijo: "No tienes claro lo que quieres. Aclárate." Esa noche decidí que definitivamente quería mudarme a la costa Oeste.

»El sábado, durante el almuerzo me senté "casualmente" junto a una mujer a la que comenté que buscaba un trabajo para cuidar casas o animales en la zona de la Bahía, San Diego o Phoenix, para inspeccionar un poco la zona antes de mudarme definitivamente. Ella me explicó que al cabo de unas semanas iba a pasar un mes en China y que necesitaba que alguien le cuidara los gatos. Me pareció increíble lo fáciles que se me ponían las cosas. Mi esposo y yo fuimos a cuidar una casa y al tener la ocasión de vivir por un tiempo en aquella zona, también a él le apeteció mudarse. Compramos una casa en Berkeley.

»Lo más curioso es que esta casa tenía una claraboya en el dormitorio y al verla recordé que había soñado con una claraboya así, en una casa situada cerca del mar. Desperté de aquel sueño muy contenta, pero lo había olvidado hasta que volví a ver la claraboya en la vida "real". Esto me confirmó que la casa era apropiada para nosotros. California ha sido para mí un lugar maravilloso para desarrollar mi programa de educación de la intuición.

Yo quise saber cómo había realizado la transición desde su próspera carrera de profesora universitaria y psicóloga clínica hasta su ocupación como consejera intuitiva para ejecutivos.

—Fue muy curioso. La verdad es que estos temas nunca me habían interesado, hasta que tuve dos sueños premonitorios en los que vi dos accidentes de coche que luego se hicieron realidad. Esto me dejó conmocionada. También comencé a experimentar muchas sensaciones de *déjà vu* con la gente. A veces me parecía estar repitiendo una misma conversación. En aquella época comencé a tener lo que yo llamaba «brillantes revelaciones» en mi trabajo. Al principio me sentía orgullosísima de ellas, hasta que me di cuenta de que no surgían de mí, sino a través de mí. No hablé con nadie de esto, pero las sincronicidades se sucedían. Un día una estudiante me sugirió que fuera a que me echaran las cartas. Se refería al tarot. Cuando me las echaron recibí cierta información que más tarde resultó ser cierta.

»Yo creo que se me estaba mostrando, sin duda, que la consciencia es mucho más de lo que yo había aprendido como psicóloga. Estoy encantada de haber recibido una formación científica en psicología, porque ahora siento que mi trabajo consiste en introducir mis "revelaciones" en la comunidad, bien a otros psicólogos o a los ejecutivos.

Ahora entiendo que incluso mis tempranos estudios de baile me ayudaron a equilibrar mi parte intuitiva con mi parte lógica. Todo lo que he aprendido en el camino me ha servido para tener una visión más completa del proceso de trabajo y de creación de la gente.

Todo lo que he aprendido en el camino me ha servido para tener una visión más completa del proceso de trabajo y de creación de la gente.

SABER ESCUCHAR

A continuación conoceremos la historia de Laura Adkin, directora ejecutiva de MAGIK (Movement and Acquisition of Gifts in Kind). MAGIK es una organización sin ánimo de lucro que ha elevado el reciclaje a un nivel más alto. A través de esta empresa se mueve una increíble cantidad de bienes que pasan de distintas corporaciones a agencias de servicios sociales. Esto ha ayudado a cambiar muchas vidas. Este caso ilustra claramente cómo una sola persona puede significar una gran diferencia para mucha gente.

La búsqueda de Laura del propósito de su vida nos muestra dos grandes revelaciones. En primer lugar vemos que las dificultades, y más tarde su buena suerte, la prepararon psicológicamente para crear una singular carrera. En segundo lugar, Laura nos dice que encontró el trabajo de su vida sobre todo porque supo escuchar su voz interior.

Laura Adkin trabaja con su ordenador en una oficina de seiscientos metros cuadrados en la zona Hunters Point de San Francisco, California. Casi nunca llega a ver siquiera las donaciones puesto que las agencias las recogen directamente de los donantes. Yo la entrevisté para saber cómo llegó a convertir esta idea sencilla, original y beneficiosa en una profesión. Quería saber cómo había llegado hasta su posición actual y qué experiencias habían dado forma a su camino. A muchos se nos ocurre de vez en cuando alguna idea que debería realizarse (lanzar un producto, ofrecer un servicio que consideramos necesario). Pero casi nunca seguimos nuestras intuiciones. ¿Por qué Laura Adkin fue diferente?

«Yo diría que éste es un negocio de gestión de residuos benéficos. Es una especie de experiencia a lo Robin Hood. Yo antes trabajaba en los medios de comunicación y conocía muchas celebridades. Me dedicaba al tema del hambre en el mundo y trabajaba con muchos arquitectos y diseñadores. Pero hiciera lo que hiciera, al final siempre se trataba de lo mismo: mediar entre los que tenían y los que no tenían nada. Yo estoy licenciada en bellas artes y psicología. Me hice psicoterapeuta y trabajaba con familias en agencias de bienestar social. Sin embargo, me daba cuenta de que faltaba algo. La gente se sometía a terapia o incluso tomaba medicación para funcionar mejor, y luego volvía a su comunidad. Pero generalmente eran personas que vivían sin recursos, gente que no tenía ni una cama donde dormir.

»Después me contrató el American Institute of Architects. Quería que trabajara de comentarista social sobre los servicios necesarios para diseñar viviendas para distintas poblaciones de gente sin hogar. Descubrí que ninguna de las agencias sociales tenía nada que ofrecer, y los diseñadores solían tener demasiado de todo. Me di cuenta de que tenían que ponerse en contacto, de que había allí un nicho que llenar.

»Mi temprana educación me ayudó a sintonizar con la gente que no tiene nada. Mis padres se divorciaron cuando yo era pequeña. A mí me crió mi abuela hasta los cuatro años. Era una persona maravillosa, maternal y muy religiosa, y me hizo sentir que yo era un regalo de los dioses. También era muy pobre. En contraste, ni mi madre ni mi padre parecían pensar que yo importaba mucho. Mi padre en concreto me dijo que yo no tenía poder para hacer ningún cambio. Curiosamente mi madre, que me abandonó un par de veces, me dio sin embargo el mensaje de que yo podía hacer cualquier cosa que me propusiera. Con una experiencia familiar tan dolorosa, en el instituto caí en una depresión clínica y estuve sin hablar durante más de un año.

Mi temprana educación me ayudó a sintonizar con la gente que no tiene nada.

»En 1974 mi vida dio un giro de ciento ochenta grados. En esa época, yo era una madre soltera con una hija de cuatro años. Conocí a una familia muy rica que me adoptó y me dio un hogar en Washington, D.C. Hoy, en mi propio trabajo, intento emular la generosidad de aquella familia.

»Mi encuentro con ellos fue milagroso. Me los presentó un hombre con el que yo salía. Eran bastante mayores para ser mis padres, y a pesar de tener sus propios hijos, se interesaron por mí más que mi propia familia. La educación era muy importante para ellos. Ella era una heredera, licenciada en derecho en Yale. Compartíamos los mismos valores, cosa que no me había sucedido con nadie de mi familia. Ahora me siento mucho más unida a mi familia adoptiva. ¡Le había pedido al universo una familia y la había conseguido!

»En cuanto tomé la decisión de estudiar en la universidad, todo comenzó a colocarse en su lugar. Me interesaba todo lo que no se pareciera a mi vida anterior.»

Después de trabajar una temporada como terapeuta en Virginia, Laura decidió tomarse un año sabático y trabajar como voluntaria en una organización benéfica de Los Ángeles, que operaba en Chile enseñando a la gente a llevar una granja y criar cerdos. El American Institute of Architects contrató más tarde a Laura gracias a su trabajo social y su experiencia en medios de comunicación.

«Llegué a conocer más las necesidades de este tipo de organizaciones. Empecé a poner en contacto empresas que tenían cosas que no necesitaban con organizaciones que no tenían nada. Lo que más me gustaba de mi labor era que proporcionaba cosas concretas que la gente necesitaba para realizar su trabajo.

»Aquí se gestiona mucho material, pero no tengo ningún problema en darlo todo. Yo sé lo que es no tener nada y tenerlo todo.»

Reflexionando sobre el camino de Laura, le dije que en sus vidas pasadas debió de tener grandes riquezas que entonces no aprendió a compartir. Ella se echó a reír.

«Yo creo que debí de ser María Antonieta o la reina de Saba —bromeó—. Por lo visto estaba destinada a no volver a tener nada, pero ahora manejo más cosas y material que ninguna mujer del planeta.»

En este breve repaso de su pasado, vemos que la vida modeló a Laura primero con una experiencia de privación que le produjo el deseo de autosuficiencia. Una vez que dejó de pensar que los demás estaban a cargo de su vida, podría comenzar a ver un futuro que no dependía de los sucesos previos. Pudo revisar su identidad. A continuación la vida le proporcionó experiencia en dos mundos. Uno era el mundo de la gran riqueza, que vivió personalmente a través de su familia adoptiva y más tarde, profesionalmente, en las grandes corporaciones. El segundo fue el mundo de las organizaciones benéficas, que ayudaban a otras personas a cumplir con el propósito de sus vidas. A través de todas sus experiencias, la intuición le fue mostrando dónde estaban las necesidades que había que satisfacer. Al haber desarrollado el sentido de autosuficiencia y responsabilidad a una temprana edad, Laura pudo crear una carrera completamente nueva. Curiosamente la vida le proporcionó la experiencia de no tener nada y de recibirlo todo de su familia adoptiva, la misma experiencia que ella llevaría a otras personas.

Le pregunté cómo sentía en el presente el propósito de su vida.

«No tengo una respuesta clara. A veces me despierto en plena noche y pienso en mi propósito. He tenido que aprender a escuchar continuamente. Para mí cada persona es una representación de eso que llamamos Dios. Es igual que sea un alcohólico, por ejemplo. Se trata de Dios como alcohólico viviendo en las calles. O puede ser Jeff Bridges, uno de los hombres más inteligentes y cultos que he conocido en mi vida. Es otra cara de Dios. Mi propósito consiste en experimentarlo todo y escuchar.

»Cuando era pequeña quería ser presidenta. Recuerdo el mandato de Dwight Eisenhower en 1956. Yo pensaba que podía ser presidenta de Estados Unidos, hasta que en séptimo grado me di cuenta de que era imposible porque era mujer. En ese entonces un representante de Vassar entrevistó a cinco o seis chicas. Yo era una de ellas. Creo que si hubiera recibido algún apoyo, podía haber sido candidata.»

EL SENTIDO DE LO QUE RECIBIMOS

La última historia de este capítulo es la de Donna Stoneham, consejera de desarrollo. Además trabaja en su doctorado en aprendizaje transformativo. Donna es una de las personas más graciosas y originales que conozco. La mayoría de sus clientes pertenecen al entorno empresarial, y el objetivo de Donna es despertar la conciencia a los valores espirituales en el mundo laboral. Su historia nos muestra cómo las intuiciones y los sueños nos guían y nos reafirman en nuestro camino.

«Una semana después de que comenzara mi programa de licenciatura, en 1994, tuve un sueño. Yo suelo orientar mi vida en torno a la información que recibo de los sueños. En esta ocasión soñé con Liz, una mujer que contribuyó mucho a que yo entrara en el programa. Los veintidós estudiantes estábamos sentados en círculo, todos en forma espiritual, como almas, y bailábamos en torno a Liz mientras ella nos decía: "Tenéis que uniros para realizar un trabajo muy importante en el mundo."

»He tenido este sueño en mente durante dos años y medio. Recientemente nos hemos estado preparando para realizar un examen final oral. Nuestro grupo está realizando un taller llamado "Exploración de nuestros trances culturales". Para el examen nos dividimos en tres grupos. Uno trabaja en el alma del grupo principal. Otro se encarga de un vídeo en el que aparecen nuestras dieciocho historias y en el que se muestra lo que hemos aprendido acerca del proceso que nos ha dado forma, qué es lo que hemos venido a hacer y cómo nos hemos hecho conscientes de actitudes como el racismo. Cuando vi el vídeo me eché a llorar. Me di cuenta de que era la manifestación de mi sueño, y éste es el trabajo que hemos realizado juntos. Este fin de semana he estado pensando mucho en los grupos de almas y en la razón por la que las personas se unen para trabajar en común.»

Mientras Donna hablaba, tuve la sensación de que cada uno de nosotros tenemos un acuerdo para trabajar con gente, que estamos citados en ciertos momentos con ciertas personas para ayudarnos a seguir avanzando.

«Yo diría —prosiguió Donna— que la mayor diferencia entre la persona que soy hoy y la que era hace seis años, cuando abandoné el mundo empresarial, es que ahora por fin me he dado cuenta de que lo importante no es lo que haga, sino quién soy. He comprendido que lo que dio sentido a mi vida fue mi decisión de enfrentarme a la verdad sobre mí misma y ser tan auténtica como fuera posible. Intento vivir desde mi centro y mi espíritu, en lugar de intentar complacer a los demás.

Hace seis años tenía que fingir que sabía lo que estaba haciendo, aunque no fuera cierto.

»La semana pasada di un seminario en Napa para un grupo de ejecutivas. Primero fuimos explicando una por una las razones por las que estábamos allí. Yo dije que estaba allí porque había pasado los seis últimos años intentando reivindicar mi parte femenina. Siempre había actuado de modo muy masculino, como si fuera la única forma de lograr el éxito. En los últimos seis años he intentado desarrollar mi creatividad, mi intuición y mi parte más dulce. Para mí fue un logro muy importante poder hablar de mi espiritualidad. Descubrí que podía ser vulnerable y a pesar de todo seguir llevando las riendas. De ahí surge la fuerza.

»Hace seis años tenía que fingir que sabía lo que estaba haciendo, aunque no fuera cierto. Todos viajamos en el mismo barco, todos luchamos por encontrar nuestro camino y todos tenemos cosas que enseñarnos unos a otros.

»Ha habido muchos cambios. Por ejemplo, ya no concibo el desequilibrio. No estoy dispuesta a vivir desequilibrada. Hace seis o siete años, yo no era bastante consciente de lo que pasaba. Enfermaba muchas veces, estaba siempre deprimida y de mal humor. Ya no estoy dispuesta a pasar por eso. Mi gran paso fue darme cuenta de que puedo decidir dónde quiero ir y dónde no, puedo decidir cuáles son mis límites. Todavía es posible que me meta en algún embrollo sin darme cuenta, pero sé salir mucho más deprisa. Ahora soy mucho más consciente de mi actitud de víctima. Ahora sé aprender de los errores. Ya no tengo que culpar a nadie por lo que me pasa. Lo importante es aprender, para poder enseñar.»

Le pregunté cómo había pasado de ser una empleada a ser consejera autónoma.

«En un período de tres años me echaron de tres empresas por recortes de plantilla y otras razones. Por fin fue como recibir un martillazo. Estaba pasando algo que era mucho más grande que yo. Tomé la decisión de descubrir, costase lo que costase, qué había venido yo a hacer al mundo. Tenía que enfrentarme a mí misma y liberarme de muchas cosas que me esclavizaban.

»Emprendí un profundo viaje espiritual durante un año y medio. Fue el momento más terrible de mi vida, porque no tenía ninguna de mis antiguas distracciones. Pero solucioné algunos asuntos que se habían interpuesto en mi camino, que me hacían sentirme una víctima. No intenté espiritualizarlos o trascenderlos. Simplemente me metí en ellos y luego seguí avanzando. Pero fue la primera vez que no intenté escapar del dolor. Mi prioridad, y mis cimientos, es mi decisión de descubrir y cumplir mi destino.

Me he dado cuenta de que si sigo mis sueños y mi intuición, si atiendo aquello que me apasiona y tiene sentido, las cosas siempre funcionan. Tal vez no resulten como yo imagino, pero siempre salen bien para todo el mundo. Cuando intento controlar o provocar las cosas, casi nunca resultan.

»Todavía estoy reconstruyendo el puzzle. Mi trabajo toca aspectos muy tradicionales del mundo empresarial, pero es una puerta para hacer otras cosas. Antes arrastraba a la gente al camino que yo pensaba más adecuado. Ahora más bien pregunto: "¿Quieres que alguien camine a tu lado?" Sólo ayudo a los demás a ver que existe un camino.

»Casi todo mi trabajo en el mundo exterior se genera en mi trabajo interior. Mi labor con las mujeres directivas surgió de un sueño. Mi conferencia surgió de un sueño. Me he dado cuenta de que si sigo mis sueños y mi intuición, si atiendo aquello que me apasiona y tiene sentido, las cosas siempre funcionan. Tal vez no resulten como yo imagino, pero siempre salen bien para todo el mundo. Cuando intento controlar o provocar las cosas, casi nunca resultan.»

¿Y qué sucedía cuando la llamaba alguna empresa que a ella no le gustaba?, le pregunté. ¿Creía que su misión era trabajar únicamente con gente compatible con ella?

«No creo que mi destino sea un camino de rosas. El año pasado trabajé en una empresa cuyo director ejecutivo era muy cerrado y no le interesaban en absoluto sus trabajadores. Para él eran máquinas que podían ser reemplazadas a voluntad, y sólo era capaz de ver lo que ellos podían hacer por él. Yo intenté ayudar a aquellas personas a entender que tenían opciones, que no tenían por qué quedarse allí. Me alegra decir que después de trabajar con ellos tres meses, tres personas se marcharon. Aquello fue toda una victoria, no para el jefe, sino para los trabajadores. Yo intento saber dónde hay una necesidad, dónde hace falta una solución. A veces funciona y otras no, pero no pienso quedarme allí donde no me siento bien recibida, porque eso no le sirve a nadie.

»Para liberarnos tenemos que ser honestos y saber dónde nos sentimos prisioneros. Yo suelo preguntar: "¿Qué hace falta para que asumas la responsabilidad de liberarte?" Creo que tenemos que comprender cómo nuestras experiencias nos han llevado hasta donde estamos. Ahora lo veo muy claro en mi vida. Cuando me encuentro en alguna situación a la que no le veo el sentido, confío en que de alguna forma me muestre su significado. Eso es para mí una liberación.»

DIÁLOGO INTERIOR

¿Qué aspectos de estas historias le han conmovido? Escriba un par de ideas y vuelva a leerlas dentro de seis meses.

¿Qué ejercicio de intuición de este capítulo le apetece realizar? ¿Le gustaría comprometerse a realizar uno de ellos esta semana?

Escriba por lo menos un sueño y pregúntese: ¿Qué me está diciendo este sueño, que necesito saber en este momento?

9

Estimule su creatividad y desarrolle sus capacidades

El significado está en el corazón del proceso creativo y narrativo. Cuando es nuestra vida lo que contamos, o una historia de nuestra vida, nos hacemos conscientes de que no somos víctimas de circunstancias azarosas y caóticas, de que también nosotros, a pesar de nuestro dolor o nuestra sensación de ser insignificantes, estamos viviendo una vida con sentido en un universo con sentido.

DEENA METZGER[1]

La creatividad es nuestro talento natural para dar forma a la energía potencial. Nacemos para crear nuestras vidas dentro del medio que la vida provee. Algunos esculpimos nuestra vida a base de barro y agua, otros creamos una gloriosa vida tan compleja e inesperada como una obra de Rube Goldberg. Algunos nos pintamos en un rincón, mientras que otros parecen apretar simplemente un botón para ser transportados a la fama y la riqueza.

La creatividad es la clave para vivir la vida que deseamos. Cuando hablamos de vivir con un propósito, estamos hablando de crear la vida. Dentro de los límites de nuestras creencias, podemos crear nuestros sueños y deseos. Ya hemos creado todo lo que tenemos en la vida, a través de nuestras previas decisiones. Aunque no nos gusten los resultados, han surgido de las elecciones que hemos hecho, que en su momento parecieron necesarias o deseables. Piense en su casa, ¿a qué cosas ha prestado más atención? Sea la que sea (la mesa de centro que ha fabricado, la colección de música que ha reunido o el despacho que ha montado), la ha creado usted. ¿Está satisfecho con lo que ve? ¿Qué le gustaría cambiar?

LA CREATIVIDAD EMPIEZA EN CASA

Para desarrollar su creatividad, primero tendrá que hacerle sitio. Aunque nuestra mente ansía saber qué hemos venido a hacer a este mundo, es importante comenzar a buscar respuestas en nuestro entorno inmediato y en el campo de energía que nos rodea. ¿Qué ha creado usted hasta ahora? ¿Qué aspecto de la vida pide ser solucionado, mejorado o transformado? ¿Hay alguna zona de su casa que requiera orden o equilibrio? ¿Tiene las plantas secas? ¿Funcionan bien las luces? ¿Está el suelo del cuarto de baño lleno de ropa? ¿Tiene el armario convertido en un caos de ropa en desuso?

Podría comenzar a activar la creatividad tirando los objetos inservibles que tenga en casa. Estas sencillas tareas tienen el poder de limpiar la mente y dar una sensación de orden. Muchas veces queremos solucionar los grandes temas de nuestra vida, pero los pequeños asuntos bloquean nuestra energía y no nos permiten actuar.

CREE UN CANAL PARA EL FLUJO DE LA ABUNDANCIA

Todos existimos dentro de un campo de energía. Aunque este campo es invisible (a menos que usted pueda ver las auras), le sorprenderá cuando comience a trabajar en él de forma más consciente. Imagine que tiene ante su puerta un río de abundancia, esperando entrar en su casa. Abra la puerta para dejar entrar el flujo de energía. ¿Qué sucede? ¿Dónde diría, intuitivamente, que la energía se detiene o se bloquea? ¿Son los muebles obstáculos físicos que entorpecen el movimiento por las habitaciones? ¿Tal vez la energía entra por la puerta principal para salir directamente por la trasera?

Para cambiar este flujo, tal vez tenga que mover los muebles. Experimente. A veces el sentido común le dirá que su espacio no es armónico. Si quiere saber más acerca del efecto del espacio físico sobre distintos aspectos de su vida, hay muchos buenos libros sobre el antiguo arte chino del feng shui. Muchos occidentales utilizan ahora el feng shui para situar sus casas en una relación armónica con el entorno natural, así como para crear un mejor flujo de energía en sus hogares y despachos. Se crea o no, este sistema ha resultado ser muy útil para eliminar bloqueos en el camino profesional, en el camino hacia la fama o la riqueza, en la creatividad y la abundancia.

Cuando trabaje en su casa, ordenando el armario o cuidando el jardín, piense: «Estoy creando un canal para que la energía fluya en mi vida y me lleve donde necesito ir.»

EL PODER DEL MANDALA PARA DESARROLLAR LA CREATIVIDAD

> **«La experiencia no es lo que nos sucede, es lo que hacemos con aquello que nos sucede.»**
> ***Aldous Huxley***

Otro modo intuitivo para desarrollar nuestra energía creativa y encontrar respuestas sobre el sentido de nuestra vida, es dibujar un mandala. Generalmente, lo primero que hacemos cuando buscamos un empleo o queremos cambiar de profesión, es escribir nuestro currículum. Para ello debemos pensar en lo que hemos hecho y qué elementos debemos resaltar de nuestra experiencia. En este proceso empleamos sobre todo el cerebro izquierdo, ordenado y lógico. Por el contrario, al dibujar un mandala activamos la creatividad propia del cerebro derecho y entramos en otra dimensión de influencia de nuestro campo de energía.

Aunque nunca se le haya dado bien el dibujo, puede estimular la energía creativa diseñando su propio mandala de poder. La forma circular de un mandala es una representación simbólica del orden cósmico. Considere su mandala como una fuerza activa que opera a través de usted atrayendo campos de propósito. Dentro del mandala dibuje símbolos que representen personas, lugares, cualidades y oportunidades que usted quiere atraer. El motor de su mandala será su intención y deseo. Especifique tan claramente como pueda lo que quiere atraer. Debe estar también dispuesto a someterse al plan divino. Éste es su currículum futuro espiritual. Una vez terminado, dé gracias a Dios o al universo por haberle otorgado aquello que pide. Y confíe en que sus necesidades ya se están satisfaciendo.

Hace muchos años me enseñaron este método de dibujar mandalas y yo, al crearlos, indicaba la cantidad específica de dinero que necesitaba para cada mes. Luego los guardaba donde no se perturbaran (generalmente en el cajón de mi ropa interior). Varios meses después, cada vez que ordenaba el cajón me encontraba con estos mandalas. Generalmente descubría que todo lo que había en ellos se había manifestado, y que incluso ganaba más dinero del que había pedido. Una amiga me contó que enseñó esta técnica a varios asistentes sociales que trabajaban en un hospital. Querían solicitar una beca, y después de trabajar en el mandala todas sus peticiones fueron admitidas.

Inténtelo usted.

Para dibujar el mandala necesita una hoja grande de papel (algo mayor que un folio) y varios lápices de colores. Cuando disponga de un par de horas libres, siéntese y ponga música tranquila. Empiece a concentrarse en lo que quiere atraer a su vida. ¿Una nueva oportunidad profesional? ¿Más dinero? ¿Un despacho con vistas? ¿Un nuevo socio? ¿Un amante? ¿Un buen coche? ¿Un premio por su trabajo? Intente visualizar uno o dos logros que realmente desee.

Después de meditar un rato sobre sus objetivos, dibuje un círculo y mírelo durante unos minutos. Dibuje luego un círculo más pequeño en el centro para definir el corazón central del mandala. En este corazón dibuje un símbolo que represente su fuente espiritual.

> **«Tu vida se desarrolla según tus intenciones.»**
> ***Neale Donald Walsch***[2]

A continuación medite sobre lo que quiere que se manifieste o sobre su deseo de conocer personas que le ayuden. Pronto sentirá la inspiración de dibujar garabatos, símbolos o imágenes en el mandala. Deje que su intuición escoja los colores. De vez en cuando mire el círculo completo para ver si necesita equilibrio y confiérale su anhelo espiritual de conocer su auténtico ser, su auténtico camino.

Deténgase en cuanto sienta que la energía disminuye. Si el mandala está inacabado, guárdelo donde nadie lo vea. Cuando lo termine, colóquelo en un lugar de honor y deje que irradie su energía y atraiga lo que su alma necesita. Puede dibujar tantos mandalas como le indique su inspiración, pero no se fuerce a trabajar en ellos si se encuentra muy cansado.

Si se siente inclinado a estudiar los mandalas con más profundidad, recomiendo los siguientes libros: *Mandala and Mandala: Luminous Symbols of Healing* y *Drawing the Light from Within: Keys to Awaken Your Creative Power*, de Judith Cornell.

CREAR CON MÚSICA

Cada vez que quiera ponerse en contacto con su intuición, desconecte el teléfono, siéntese cómodamente en su sillón favorito y ponga alguna música instrumental que le levante el ánimo. Antes de empezar a escuchar, escriba una pregunta que desee plantear. Luego cierre los ojos, conecte la música y deje que su imaginación cree una escena. Puede incluso visualizar su ser superior mientras la música le lleva a esta escena. Si le parece demasiado difícil, "finja" estar viendo su ser superior. Ésta es una buena práctica para recibir imágenes intuitivas.

> **«La fe en el proceso es lo único que necesito. El resultado crea y genera su propio propósito.»**
> ***Anna Halprin, bailarina*** [3]

¿Qué respuestas, mensajes o símbolos se le aparecen mientras está inmerso en la música y el paisaje? Deje que surja una historia, y anote en su cuaderno cualquier detalle de ella o cualquier significado. Si no hay nada que tenga sentido, escriba en el centro de la página cualquier detalle o idea que le haya impresionado particularmente y deje que esa idea central estimule asociaciones o ulteriores cuestiones. Rodee la idea central de estos pensamientos asociados y dibuje una línea que una la primera con los segundos. Ahora tiene una constelación de pensamientos en torno a una idea central. ¿Cuál es el tema principal de unión? ¿Cuál es la relación entre sus cuestiones actuales?

Con el tiempo las imágenes que reciba tendrán más sentido o sugerirán nuevas direcciones a explorar sobre su propósito o sus preguntas.

MIRAR LA VIDA DE CERCA

También podemos desarrollar la creatividad haciéndonos más conscientes de los detalles. El siguiente ejercicio aumentará su clarividencia.

La próxima vez que salga a dar un paseo por el campo, busque una piedra especial, una hoja o cualquier otro objeto natural. Cuando vuelva a casa siéntese con el objeto y mírelo de cerca durante cinco minutos. A continuación describa por escrito todas las cualidades que vea en él. Plantéese preguntas como: ¿Cuál es el mensaje de esta piedra? ¿Qué me recuerda? Si esta piedra fuera mi futuro, ¿cómo sería? ¿Por qué hizo Dios esta piedra?

«Este súbito cambio de todas nuestras fuerzas, estos giros radicales del alma, jamás suceden sin una crisis. la mayoría de los artistas las evitan mediante la distracción, pero ésa es la razón de que nunca logren volver al centro de su productividad, allí donde comenzaron en el momento de su más puro impulso.»

Rainer Maria Rilke [4]

Deje que la descripción se asiente durante una semana. Luego vuélvala a leer y escriba de nuevo todas las anotaciones como si fueran la historia de su propia vida. Allí donde ponía «piedra» escriba «yo» o «a mí». Tal vez haya escrito, por ejemplo: «La piedra me recuerda una pequeña montaña bañada en sol», o «la piedra es afilada, pequeña, oscura, pero tiene muchas marcas de colores que parecen animales unicelulares», o «si esta piedra fuera mi futuro, sería duro, de muchas caras y redondeado en la punta». Ahora tiene los elementos de una historia intuitiva e imaginativa de usted mismo.

Podría volver a escribir estas descripciones como: «Yo soy como una pequeña montaña bañada en sol. Soy afilado y pequeño. Parte de mi consciencia permanece en la oscuridad, y no veo muy bien porque la luz decrece. La luz decreciente sugiere un momento de recogimiento o de terminar algo e ir a dormir. Admiro las coloridas marcas o partes de mí mismo que ya he desarrollado, como células de actividad. Mi futuro parece duro, pero hay muchas facetas o caminos que podría explorar. La punta redondeada de mi futuro me sugiere que estoy subiendo hacia algo redondeado (suave y reconfortante) y asequible.»

Esta historia teórica puede resultarle interesante, o bien estúpida y traída por los pelos. Pero cuando escriba su propia historia, ésta se hace más poderosa y significativa. La información que recibe de sus profundidades creativas puede fascinarle, divertirle o inspirarle.

CONVERSACIONES ESOTÉRICAS

El siguiente ejercicio, adaptado de *Tarot Constellations* de Mary Greer, le ofrecerá otro método de dialogar con su intuición.

Utilizando sólo los veintidós arcanos mayores del tarot, pida obtener la información que le ayude a ver con más claridad el propósito de su vida. Seleccione una carta y estúdiela con atención. Plantee las siguientes preguntas y anote cada respuesta:

1. ¿Qué sucede en la carta? Describa todo lo que vea.
2. ¿Cómo se sienten los personajes de la carta? Descríbalo en detalle.
3. Vuelva a escribir los elementos básicos de las acciones y sentimientos que ha anotado, como si se estuviera describiendo a usted mismo. ¿Ve algo significativo? Ponga fecha a su historia y apunte en su agenda que debe volver a leerla al cabo de seis meses.

También puede intentar la misma técnica con postales de cuadros o cualquier libro de arte que tenga. Busque cuadros que le atraigan especialmente.

CREAR UN CAMBIO DE ESCENARIO

Cuando estamos inquietos y buscamos nuevas oportunidades, una de las primeras cosas en que pensamos es en cambiar de entorno. ¿Qué lugar le llama la atención: Francia, los mares del Sur, África, las Seychelles? Si es libre para marcharse, estupendo. Pero ¿y si está atado por las responsabilidades o no dispone de dinero? En realidad una limitación puede ofrecerle grandes oportunidades para desarrollar su creatividad. Las limitaciones suelen forzarnos a hacer cosas que jamás habríamos concebido. Recuerde que todo es posible. Puede pasarlo muy bien dando forma a sus deseos de viaje en su propia ciudad. Cuando comience a dar forma a un deseo o a seguir una intuición, está creando un nuevo camino de posibilidades para el desarrollo del propósito de su vida.

«Obsérvate. Cambiamos a cada instante. Es una gran oportunidad.»

Natalie Goldberg [5]

Si cree que el propósito de su vida está relacionado con coleccionar antigüedades francesas, estudiar cocina francesa o diseñar jardines franceses, está de camino a Francia. Aunque simplemente tenga ganas de ir al sur de Francia para ver los campos de flores silvestres, es un impulso intuitivo, creativo. ¿Qué hay que hacer?

Para el refuerzo visual, reúna algunas fotografías con las que hacer un collage de viaje. Coloque una foto suya en la torre Eiffel. Busque alguien que dé clases de francés en su ciudad e intente hablar con él o ella para averiguar de dónde es. Tal vez tenga algún pariente que quiera hacer un intercambio de casa con usted durante dos semanas. Guíese por su olfato para ponerse en contacto con lo que tenga que ver con Francia. Ponga algo francés en su vida cotidiana todas las semanas. Hasta el menor contacto con gente que tenga que ver con Francia ayudará a crear una sensación de logro y, en el peor de los casos, será una pura diversión. Con este estado de ánimo usted estará abierto a una amplia gama de caminos e influencias que pueden crear un canal para inesperados encuentros significativos. No sólo expandirá su campo de oportunidades, sino que además se divertirá (una buena forma de mantener el flujo de energía).

ENTRELAZAR LOS HILOS

Aun cuando tengamos un camino muy marcado y visible y recibamos reconocimiento por nuestro trabajo, no siempre seremos capaces de discernir qué estamos haciendo. Mientras escribía este capítulo me acordé de mi amiga Eleanor Coppola. Es una persona que ha explorado una multitud de caminos. Domina perfectamente todo lo que hace, y aun así todavía se cuestiona la finalidad de su vida. Su historia nos habla de creatividad y variedad.

Conozco a Eleanor y su familia desde finales de los años setenta, cuando formamos un grupo de apoyo a las mujeres. Ella lleva más de treinta años casada con el director de cine Francis Coppola. Tienen dos hijos ya crecidos, un nieto y una gran familia esparcida por todo el mundo. Cuando tenía 50 años, Eleanor perdió a su hijo mayor, Gio, en un accidente náutico. Ellie siempre ha sido una de las personas más auténticas que conozco. Una mujer profunda y atenta que ofrece a su familia estabilidad, apoyo, belleza, comprensión filosófica y sentido común. El lazo más fuerte que nos une es nuestro amor por el arte, los patrones, las telas, el color y el análisis psicológico. Yo quería saber cómo describía Eleanor el propósito o propósitos del complejo camino que recorre con su entorno familiar y sus intereses creativos.

«Yo siempre he pensado —me dijo— que los demás tienen una única finalidad en la vida, una finalidad que desarrollan por ejemplo haciéndose carpinteros, directores de cine o pintores. Toda mi vida me he comparado con personas que son expertas en un campo. Cuando era pequeña quería ser maestra y a la vez quería ser como mi padre, que pintaba acuarelas. Recuerdo que me sentía muy frustrada porque no pintaba tan bien como él. Esto es un tema central en mi vida. Creo que siempre he luchado contra esa sensación de ser pequeña e insignificante en comparación con alguna figura.

»Me licencié en la universidad en diseño aplicado, que incluía textiles, cerámica, joyería, diseño gráfico, etc. Empecé a hacer murales de tela para arquitectos y diseñadores de interior. Luego tuve ocasión de ayudar al director artístico en una película de bajo presupuesto que se rodaba en Irlanda. Francis era el guionista y director.

»Seis meses más tarde nos casamos. Yo no me había dado cuenta de que Francis tenía una idea tradicional italiana del matrimonio (es decir: la mujer debe quedarse en casa). Tuvimos enseguida dos hijos, pero siempre logré conservar un espacio en mi casa para mi propio estudio. Durante varios años seguí colaborando con arquitectos, pero cuando Francis despegó en su carrera, viajábamos muy a menudo para los rodajes y yo tenía que interrumpir mis proyectos.

»Cuando vivíamos en San Francisco, a finales de los años sesenta y principios de los setenta, me interesé mucho por la fotografía e hice una exposición de mis obras. Poco después me dio la fiebre de crear grandes pinturas minimalistas. Hice una exposición y vendí una obra a un museo y otras a coleccionistas de arte. Luego se me pasó la fiebre y comencé a trabajar en instalaciones conceptuales con mi amiga Lynn Herschman. Y así ha sido mi vida. Primero me intereso muchísimo por algo, y luego cambio de dirección.»

Yo recordaba muy bien aquellos estallidos artísticos de Ellie. Su trabajo siempre daba la sensación de ser la síntesis de algo: el umbral desierto de una tienda con losetas negras y blancas en torno a la puerta, una mujer cambiándose de ropa ante un espejo, un salón vacío con un televisor encendido y borroso, un abstracto de pálidas líneas paralelas.

14 de noviembre de 1976
Pagsanjan

«Hoy sigue lloviendo. Esta mañana hablaba de ello con Francis. Él decía que ha habido serios obstáculos en cada fase de este rodaje [*Apocalypse Now*]. En Baler fueron los helicópteros, en Iba el tifón, en la plantación francesa fueron los actores, en el poblado de Kurtz hubo problemas al principio con Marlon Brando y luego con Dennis Hooper, además de la dificultad de no tener un final escrito. Ahora hay problemas meteorológicos. No ha habido ni un solo día en el que fuera al rodaje, trabajara duro y obtuviera lo deseado. Esta noche habrá mil extras para la gran escena delante del templo. Está lloviendo mucho y habrá más barro que nunca.»

Eleanor Coppola [6]

Durante los años en que sus hijos estudiaban en el instituto, Eleanor se dedicó con una amiga a diseñar y manufacturar prendas de ropa inspiradas en los kimonos japoneses, en las que utilizaban también telas pintadas a mano por ella. Más recientemente ha diseñado trajes para ODC, una conocida compañía de danza contemporánea. Además de dedicarse a la pintura, el arte conceptual, la fotografía y el diseño de moda, Eleanor es muy conocida por otros dos logros. *Notes*, su narración del rodaje de la película *Apocalypse Now*, fue muy bien recibida y le abrió la puerta a la literatura y al mundo de las conferencias. Unos años después, su documental sobre el mismo tema, *Heart of Darkness*, ganó numerosos premios, incluido un Emmy.

—Uno de mis objetivos ha sido combinar mis proyectos con la tarea de criar a tres hijos, apoyar a Francis en su trabajo y hacerme cargo de las casas y negocios de la familia. Tenemos una propiedad en Belice y recientemente hemos ampliado nuestras viñas y el negocio del vino. Pase lo que pase, siempre me dedico a estas tareas.

»De nuevo me encuentro haciendo algo que no me había propuesto: estoy rodando un documental sobre el método de Francis para trabajar con sus actores. Hace poco fuimos a una localización en Memphis. Yo siempre he acompañado a Francis para que la familia permanezca unida. Esta vez decidí considerarlo como un retiro artístico, una ocasión de concentrarme en mi trabajo. Conseguí un pequeño despacho en el edificio de producción, con una ventana sobre el Misisipí desde la que veía las formaciones de nubes y las barcazas en el río. Comencé a escribir el guión para un vídeo. Todas las mañanas a las siete y media iba con Francis a la localización durante una hora. A las nueve estaba en mi despacho, donde permanecía el resto del día. Me encantaba.

»Una mañana fui al rodaje y asistí a una interesante improvisación de los actores. El ayudante de dirección me dijo que debería rodarlo, y antes de darme cuenta tenía la situación perfecta para realizar un documental sobre el método de dirección de Francis. Una vez más me encontraba dirigiéndome hacia algo nuevo. El rodaje de este vídeo ha sido a la vez estimulante y frustrante. He cometido un error tras otro, pero he adquirido nuevos conocimientos sobre actuación y dirección, y hay momentos que sólo yo podía haber captado.

—¿Cuál crees que ha sido el hilo conductor en tu vida artística? —le pregunté.

—El arte ha sido siempre una parte esencial de mí. Veo en mi mente cosas que quiero realizar. Entonces mi parte práctica me pregunta: ¿Por qué? Mi objetivo para los próximos diez años es permitirme hacer las cosas que veo.

»Recientemente hice para Gia [la hija de su hijo Gio, que murió antes de que ella naciera] unos vestidos de muñeca. Gia había venido a visitarme, pero cuando sus amigos y el resto de la familia

Mi arte ha sido siempre casi una búsqueda de algo más. Las obras que no me he propuesto hacer son más manifiestas que aquellas que he planificado. El hilo conductor de toda mi obra es que mi forma siga evolucionando.

se marcharon, comenzó a aburrirse, de modo que me la llevé al taller de telas para que escogiera algunas para hacer una falda. Gia fue directamente a unas pequeñas muñecas de trapo. Pasamos los siguientes dos días haciendo ropa para las muñecas. Cuando Gia volvió a casa, le compré otra muñeca y le hice más ropa. Disfrutaba haciendo esto, aunque me sentía algo inquieta. Siempre me apetece hacer cosas pequeñas, pero estoy rodeada de grandes cosas que necesitan mi atención. Nuestra cultura afirma que lo más grande es lo mejor, y casi siempre me encuentro en el extremo equivocado del espectro, observando las minucias de la vida.

»Uno de mis propósitos ha consistido en ser un elemento estable para mi familia y a la vez expresar mis talentos dentro de las limitaciones y oportunidades de la vida familiar. Mi arte ha sido casi siempre una búsqueda de algo más. Las obras que no me he propuesto hacer son más manifiestas que aquellas que he planificado. El hilo conductor de toda mi obra es que mi forma siga evolucionando. Tal vez la finalidad de mi vida sea entretejer, entretejer lo público y lo personal, lo grande y lo pequeño, lo ordinario y lo extraordinario. Siempre me ha fascinado observar lo ordinario en el contexto de lo extraordinario.

FACETAS DE LA GEMA INTERIOR

La siguiente historia es la de un buscador artístico y espiritual que siempre ha seguido el camino de sus pasiones. Glenn Lehrer es un próspero orfebre y joyero que crea tallas y esculturas únicas. Es un líder en su campo, su obra se ha expuesto en museos y ha ganado premios nacionales e internacionales. Sus diseños han aparecido en las portadas de varias revistas. Sólo hay unos cuantos artistas, en Estados Unidos y Alemania, que realizan este tipo de trabajo. En contraste con la historia de Eleanor Coppola, su camino parece ser una contínua búsqueda de experiencias profundas y expresión creativa.

«Durante todos estos años he hecho lo que deseaba porque me encantaba —me decía Glenn—. Ahora se reconoce mi trabajo y se considera una gran tendencia en la industria. Supongo que es entonces cuando uno sabe que está cumpliendo con el propósito de su vida. Yo siempre me he dicho: "Cuando no veas la luz, realiza aquello que te hace feliz. De todas formas no serás útil para nadie si no sabes ser feliz."

»Cuando salí del instituto estuve viajando por el país antes de entrar en la universidad para estudiar artes liberales. En 1971 comenzó mi despertar espiritual. Era capaz de oír, literalmente, y responder las preguntas de los profesores antes de que estos las formularan. Tuve una experiencia de viaje astral durante la cual salí al patio atravesando una pared y al mirar atrás vi mi cuerpo. También tuve experiencias samadhi en las que trascendía este reino para ir a otros niveles o dimensiones. Me saludó un ser de luz y me enseñaron la física del mundo atómico. Esto fue antes de que se publicara *El Tao de la física*, de Fritjof Carpa, y yo no era físico sino artista. Era sobrenatural. Pero vivía demasiadas sincronicidades para considerarlo una fantasía. Me puse a estudiar filosofía oriental y trabajé con algunos maestros.

»Al cabo de un año de universidad y después de estas experiencias, decidí viajar por el mundo. Recorrí sobre todo Francia, Italia y Grecia, donde estudié arte clásico. Cuando llegué a Grecia, todavía no me sentía realizado. Había vislumbrado esa otra dimensión y había despertado al conocimiento puro, y todavía me preguntaba cómo encajaba todo esto.

»Recuerdo que un día atravesaba en autobús un desfiladero en Afganistán. Iba sentado junto a un anciano que llevaba un Winchester en las rodillas y una canana de balas al pecho. Era un hombre gigantesco, sereno, orgulloso y seguro. En aquel momento supe que había comprendido en cierto modo cómo estar en el mundo.

»Yo tenía veinte años y me encontraba al otro lado del mundo, viviendo una cultura muy diferente de la mía. Esto me abrió el corazón. Fue todo un despertar. Allí la gente hablaba más con el corazón que con la cabeza. Apenas ganaban lo suficiente para vivir cada día, pero eran gente feliz. Yo nunca he visto esa alegría en California. Estaba perplejo. Aquellas personas miraban el mundo de forma totalmente distinta.

«La gente que más fluía se sentía especialmente fuerte, activa, creativa, concentrada y motivada. Lo inesperado, sin embargo, es que frecuentemente la gente decía fluir en el trabajo, y rara vez en momentos de ocio.»
Mihaly Csikszentmihalyi [7]

»Yo vivía en un diminuto ashram en el sur de la India y dediqué meses simplemente a meditar. Todavía no tenía una dirección en cuanto a mi vida profesional. Ni siquiera la buscaba. Tan sólo dejaba que cada día trajera sus sincronicidades y las seguía. Lo que hago ahora como artista es una extensión de aquel período, es decir, sigo mi intuición y el flujo natural.

»Por fin me marché de la India y llegué a California, que para mí fue un choque cultural mayor que el de vivir en Asia. Tuve que enfrentarme a todos los conceptos que creí haber dejado atrás. Sólo salir del avión y encontrarme con el consumismo fue abrumador. Tardé un año y medio en volver a encajar en la cultura.

»Un día mi hermano mayor me dio un cristal de cuarzo. Algo saltó en mi interior, y supe que ahí tenía un camino en el que involucrarme. No tenía ninguna experiencia en talla de piedras preciosas ni en joyería, aunque había hecho algo de orfebrería, pintura al óleo, diseño y fotografía. De pronto algo sucedió en mi interior. Aquél era un medio artístico que me suponía mayor reto que ningún otro. Gracias a mis experiencias samadhi de años anteriores, pude sentir la vida que había en la piedra.

»Volví a la universidad y estudié geología, química, mineralogía y matemáticas. Creía que quería ser mineralogista. De hecho descubrí que ya conocía intuitivamente alguno de los principios de esa ciencia. En este campo podía combinar dos aspectos de mí mismo: el artístico y el científico. Mientras exploraba descubrí que era el primer medio en el que el resultado final era mucho mayor que mi inicial visión creativa. Entonces supe que había dado con algo que me apasionaría, que nunca podría conocer del todo y que mantendría siempre vivo mi interés. Han pasado veintiséis años desde entonces y sigo teniendo nuevas ideas. He alcanzado mi listón. En la talla de piedras preciosas se unieron todos los elementos de mi vida y alcancé un nivel superior.

»La búsqueda de mi propósito no siempre ha sido fácil. A veces las cosas se me ponían tan mal que tenía que salir a vender enciclopedias o a servir mesas. En ocasiones no podemos ver adónde vamos. Cuando sentimos que el mundo no apoya nuestros esfuerzos, hay que volver al propósito de la vida y recordar cómo hemos sobrevivido hasta ahora.

«Tenían que asistir a la reunión preparados para escuchar, más que para exponer, preparados para crear más que para defender... La liberación de energía creativa fue increíble. La emoción sustituyó al aburrimiento. La gente se mostró muy abierta a la influencia de los demás y se generaron nuevas ideas y opciones. Al final de la reunión habíamos llegado a una comprensión radicalmente nueva de la naturaleza de la empresa... Una nueva visión común comenzó a cobrar forma.»
Stephen R. Covey [8]

»Yo suelo decir que si no sabemos cuál es nuestro destino, simplemente hagamos aquello que nos interesa. Divirtámonos. No debemos preocuparnos de ganar dinero con ello. Simplemente sigamos nuestras pasiones. Ya veremos adónde nos llevan. Yo, por ejemplo, voy a hacer surf todas las mañanas. Lo llevo haciendo desde mi infancia. He visto delfines saltar por encima de mí y focas nadando junto a mí. Todavía sigo buscando cosas que me apasionen.

»También es importante recordar que nunca lo sabremos todo. Pero esto no es un fallo. La curiosidad y la búsqueda de ideas nuevas nos mantiene vivos. Si dejamos de aprender, dejamos de crecer. La vida tiene su propia energía para buscar un estado de perfección. Jamás podremos alcanzarlo, pero algo en nuestros genes busca el estado más alto de existencia. Es una ley de la naturaleza. Por eso los cristales son el fruto de la tierra.

»Los cristales son conocimiento concentrado en forma cristalina. Son la culminación de la fuerza vital unida en el tiempo y el espacio. El cristal muestra el ansia de la naturaleza de simetría y perfección. Así es el propósito de nuestra vida: la curiosidad significativa y la imaginación que ansía el equilibrio y la belleza. En la búsqueda de esa simetría, nuestra alma alcanza el estado de excelencia. La vida fluye elegantemente, no hay que luchar para reali-

Así es el propósito de nuestra vida: la curiosidad significativa y la imaginación que ansía el equilibrio y la belleza. En la búsqueda de esa simetría, nuestra alma alcanza el estado de excelencia.

zarse. Uno la imagina creativamente, y la vida está ahí sin más. Después de veinte años, puedo afirmar esta verdad.

»No soy artista sólo por mí. Cuando yo, o cualquier persona, realizamos nuestro trabajo, hay más creatividad accesible para todo el mundo. A mi modo contribuyo a crear más belleza en el mundo. La belleza es uno de los principios espirituales de la vida.

»No he recibido una formación tradicional en mi campo. Lo he aprendido todo solo y lo he llevado a los extremos. A causa de esto, he cometido muchos fallos. Debemos estar dispuestos a fracasar para descubrir aquello que no funciona. Luego me recobro y sigo avanzando. Hay una fuerza mayor que uno mismo, pero no está en el exterior, sino dentro.

»El planeta está cambiando y yo siento que formo parte de este macrocosmos. Sentir alegría en lo que creamos nos mantiene y nos ayuda a poner nuestro granito de arena en el mundo.»

YO!

La última historia de este capítulo es la de David Inocencio, de 33 años. David realiza su trabajo soñado como director de educación de Pacific News Service, un servicio benéfico de comunicación dedicado a sacar a la luz pública una variedad de voces e ideas. PNS publica *YO!*, *Youth Outlook*, un periódico escrito por jóvenes. David fue contratado en 1995 como director de educación, una ocasión que llegó a su vida en el momento más oportuno.

David y el editor del periódico, Nell Bernstein, montaron talleres literarios en el Youth Guidance Center (un centro de detención para jóvenes convictos de todo tipo de delitos, desde robo de coches o tráfico de drogas hasta asesinato o violación). A través de esos talleres, David y su equipo están convirtiendo en escritores a algunos de los chicos más problemáticos. Para muchos de ellos es la primera vez que alguien les pide su opinión sobre las complejas fuerzas que han modelado sus vidas. Aunque la mayoría han recibido alguna educación o tienen experiencia escribiendo, la ocasión de ser leídos o publicados les da un nuevo sentido de identidad y una pasión por la comunicación. La historia de David demuestra el gran poder de la intención de servir, y cómo esto le condujo directamente al trabajo de su vida. Su historia muestra también el poder de la creatividad para abrir el corazón y el alma de los jóvenes.

David me contó su historia sentado en su despacho de San Francisco:

«Yo trabajé en fotografía hasta los 26 años, y aunque me gustaba mucho, sabía que no era mi vocación. Me interesaba mucho trabajar con jóvenes problemáticos y estaba cansado de hablar de los males de la sociedad sin hacer nada por remediarlos. Yo quería hacer algo. Volví a estudiar y me licencié en trabajo social. Ahora sabía exactamente dónde quería ir.

»Cuando terminé los estudios, todo comenzó a colocarse en su sitio. Ni siquiera tuve que sacarme el *master*. Ahora sigo creciendo y estoy en contacto con la gente que yo quería.

»Mi primer gran paso fue conocer a Marynella Woods, que llegaría a ser mi amiga y mentora. Un día me dio las llaves de una celda para que pudiera entrevistar a uno de los internos y me hiciera a la idea de lo que era este trabajo. Me encantó. Dejé la fotografía y dediqué todo mi tiempo a ir al Juvenille Hall a escuchar a los jóvenes. Me convertí en asistente social y aprendí a trabajar con abogados y jueces. Aunque era mal visto por la vieja guardia, a la que no le gustaba que la gente entrara en el Centro de Justicia Penal Juvenil, pusimos en marcha un programa en el que los chicos podían aprender nuevos comportamientos, recibir tratamientos de desintoxicación de drogas, acudir al Omega Boys Center, mantener una libertad condicional, conseguir un empleo o volver a estudiar. Trabajamos muy cerca de ellos y, puesto que teníamos pocos casos, logramos un gran éxito.

> **«Sin embargo, sigue siendo cierto que cuanto más fuertes y radiantes seamos, más podremos servir como influencia positiva en el mundo. Cuanta más felicidad pongamos en el mundo, mejor será para todos.»**
>
> ***Dan Millman*** [9]

»Sin embargo yo siempre estaba al pie del cañón, y a los 30 años me habían salido dos úlceras. De modo que cuando Sandy Close me ofreció el trabajo en el Pacific News Service, me pareció estupendo. Me impresionaba sobre todo porque esta empresa logra unir con una insólita armonía a un grupo muy diverso de gente joven.

»Yo quería mantener mis contactos con el Juvenile Hall porque sentía que aquellas voces necesitaban ser oídas. Lo cierto es que allí hay mucho talento en bruto. Nuestro primer experimento fue un taller de escritura para chicas jóvenes, que luego se ha ampliado para incluir a todas las unidades.

»En *YO!* comenzamos a publicar una columna llamada *Letters from Lockdown*, pero la demanda era tan grande y los artículos tan increíbles que un día decidimos publicar *The Beat Within*, un periódico epistolar escrito por jóvenes reclusos. Sólo circulaba entre los chicos del Juvenile, porque era una publicación dura y no queríamos que tuviera mucho alcance. Ahora, chicos que nunca hubieran hablado entre ellos, conocen el estilo de vida de los demás.

»A muchos de ellos les cuesta expresarse. Su estilo es oscuro (tratan temas como la soledad, el suicidio, la venganza, el miedo y la violencia). Queremos que se oigan sus voces, pero al trabajar con ellos promovemos la paz y la unidad en lugar del racismo, la violencia y el odio. Y tenemos mucho cuidado de que no se incriminen.»

Por ejemplo, en un número del *The Beat Within*, se pedía a los jóvenes escritores que hablaran sobre «el juego». Les preguntaban qué es el juego y si ellos se veían como ganadores o perdedores.

J. B. escribió:

> El juego de la vida es estar en una pandilla. Lo de ganar o perder es muy sencillo. Cuando pierdes, pierdes la vida. Ganar es sobrevivir. La primera vez que juegas estás por debajo de los mejores jugadores. Para ser ganador debes respetar y mostrar lealtad al juego. No estés demasiado ansioso por jugar, porque debes tomar muchas vidas para convertirte en el mejor. Y podría salirte el tiro por la culata.

Angelo, alias Lil Play-Boys dice:

> Cuando pienso en el juego pienso en sobrevivir. Siempre hay quien odia a los jugadores e intenta echarme. Pero no lo lograrán, porque conmigo lo llevan claro.

Philly Phil escribe:

> El juego empieza cuando naces. Para mí el juego es la vida, pero muchos dicen que «el juego» es el juego de la droga. En el juego de la droga sólo hay un camino. Al final estás atrapado o muerto. El otro juego es el juego de la calle, que es casi lo mismo que el juego de la droga. En cualquiera de estos juegos hay ganadores y perdedores. El ganador es el que triunfa en la vida y logra sus objetivos. Los perdedores son los que van cayendo, los que no tienen cerebro. En todos los juegos lo que cuenta es el dinero. Lo necesitamos y tenemos que conseguirlo. Ésta es mi filosofía del juego.

Aunque muchas de las respuestas reflejan tristeza o rabia, algunas, como la de Michael, son reflexivas:

> Me siento como un pájaro en una jaula, esperando, deseando conseguir algo de hierba [marihuana]. Pero de momento estoy en la jaula. Por otra parte me gusta la jaula, porque puedo pensar. Me sumerjo en mí mismo y encuentro lo auténtico de mi verdadero ser.

Carter, alias Mr. Blackbird, de 18 años, anteriormente interno del Youth Guidance Center y ahora miembro de la plantilla del *YO!*, dice:

> Me han disparado dos veces, me han apuñalado varias, he estado a punto de morir y he sufrido dos accidentes de coche. Quiero que los del Juvenile Hall sepan que ahí fuera hay un mundo distinto. La vida es algo más que el Juvenile Hall o la guerra de bandas.

David Inocencio intenta enseñar a los chicos algo que aprendió de su novia: que nos hacemos fuertes a través de los desafíos.

> Yo les digo que su fuerza está en sus fallos. Que pueden emplear lo que saben, lo que han vivido, para educar a otros. Cuando les digo esto casi dan un respingo al asimilar la idea de que sus fallos son su fuerza. Todavía no me creo que estoy haciendo lo que yo soñaba, que he logrado mis objetivos. Una vez me preguntaron qué me gustaría hacer dentro de cinco años. Eso no lo sé. De momento aquí hay mucho trabajo y no me siento estancado. Lo que sí sé es

que no quiero convertirme en un burócrata. Quiero estar en contacto con los jóvenes. Estoy muy agradecido por haber llegado hasta aquí.

DIÁLOGO INTERIOR

Escriba las ideas que se le hayan ocurrido al leer las historias de este capítulo.
Advierta cuáles son los detalles que le han llamado la atención.
Vuelva a leer la historia que más le haya gustado y déle otro título basado en lo que ha significado para usted.
Dibuje un mandala.
¿Qué podría hacer para eliminar los huecos por donde escapa su energía? Emplee cinco minutos en escribir lo que haría. Comience diciendo: «Me gustaría desarrollar mi creatividad...», y deje que fluya el manantial de su creatividad. A continuación emprenda alguna acción sobre lo que ha escrito.

TERCERA PARTE

AGUAS PROFUNDAS

10

En el vacío

Nunca se me había ocurrido que sentirse vacío sería en realidad el camino para alcanzar algo más profundo y más rico en mi interior.

TONY SCHWARTZ[1]

¿QUÉ ES EL VACÍO?

Todos hemos vivido en algún momento una experiencia que trastoca nuestro concepto de nosotros mismos o de nuestro lugar en el mundo. El vacío, como cualquier otro sentimiento, puede entrar en nuestras vidas en distintos grados. Por ejemplo, podemos sentirnos algo decaídos y decir a los amigos: «Estoy deprimido», «Me siento estancado. Nunca pasa nada», «Ojalá acabara esta espera» o incluso «Nada funciona. No sé qué hacer. Me voy a volver loco».

Aunque la depresión clínica puede ser una expresión del vacío, sus raíces se encuentran a veces en condiciones físicas como un desequilibrio hormonal o algún otro proceso patológico que no es competencia de este libro. De la misma manera, si su depresión o insatisfacción se debe a traumas del pasado, tal vez usted necesite la ayuda de un profesional.

En nuestra búsqueda de una vida significativa, sin embargo, el vacío es un paso espiritual necesario y natural, aunque perturbador. Paradójicamente, la marca distintiva de la presencia del vacío es la sensación de ausencia de algo. Nos sentimos mal, aislados, alienados. No sabemos a qué recurrir. Tal vez pensemos incluso que la vida no vale la pena.

> **«Por esta razón, hay que dar la bienvenida al caos interno como un indicador de que debemos cuestionar una suposición, una visión del mundo o un concepto de nosotros mismos. Una vez que se advierte y se elimina esta estructura limitadora, dispondremos de más espacio. De este modo el caos puede considerarse como la energía que nos guía de nuevo a la consciencia cuántica.»**
>
> ***Stephen Wolinsky*** [2]

El vacío puede surgir ante un cambio inesperado o indeseado, como un divorcio o la pérdida de un empleo. También puede asaltarnos antes de que se den estos eventos. Su mensaje tiene que ver con el hecho de no sentirnos conectados a la vida, no sentirnos reconocidos o útiles y no sentir un propósito en nada. Aunque uno tenga una carrera fabulosa, nade en dinero y cuente con muchos amigos y familiares, puede sentir el vacío. Los místicos han calificado esta profunda alienación como «la oscura noche del alma». Es oscura porque no podemos ver la salida y no entendemos qué se nos está pidiendo. La metáfora de la noche, sin embargo, sugiere que habrá un amanecer, contando con la realidad física de que el día sigue a la noche. Relacionar esta noche con el alma significa que nuestra esencia más profunda nos queda oculta en estos momentos. Podemos pensar que Dios nos ha abandonado o que estamos perdidos y no podemos conectar con nada.

A veces nuestro vacío nos impulsa a quedarnos en casa mirando por la ventana, o a pasear por el jardín sin hacer nada. A veces lo formalizamos un poco más y nos vamos del país, nos instalamos en un ashram o nos vamos solos de excursión durante una semana.

Al buscar el sentido de nuestra vida, podemos incluso ser más proclives al vacío. ¿Por qué? Ya hemos mencionado que para descubrir nuestro ser único y emplear nuestros talentos suele ser necesario explorar un camino diferente. Incluso aunque exploremos el mundo sincronísticamente, empleando la intuición y el sentido no común, podemos perder de vista nuestro objetivo cada vez que nos salgamos del flujo. Es importante no tomarse el vacío como algo personal. Aunque esto es precisamente lo que solemos hacer.

¿TIENE UN SENTIDO EL VACÍO?

> **«Muchas veces tenemos la sensación de que moriremos si permanecemos en ese vacío, y en cierto sentido es verdad. Un sector de la personalidad morirá si no seguimos intentando llenarlo. Pero hay algo más profundo... Este vacío es muy espacioso y no es en absoluto deficiente. Es el comienzo de la apertura a nuestro auténtico ser, al espacio vacío en el que todo surge, a los cimientos de nuestra naturaleza fundamental.»**
>
> ***Sandra Maitri*** [3]

El vacío no significa que uno sea una mala persona, que tenga un defecto de carácter o que haya cometido algún error. El vacío es más grande que uno. Más que recriminarse y culparse por fracasar, sería más productivo a la larga considerar el vacío como un paso ritual, una inciación al siguiente nivel de la vida. Es un momento de germinación de las semillas de su nuevo ser, un paréntesis mientras su proceso interior se aclara y le presenta nuevas revelaciones. En las culturas indígenas, este momento de la vida se dedica tradicionalmente a trabajar con los guías espirituales de la persona o a emprender una búsqueda espiritual de la que se surge transformado, con una nueva y más profunda perspectiva del propósito de la propia vida.

El vacío nos da la oportunidad de terminar con una fase de nuestro desarrollo y preparar el terreno para un nuevo crecimiento. Lo sepamos conscientemente o no, estamos sufriendo una reorganización psíquica de nuestro campo de propósito. Estamos integrando las lecciones del pasado y puliendo nuestros viejos conceptos de nosotros mismos y el mundo. Imagine pues que el vacío es un período de muerte y regeneración.

Leslie Lupinski, una consejera que ejerce en Albany, California, compara un aspecto del vacío con un arbolito. «Hay que regarlo y cuidar de que le dé el sol. Al cabo de un tiempo comienzan a aparecer diminutos brotes. El vacío es como ese árbol.»

¿CÓMO PODEMOS VIVIR A TRAVÉS DEL VACÍO?

El vacío es una parte natural de la vida. Es normal y apropiado pararnos de vez en cuando para dejar que surjan a la superficie cosas nuevas. Pero estamos tan acostumbrados a un cierto ritmo de productividad que cuando nos apartamos de nuestras tareas normales sin haber establecido todavía un nuevo ritmo, nos sentimos perdidos. Durante estos períodos nos vemos obligados a reconsiderar lo que estábamos haciendo. Hay un proceso natural de revisión en el que buscamos «cuál ha sido el fallo», la razón de que nos suceda esto.

Muchas veces, cuando estamos desesperados, pensamos que todo es blanco o negro, que nosotros somos buenos o malos, que los demás son santos o demonios, que nuestra vida es un horror y todos los demás son felices.

La forma más evolucionada de vivir este período (aunque no es fácil) es aceptarlo y permitirnos sentir todas las emociones que surjan (rabia, soledad, tristeza, desesperación, frustración, etc.) sin aferrarnos a ellas como si fueran la totalidad de nuestro ser. Es importante recordar que los sentimientos negativos no duran siempre.

Aunque el vacío sirve a su propio propósito, podemos buscar formas de mitigar su efecto. Bruce Biltekoff, un profesor de Buffalo, Nueva York, dice sobre su encuentro con el vacío: «Tres cosas me ayudan a salir del vacío. En primer lugar la meditación, porque me devuelve la presencia de algo. En segundo lugar, la comunicación auténtica. Es un don poder compartir mensajes con alguien. Si podemos hablar con alguien de cosas importantes, se supera la desesperación. Esto aparece ya en la Biblia, con la frase: "Cuando dos o más os reunís, Yo estoy allí." Cuando comparto ideas con alguien con quien congenio, me recupero.

»Por último, lo que me ayuda a enfrentarme al vacío es realizar alguna acción que yo llamaría acción de servicio. Cualquiera de estas tres opciones nos hace avanzar. Cuando estoy en el vacío hago un esfuerzo por conservar la fe. También sé que el cambio de la ausencia a la presencia está a la vuelta de la esquina. Lo único que hay que hacer es parar un momento. Si encendemos una cerilla en una habitación a oscuras, la oscuridad se transforma al instante. Si meditas, te comunicas o emprendes una acción, transformarás tu oscuridad. Es como cambiar de canal. Sea cual sea tu vacío, las cosas externas no lo cambiarán.»

Glenn Lehrer, el orfebre que entrevistamos en el capítulo 9, tiene mucha experiencia con estos profundos espacios interiores.

«He aprendido que los momentos de quietud son los más poderosos. Ahora los recibo con agrado porque no me perturban. Pero tardé años en comprender esto. Sugiero que si estás haciendo algo que te gusta, aunque las cosas no vayan bien en cierto momento, emplees ese tiempo de quietud para ampliar tus sueños, para llevarlos más lejos. Sé que parece una locura, pero yo nunca dejé de imaginar lo que quería lograr, siempre mantuve vivos mis sueños. Esos momentos de quietud son los mejores para esto, porque el mundo está en silencio y yo puedo sumergirme más y más en mis pensamientos.

«Hacer las cosas de forma hermosa, manejar los problemas feos con belleza, con una profunda consideración de lo sagrado del estado humano, eso es la Divinidad dentro de cada uno de nosotros.»

Pir Vilaya Kan [4]

»Uno de mis maestros preferidos, Lazarus (un espíritu guía desencarnado, contactado a través de médiums) llama a estos momentos el Pasaje. El Pasaje es como el invierno, cuando nuestra consciencia colectiva se hace más profunda. Es en estos momentos, en los que parece que nada sucede, cuando crecemos. El hecho de profundizar en la confianza, en nuestro centro de gravedad o en nuestra pasión, dará sus frutos. Es difícil verlo cuando estamos sumidos en el vacío, pero si permitimos que la mente vuele con nuestra creatividad, obtendremos frutos.

»Es importante aprender a estar cómodo en el vacío. Si buscas el propósito de tu vida, tienes que sentirte cómodo y admitir la sombra (esa parte de ti mismo que has enterrado porque te niegas a admitirla). Hay mucha creatividad en la lucha contra algo más grande que nosotros. La razón de que las culturas antiguas, como la tibetana, deifiquen los monstruos es que al estar en contacto con ellos se liberan mediante ellos. Aquí no disponemos de estos rituales para entrar en contacto con el lado oscuro. No miramos esa parte, sino que la negamos.»

LA RELACIÓN CON LA FUERZA

Cuando experimentamos la oscura noche del alma o el vacío, nos sentimos sin fuerza, desconectados de cualquier fuente de esperanza, luz o certidumbre. Si en este momento usted se siente así, vuelva a leer el «Análisis de pérdida de energía» del capítulo 5. Si hay elementos de su vida en los que pueda actuar, comience pidiendo apoyo para efectuar los cambios. Tal vez necesite ver a un terapeuta o hablar con un amigo que sepa escucharle.

> **«A veces es útil admitir que no sabes cuál es tu camino y abrirte a la ayuda que puedes recibir de fuentes inesperadas. De este modo podrás disponer de energías internas y externas y contarás con aliados que surgirán de tu propia espiritualidad y altruismo.»**
>
> ***Jon Kabat-Zinn*** [5]

Un hombre que acababa de ser despedido de su trabajo decía:

«Al perder mi empleo sentí rabia y miedo a la vez. Miedo de no alcanzar jamás una vida con sentido y de quedar ahogado por las fuerzas que controlaban mi vida. Y rabia precisamente por permitir que otras personas dirigieran mi vida. Mi miedo me paralizaba. Era como haber caído en un agujero negro. Sentí pánico y pensé que los cambios eran muy peligrosos y que nada de lo que hiciera daría frutos.

»Lo más curioso es que tenía la sensación de que mis jefes controlaban mi vida, pero en realidad era yo el que lo permitía. Había intentado estar a la altura de sus expectativas e incluso superarlas, pero acabé viviendo sólo para complacerlos.

»No me podía creer que ya no quisieran mis servicios. Hasta que por fin me di cuenta de que el despido me había liberado. Pero tuve que pasar por aquel período de miedo, rabia y humillación. Ahora comienzo a ver que lo importante es saber cómo desarrollar mis auténticas capacidades e intereses, cómo expresar mi propia vida, cómo emprender esas actividades que siempre me han dicho que se me dan bien, como escribir.

»Pensé que tardaría unos cuatro meses en encontrar otro empleo. Dejé de preocuparme por mi profesión [programador de software]. El primer mes lo he dedicado a asimilar la idea y dejar que pase el pánico. Ahora me dedico a leer, meditar, pasear y montar en bicicleta. Y estoy escribiendo de nuevo.»

MANTENER EL CENTRO DURANTE LA CONFUSIÓN, EL CAOS Y EL MIEDO

A veces nuestra vida debe desintegrarse antes de reestructurarse. En estos períodos debemos retirarnos y «abandonarnos», como dejar las riendas sueltas a un caballo que vuelve como loco a su establo, o dejar que un avión se enderece soltando los mandos. La tendencia de uno será la de «agarrarse» a algo. Aquí ofrecemos algunas sugerencias prácticas para trabajar con las fuerzas del vacío en lugar de permitir que nos absorban en una espiral de culpa, apatía o pánico.

> **«La auténtica necesidad es la de encontrarse siempre en consonancia con el universo.»**
> ***Gary Zukav*** [6]

1. *Busque su creencia fundamental sobre el vacío.* Advierta que tiene dos opciones en sus creencias sobre el vacío. La primera es pensar que ha hecho algo mal, que sus amigos tienen más suerte que usted o que está condenado a la mediocridad y a una existencia sin sentido. La segunda creencia es que el vacío es una parte natural de la vida y que usted debe efectuar algún cambio. Si *elige* ver el vacío como algo natural y necesario, usted abrirá su campo de energía a la información que surgirá. Sea como el agua: siga la corriente.

2. *Piense que este momento tiene un propósito, aunque de momento no lo vea.* Imagine uno de esos planos que hay en los grandes almacenes, con una X que indica dónde se encuentra uno. Ahora usted está en una etapa de su vida entre el pasado y el futuro. Como diría el *I Ching*, ese antiguo libro chino de sabiduría: No hay culpa.

Cuando asumimos la postura de ser estudiantes de la vida, nos abrimos automáticamente y somos receptivos a una nueva dirección. Si por el contrario decimos que la vida es injusta y luchamos contra nuestro destino, asumimos una mentalidad de víctimas que crea una pérdida de energía. Recuerde que todo tiene un propósito. Si deja que el miedo guíe sus acciones, tenderá a bloquear las ventajas o las lecciones del vacío. Una de las ventajas del vacío es que todo resulta desconocido, y por tanto no hay preconcepciones limitadoras sobre lo que podría o no suceder. Otra ventaja es que sus actividades habituales quedan en cierta medida interrumpidas, dejando así un espacio para nuevas oportunidades. Uno se ve obligado a salir de su zona de comodidad.

3. *Pregúntese: ¿Qué he estado aguantando?* Examine lo que sucedía justo antes de entrar en el vacío. Algo en su vida requiere un cambio. Ha llegado el momento de realizarlo. Leslie Lupinsky sugiere a sus clientes que se formulen esta pregunta mientras se están gestando en el vacío. «Si estamos dispuestos a ver qué hemos estado aguantando, y decidimos no seguir con ello, podemos experimentar un increíble aumento de energía.» Como mínimo, al plantearse esta pregunta usted identificará la zona dónde tiene la energía estancada. Enfrentarse a los aspectos de uno mismo y de los demás que ha estado evitando es como encender una cerilla en la oscuridad, puede cambiar muy deprisa todo su mundo.

Si *sabe* que debería dejar su empleo o cualquier otra situación de su vida, pero ha evitado hacer el cambio, sus energías emocionales enterradas emergerán para llamar su atención. Pero sus sentimientos reprimidos o negados parecerán surgir de otras personas del mundo exterior.

4. *Advierta sus sentimientos.* Si está atemorizado, reconozca el miedo. Tómese su tiempo para sentir sus emociones. Una buena forma de ser consciente de su proceso y dejar que éste le diga lo que necesita saber es ir escribiendo los eventos que sucedan.

> **«Así pues, el cuidado de la *paternidad* del alma requiere que vivamos experiencias de ausencia, desorientación, anhelo, melancolía, separación, caos y aventura... En tiempo del alma, hacen falta diez años simbólicos para establecer un sentido sólido de *padre*. Es decir, la odisea se desarrolla eternamente.»**
>
> ***Thomas Moore*[7]**

5. *Dedique algún tiempo a estar a solas.* Uno de los principales propósitos del vacío es que da tiempo para reflexionar. No se vuelque en las relaciones ni se pase todo el día al teléfono pidiendo la opinión de sus amigos. Si vive con alguien debe idear la manera de pasar un tiempo a solas. Si acaba de perder su empleo, no se dedique a buscar otro cuando tiene miedo o está cansado. Tómese un tiempo para serenarse y escuchar la sabiduría de su voz interior. Al estar a solas consigo mismo se centrará en su zona de poder, el lugar donde se realizará su cambio interior. Aunque se sentirá ten-

tado de manipular las cosas en el mundo exterior e intentar dominar la situación.

6. *Considere el vacío un momento perfecto para la renovación personal.* Si usted tiene el hábito de autocriticarse o es pesimista, necesitará algo de práctica para aceptar esta idea. Si nos dejamos ir en esa montaña rusa emocional que suele presentar el vacío, lograremos una buena percepción de nuestro ser. Sin embargo, en los días «buenos» del vacío, comience a pensar en las pequeñas cosas que puede hacer para disfrutar el presente. Intente vivir el presente todo lo posible (evite los lamentos por el pasado y el miedo hacia el futuro). Cuando estamos en el vacío es de crucial importancia tener confianza. Considere los beneficios que ofrece este momento. Lo mejor que puede hacer es pasar todo el tiempo posible en contacto con la naturaleza.

«Recordé lo que me habían dicho al leerme la mano en Albuquerque: "Irás a un sitio donde nunca has estado, donde no conoces a nadie. Muy al norte. Y lo harás por amor a un hombre." Minnesota era, efectivamente, el lugar más septentrional en el que yo había estado.»

Natalie Goldberg [8]

7. *Reduzca la actividad.* Cuando la vida se derrumba y uno se encuentra ante un divorcio, un despido o viviendo sin su habitual seguridad, debe escuchar con más atención las pequeñas señales que en su interior le dicen lo que tiene que hacer y cómo. Esto requiere reducir la actividad, pasar más tiempo tranquilo, meditando, y hacer sólo lo que es necesario. No pretenda ser un superhombre en estos momentos.

8. *Profundice su conexión espiritual.* Al concentrarse más conscientemente en las verdades universales, conectará su campo de energía con el campo universal de sabiduría. En este estado de apertura, extraerá fuerzas directamente de la fuente universal, no de lugares ilusorios como una posición profesional, un amor romántico o un sentimiento victimista. «Resistir» en el vacío significa concentrarse en lo que uno quiere y vivir el presente. Olvide el futuro de momento. Advierta cuando empieza a gastar energía en lamentarse. Resistir en el vacío es, metafóricamente, más parecido a hacer surf o practicar la jardinería, que a construir.

9. *Observe su «mentira».* Otro proceso de evaluación personal

QUÉ HACER EN EL VACÍO

Cualquiera de estas actividades dará lugar a un flujo de energía:

Busque su creencia fundamental sobre el vacío.
Piense que este momento tiene un propósito, aunque ahora no lo vea
Pregúntese: ¿Qué he estado aguantando?
Advierta sus sentimientos.
Dedique tiempo a estar a solas.
Considere el vacío un momento perfecto para la renovación personal.
Reduzca la actividad.
Profundice en su conexión espiritual.
Observe su «mentira».

muy poderoso para contrarrestar la sensación de estar apartado del propósito de uno es hacerse consciente de cómo refuerza sus limitaciones. Leslie Lupinsky les dice a sus clientes que observen con mucha atención las historias que suelen contar sobre sí mismos. «Por ejemplo, todos parecemos tener una "mentira" básica que nos hemos contado desde los dos o tres años, reforzándola cada vez que nos sentimos indefensos. Esta mentira podría ser: "Soy demasiado insignificante para hacer esto", o "ahora soy demasiado viejo", "nunca se me ha dado bien ganar dinero", "no soy demasiado listo". La mentira es siempre una versión de nosotros mismos que refuerza lo que percibimos como una limitación inherente. Es nuestra excusa, la afirmación a la que recurrimos cuando las cosas se ponen difíciles.»

LA DIFERENCIA ENTRE EL VACÍO Y EL AGOTAMIENTO

A veces la vida es abrumadora y muchos tendemos a «globalizar» o a «eternizarlo» todo. Pensamos que nuestra vida está completamente fuera de control (globalizando el problema) y que siempre será así (eternizando la situación). Lo único que pasa en realidad es que en ese momento las cosas que tenemos entre manos nos superan. Cuando las exigencias se acumulan, nos sentimos mal con nosotros mismos. Por ejemplo, un día uno de mis alumnos me llamó muy deprimido. Se sentía en el vacío. No sabía si vender su negocio para dedicarse a pintar o aceptar un puesto en una empresa. De pronto la vida le parecía abrumadora. Le estaban exigiendo el pago de unos impuestos, los pedidos de sus clientes se amontonaban, se acercaba la fecha de su exposición y tenía que organizar todos sus cuadros, etc. Durante los cinco minutos que hablamos por teléfono estuvimos discutiendo algunas opciones. Más abajo se incluye una lista de sugerencias que usted podría intentar cuando necesite recuperar el equilibrio.

SUGERENCIAS PARA MANEJAR UN EXCESO DE TAREAS

SER

Respire hondo y conscientemente.
Sienta tus emociones con toda la claridad posible. Llore, patalee o grite.
Centre su atención en el presente.
Deje de pensar en el pasado o el futuro.
Confíe en que hay un propósito en lo que está sucediendo.
Agradezca las cosas sencillas de la vida.

HACER

Decida cómo simplificar las próximas veinticuatro horas.
Cancele los compromisos no necesarios.
Pase media hora en un parque o en un bar.
Llévese papel en blanco.
Salga de su cabeza. Escriba en una hoja cada una de las tareas que crea que debe hacer en la próxima semana.
Ordene luego las hojas por orden de prioridad.
Decida qué tareas puede delegar en alguien en quien confíe.
Contrate a alguien que pueda hacerse cargo de las tareas menores.

PIDE Y RECIBIRÁS

Pregúntese: «¿Qué es lo que más necesito ahora?» Rece por ello.
Deje que la inteligencia divina se encargue de sus miedos y su confusión.
Confíe en su proceso.
Advierta cuándo comienza a recuperar energías.

DOS VACÍOS

En las siguientes historias conoceremos a Stephen, cuyo vacío se ha extendido durante varios años como cuestión existencial, y a Sandra, que vivió un vacío tras un momento álgido.

Stephen es un hombre de poco más de 40 años que trabaja con una furgoneta, transportando a los ancianos de un asilo, y a la vez colabora en un programa de televisión sobre temas espirituales. Stephen, un hombre inteligente en contacto con su camino espiritual, compartió conmigo sus profundos sentimientos de caos y su insatisfacción con su modo de vida actual (una precisa descripción de lo que es el vacío).

Revelación o resignación

«Me siento perdido, y eso me hace dudar mucho de mí mismo. En algunas ocasiones, hace años, notaba que a través de mí surgía un poder tremendo. Vivía sincronicidades increíbles que parecían llevarme hacia algún lugar. Tuve momentos álgidos en los que sentí la energía de Cristo y la conexión entre todos los seres humanos. En aquella época era incluso capaz de curar con mis manos. Estaba totalmente abierto.

»En los últimos quince años, sin embargo, siento que me he contraído y me limito a vivir en el mundo ordinario. He perdido mi acceso a esta energía superior. Después de aquellas experiencias trascendentales en las que salí del mundo, ahora ya no tengo mucha ambición. Pero tampoco estoy contento con mi vida económica o mi relación. Me gustaría estar más cómodo y más desahogado económicamente. También me gustaría viajar, pero me falta dinero.

»Siento que el camino espiritual nos puede equilibrar o volvernos locos. Antes de todo aquello yo tenía una vida normal. Estudié en la universidad, hice el servicio militar, trabajé, me casé y seguí todas las normas. Un día, con poco más de 20 años, realicé un viaje astral y ese breve lapso de tiempo que estuve fuera de mi cuerpo, fue como una revelación. Pensé que si podía estar fuera de mi cuerpo, es que yo no era mi cuerpo. Esto cambió toda mi visión del mundo. Comencé a leer mucho sobre el reino psíquico de vidas pasadas. Empezaba a pedir ayuda al universo y recibir mensajes.

También me interesaba la reencarnación. Viví una experiencia trascendental en mi habitación en la que sentí una energía expansiva, de amor. En ese momento todos mis animales se nos acercaron a mí y a mis amigos y se nos sentaron en el regazo. Aquello dio visos de realidad a la situación, porque ya no era mi propia subjetividad, sino que los animales también sentían la energía.

»Más adelante pasé a interesarme por los fenómenos psíquicos. Sentía que caminaba en una dirección totalmente nueva, en un camino que se expandía. Vi que Dios estaba en todas las cosas. Por eso funcionaban las sincronicidades, que parecían responder a las necesidades de cada uno de nosotros. Sentí que había una inteligencia magnífica que es consciente de todas las partículas en cualquier momento dado. Yo fluía con los eventos y pensaba que todo el mundo hacía lo mismo. Unos años más tarde me di cuenta de que no era así, y fue una especie de decepción.

»Tengo la sensación de que o bien estoy perdido, loco y acabado, o bien estoy atravesando un tramo difícil del camino. Cuando tuve aquellas experiencias trascendentes, cambió mi comprensión de la vida, pero sentía que no me lo había ganado. No tenía ningún maestro ni guru. En aquel entonces sabía que era responsable de mi vida, de modo que el error era mío. Entré entonces en un período de dudas y culpabilidad. Mi energía decrecía cada vez más y no hacía más que ver mis defectos. ¿Por qué había recibido aquellas experiencias trascendentales? Todavía no lo entiendo. ¿Por qué yo? ¿Por qué de aquella forma? No tenía ningún guru que me explicara lo que estaba pasando.

O bien estoy perdido, loco y acabado, o bien estoy atravesando un tramo difícil del camino.

»Ahora me cuesta aceptar que estoy donde estoy. Me aburre mi trabajo, porque no es creativo. Me dicen que estoy donde tenía que estar, pero no puedo aceptarlo.»

Stephen es franco y directo al expresar su desánimo. Aunque tiene la conciencia muy despierta, al parecer dos actitudes lo mantienen en conflicto. En primer lugar, gasta demasiada energía pensando en el pasado. Continuamente vuelve a la situación que lo abrió a dimensiones superiores, como si quisiera comprender absolutamente por qué le sucedió aquello. Durante la conversa-

«Nos dijeron que los miembros de la asociación comenzarían el día orando con el maestro al santo patrón de la asociación antes de ir al trabajo, y toda la jornada estaba salpicada de oraciones de varias clases. A lo largo del día se sentía la cercanía con los demás hombres, la existencia de los demás, y la relación entre los trabajadores experimentados y los nuevos: mirándose, enseñando y aprendiendo, hablando y escuchando. Qué diferencia con las fábricas y lugares de trabajo habituales de hoy en día, donde se da poca relación entre las personas, donde las miradas rara vez se encuentran y la voz humana no siempre puede alzarse por encima del ruido de las máquinas; donde los hombres, en su aislamiento, comienzan a sentirse unidos sólo a sus máquinas.»

***Jean Martine*[9]**

ción dijo varias veces que él no había pedido aquellas experiencias trascendentales, que no tenía a nadie que le ayudara a vivirlas y que nadie le había podido explicar por qué le había sucedido aquello a él.

En segundo lugar, hace de sus preguntas algo más grande y más importante que él mismo. Estas cuestiones le provocan confusión, y la confusión a su vez justifica la inacción y la insatisfacción. Mientras espera conocer las respuesta a una pregunta incontestable, se mantiene en el limbo. La pregunta le roba toda su energía. Curiosamente, en lugar de aprovechar su conciencia de la unidad de todas las cosas, permite que esta experiencia le separe de los demás. Estando en el vacío crea las mismas dudas sobre sí mismo que sintió cuando vivía con su madre, que continuamente minaba su autoestima. Psicológicamente ha interiorizado las críticas de sus padres. Su trabajo le permite vivir sin tener que estar a la altura de las expectativas de su padre. Por otra parte, sus experiencias trascendentes le impulsan a sentirse «especial» cuando él cree que no lo «merece».

En el aspecto psicológico y caracteriológico, el vacío de Stephen oscila entre la grandiosidad y la autocrítica. En el gran esquema de las cosas —en un nivel espiritual— el espíritu le ha ofrecido el acceso a otra dimensión que forma parte del propósito de su vida. Por alguna razón —que puede ser muy compleja—, Stephen se ha quedado bloqueado en el *fenómeno*, dejándose gobernar por la confusión, la duda y la insatisfacción. En lugar de escuchar y confiar en que el camino le será mostrado, deja que su crítica interna domine su vida y cree su respuesta ante el mundo.

DEL FLUJO A LA CAÍDA

Una mujer a la que llamaré Sandra, que pasó de ser la popular propietaria de un café librería a convertirse en centro de las críticas de la comunidad, nos ofrece otra descripción del vacío. Al principio le encantaba regentar el café y solía estar allí para saludar a los clientes y ayudarles a seleccionar libros de varios temas —muchos de ellos sobre autoayuda y espiritualidad—. Por las tardes, y los fines de semana, acudía mucha gente al café para charlar. Sandra estaba en su elemento e hizo muchos amigos (o al menos eso pensaba).

«Al principio —nos dice Sandra— me encantaba ayudar a los demás a crecer y aprender, era como ser mensajera o guía. Los dos primeros años la energía era tan fuerte que casi se palpaba. Todos me adoraban, y esto me atraía como un canto de sirena. Supongo que yo sabía que mis clientes no buscaban mi auténtico ser, pero disfrutaba siendo el centro de atención. Mi situación me permitía conectar con gente, y además tenía muchas revelaciones intuitivas sobre ella. No había separación entre los demás y yo. Pasaban muchas cosas buenas, pero mi parte egocéntrica no reconocía la posibilidad de que tanta adoración hiciera surgir mi lado oscuro. Comencé a jugar con el lado oscuro vistiéndome de modo extravagante y haciendo comentarios controvertidos. Era una energía dionisíaca (intoxicante y apasionada). Era contagiosa, y mayor que la energía de la comunidad. Muchas de nuestras conversaciones bordeaban casi lo inapropiado, la magia negra. En aquel entonces yo me sentía positiva. La tienda era una orgía de amor por aprender, de ansia de información que no era accesible en ninguna otra parte. Era también un negocio próspero. Me gustaba la gente, y a la gente le gustaba yo.

Pasaban muchas cosas buenas, pero mi parte egocéntrica no reconocía la posibilidad de que tanta adoración hiciera surgir mi lado oscuro.

»La energía comenzó a decrecer en 1995. Algo cambió. Aquello se convirtió en una lucha y yo estaba cansada. Se había acabado la descarga de adrenalina. Una clienta, por ejemplo, que solía venir muy a menudo, tuvo de pronto la impresión de que yo no le prestaba atención. Otra me dijo que siempre estaba demasiado ocupada para hablar con ella. Yo estaba agotada, vacía. La fiesta se había terminado. Comencé a mirar con malos ojos a algunas de las personas que venían para charlar durante horas sin comprar nada. La gente ya no se sentía querida.

»Justo entonces alguien quiso comprarme la tienda. Al principio la venta pareció sincronística. Me despedí de mis clientes, pero todavía me pasaba por allí de vez en cuando para aconsejar a la nueva propietaria. Al cabo de unas semanas la situación comenzó a deteriorarse y noté que la gente que me rodeaba se tornaba negativa. La nueva propietaria estaba extendiendo rumores sobre mí. Se convirtió en mi sombra. Vestía como yo, iba a mi peluquero y frecuentaba el mismo restaurante donde yo iba a comer.

»La tienda no funcionaba bien. Yo sentía el odio de la propietaria, aunque supongo que era mi propia rabia interna. Ahora me llegaba tanto resentimiento que me sentía desequilibrada. Estaba destrozada. Me sentía traicionada por los que antes habían sido mis amigos y que ahora se ponían del lado de la otra. Recibía su frialdad como antes recibía su calor.

»Ahora me he quedado sin energía. Rezo pidiendo fuerza y valor. Es absurdo y melodramático. Me siento decaída, derrotada, avergonzada y humillada.

»Debo adentrarme en mí misma, pero no tengo a qué agarrarme, no tengo ningún ancla. La tienda era mi constante. Ahora no tengo dónde estar. Esto ha traído a la superficie mis sentimientos de la niñez, cuando pensaba que si no eras perfecta, no podías contar con nadie. Si no eres toda luz y perfección, estás perdida.

»Es como si avanzara a rastras, como si estuviera podrida. Es espantoso. Me resulta muy difícil ir a hacer la compra y caminar con los hombros rectos y la cabeza alta. Me resulta muy difícil no acudir corriendo a un amigo que me dirá que todo saldrá bien. Dos de mis amigos me dicen que ignore mi lado oscuro.

»Cuando estás en este vacío desaparece todo lo que amas. Te sientes sola. No sabes ya quién eres. Ahora no tengo identidad. El dolor de mi corazón me resulta nuevo. Siempre he podido hacer frente a estas situaciones leyendo y racionalizando. Siempre he podido ocultarme en mis explicaciones racionales. Pero ahora hasta me duelen los ojos cuando leo demasiado. Ahora tengo que enfrentarme al dolor.

»¿Cuál es el propósito de esta situación? Supongo que mi alma quería recorrer otro camino y yo no escuché sus señales. Algo me obliga ahora a abandonar la dirección que había emprendido. Pero por desgracia no veo otra dirección. Ahora incluso dudo de que exista una dimensión espiritual. Es difícil mantener la fe. Además, siento que la juventud se me escapa.

»Siempre pensé que mientras creyera que iba a recibir ayuda, que el dolor tiene un sentido, podría resistir. Pero ¿existe alguna verdad, algo con sentido, o no es más que una técnica de supervivencia que hemos creado?»

EL VACÍO NOS OBLIGA A SEGUIR AVANZANDO

> **«Al elevar nuestra vibración cambia nuestra relación con todo. Puesto que los objetos personales son atraídos por nuestra vibración, al cambiar la vibración podemos atravesar períodos en los que vendamos cosas, perdamos cosas o adquiramos cosas nuevas.»**
>
> ***Sanaya Roman*[10]**

La historia de Sandra nos ayuda a ver que incluso cuando estamos cumpliendo nuestro propósito tenemos que seguir siempre avanzando y respondiendo a aquello que hemos atraído a nuestra vida. En su caso, Sandra comenzó a sentirse cansada y absorbió su energía psíquica de su tienda. Después de eso apareció la oportunidad de vender la tienda y emprender un nuevo camino, e hizo bien en seguir adelante. Sin embargo, al prestarse a dar consejo a la nueva propietaria, mantuvo un *lazo* con el viejo estilo de vida, lo cual la bloqueó en esa situación. Su comentario de que «se sentía podrida» es una buena metáfora para definir algo que se ha quedado viejo, rancio, que ha sido abandonado demasiado tiempo. Sentir la energía oscura fue para ella una señal para retirarse, guardar silencio y escuchar su guía interior. Al no distanciarse del todo, su sombra (los aspectos no reconocidos de ella misma) comenzó a arruinar su vida. El lado oscuro de su anterior posición (puesto que había sido casi un guru, una celebridad) casi la llevó a perder de vista su propio ser.

El vacío le da ahora ocasión para apartar su energía de su «gloria» pasada y confiar en que encontrará otra cosa. Su frase «No veo otra dirección» es una llamada al silencio, pero es difícil guardar silencio cuando estamos involucrados en el pasado. La duda suele llegar cuando nos aferramos a algo que pensábamos que era nuestro auténtico ser. La vida cambia continuamente, pero nosotros intentamos solidificar nuestras ganancias. Sandra estaba aferrada a su imagen como guía, como aquella persona a la que todos recurrían. En consecuencia, perdió la capacidad de aprender de la situación y dejó de vivir su propósito en aquel papel.

DIÁLOGO INTERIOR

¿Qué le ha conmovido de estas historias?
¿Con qué frecuencia visualiza un resultado negativo de algo que espera que ocurra (por ejemplo, cuando está esperando noticias de un futuro empleo o la llamada de alguien)?
Si actualmente se siente «en el vacío», describa sus pensamientos y sentimientos.
Cuando haya escrito sus pensamientos y sentimientos, advierta cualquier idea nueva que se le ocurra o cualquier cambio físico.
Si este momento tuviera un propósito, ¿cuál cree que sería?
¿Qué le gustaría que sucediera en este momento? Escriba su deseo en una ficha, como si ya se hubiera hecho realidad (por ejemplo: «Me siento con energía y viviendo el propósito de este momento de mi vida.»)
Ponga fecha a la ficha, guárdela en un cajón y olvídese de ella.

11

La sombra y el propósito de la vida

Si nos imaginamos tan grandes, profundos, misteriosos y maravillosos como el cielo nocturno, podríamos apreciar lo complejos que somos como individuos y hasta qué punto nuestro ser es desconocido no sólo para los demás, sino para nosotros mismos.

THOMAS MOORE[1]

¿QUÉ ES NUESTRA SOMBRA?

La sombra, un término acuñado por el psicólogo suizo Carl Jung, es un concepto psicológico que designa todo aquello que no podemos aceptar, que no nos gusta o que no queremos ver de nosotros mismos.

Aunque solemos caracterizar nuestro «lado oscuro» como una fuerza impredecible y probablemente maligna que tiene el poder de obligarnos a hacer cosas horribles, la sombra es en realidad el almacén de todo el material personal que no reconocemos, incluyendo talentos no desarrollados. Tal vez hemos desechado algún talento porque a una temprada edad creímos y aceptamos los juicios negativos que expresaron otras personas sobre nosotros. También hemos podido negar el valor de esos talentos porque parecían poco prácticos en el mundo de hoy en día. Estas cualidades desechadas se llaman la «sombra luminosa».

La sombra se crea porque nuestro ego, que constantemente intenta controlar nuestro mundo, elimina todo aquello que no encaja en el modelo que hemos construido para sobrevivir y ser aceptados. La sombra comienza a crearse en la primera infancia, cuando ocultamos partes de nosotros que nuestros padres criticaban o ridiculizaban. Al llegar a la pubertad, apartamos otras partes inaceptables, puesto que buscamos ser aceptados por nuestro grupo de compañeros. No sólo luchamos contra nuestra propia sombra, sino que también podemos vernos atrapados en los sueños no realizados y la sombra característica de nuestra familia, o en la consciencia común de algún otro grupo, como una secta religiosa. Jung pensaba que los niños estaban destinados a expresar las sombras de sus padres. La última historia de este capítulo, por ejemplo, describe el trayecto que realizó el comediante Jim Burns para diferenciarse de la sombra de su familia.

Cuando llegamos a los veinte años, ya hemos creado una persona, un aspecto exterior, que mostramos al mundo con esperanza de ser amados y aceptados, con esperanza de tener éxito. Si no hemos pensado mucho en el propósito de nuestra vida, o si no hemos examinado nuestros condicionamientos sociales y familiares, seguiremos intentando realizar lo que los demás (la pareja, la familia, el jefe o la comunidad) esperan de nosotros.

Es posible incluso que corramos mayor riesgo de encontrarnos con nuestra sombra una vez que hemos logrado el éxito. Si una persona, por ejemplo, tiene un gran éxito material, se siente importante y cree que ha logrado algo especial, es posible que vaya ocultando todas sus dudas o inseguridades, manteniéndolas a raya en el fondo de su mente (o en la sombra de su comprensión consciente). Todos hemos visto a gente que cuando está en lo más alto, empieza a pensar que está más allá de las reglas convencionales. En su ansia por medrar, desecha cualquier sensación de vacío y no tiene en cuenta su necesidad de permanecer en contacto con la dimensión espiritual. El ego tiende a considerar el éxito como su propio logro.

Estas partes rechazadas, como niños rebeldes, viven en la oscuridad y darán a conocer su presencia cuando menos lo esperemos.

La sombra se pone de manifiesto en los hábitos que no podemos vencer. Es la mentira que nos contamos sobre nosotros mismos, y que analizamos en el capítulo 10. La sombra puede manifestarse como una tormenta de ansias incontrolables, crisis o deseos contradictorios. O puede pesar sobre nosotros como una alfombra mojada, apagando nuestro entusiasmo por la vida y oprimiendo nuestra energía creativa.

¿CÓMO AFECTA EL LADO OSCURO A NUESTRA MISIÓN EN LA VIDA?

Si trabajas sin alegría, sólo por ganar un sueldo, habrás encerrado en el armario de tu sombra todos los sueños que tuviste alguna vez, relegándolos al reino de las fantasías infantiles, inapropiadas en el mundo «real». En lugar de nutrir el propósito de tu vida, es posible que lo hayas ocultado en la oscuridad, desechando la idea de que puedes llegar a sentirte pleno.

Si permitimos irnos empequeñeciendo, viviremos sin ningún sentido de plenitud. Y sin todo el espectro del espíritu con el que nacimos, el desarrollo de nuestro propósito se atrofia. Aunque hay que decir que muchos genios realizan su obra a pesar de, o gracias a, graves desórdenes de personalidad. Pero si nuestro objetivo es encontrar nuestro lugar en el mundo, la sombra es un reino que no solemos visitar en nuestro vanidoso anhelo de éxito.

> **«Jung pensaba que el inconsciente, además de contener elementos de la personalidad que el individuo ha podido repudiar, alberga también los gérmenes de nuevas posibilidades, las semillas de una adaptación futura y posiblemente mejor.»**
>
> ***Anthony Storr*[2]**

NO SOMOS TAN MALOS

El primer paso consiste en ser conscientes de que nuestro lado oscuro no es necesariamente malo, aunque es lo que solemos pensar. Tal vez cuando su madre se enfadaba con usted le decía una y otra vez que era un vago. Si lo dijo bastantes veces, una masa crítica de su energía psíquica convirtió esa idea en una creencia, y de este modo la «pereza» pasó a formar parte de su identidad. Ahora vayamos al presente. Tal vez ahora usted piense, sin ser siquiera consciente de ello: «Jamás encontraré el propósito de mi vida. No estoy motivado y parece un trabajo demasiado arduo. A mí nunca se me dio bien estudiar. No soy un genio. ¿Qué más da?» O pueden pasarle por la mente un millón de excusas en torno a la constelación de la sombra: «Soy más vago que los demás.»

SOY ESTUPENDO

Incluso el éxito puede poner de manifiesto cualidades de la sombra. Si alcanzamos nuestro momento álgido a expensas de los demás, o si logramos la fama y la riqueza sin el equilibrio de la reflexión sobre nosotros mismos, podemos estar a merced de lo que los griegos describieron tan bien en sus tragedias: la arrogancia. La arrogancia es el lado oscuro de vivir el propósito de nuestra vida o alcanzar el éxito sin sentido de humildad ni conexión con lo sagrado. La arrogancia es ese orgullo desmedido, la excesiva confianza en nosotros mismos que puede surgir justo en el momento en que pensamos que hemos logrado lo que queríamos.

John R. O'Neill, presidente de la Escuela de Psicología Profesional de California, en San Francisco, y autor de *The Dark Side of Success*, subraya los signos delatores de la arrogancia:[3]

Dotarnos de dones especiales. Cuando comenzamos a darnos aires de grandeza, como creer que nuestro juicio es infalible o que nuestra posición es invulnerable, estamos viendo el rostro de la sombra.

Matar al mensajero. Esto se refiere a esos momentos en que nos negamos a oír lo que no queremos oír. Entonces nos rodeamos de gente que siempre nos dirá que sí.

Necesidad de organizarlo todo. Cuando debemos estructurar rígidamente todas las reuniones para mantener nuestra posición, o cuando manipulamos reuniones sociales y nos enzarzamos en luchas territoriales, actuamos guiados por nuestras inseguridades ocultas.

Vivir en una moral superior. Cuando nos sentimos moralmente superiores y pensamos que tenemos la única verdad, estamos maduros para caer. Hay muchos ejemplos de políticos, líderes religiosos o activistas sociales que en nombre de la justicia parecen trabajar con su propia sombra personal.

NUESTRA SOMBRA MATERIAL PUEDE NEGAR O CEGARNOS A LA INTUICIÓN

Cuando estaba escribiendo este capítulo me llamó Joan, una agente de seguros que estaba realizando una transición hacia la hipnoterapia. Quería que le diera el teléfono de alguien que pudiera grabar una serie de cintas de hipnosis que ella quería realizar pero que había estado demorando. Enseguida me di cuenta de que Joan estaba describiendo algunos de los conceptos que yo quería incluir en este capítulo.

Joan me dijo que estaba realizando un trabajo escrito para el grupo de crecimiento personal al que asiste. Se trataba de hacer una lista de patrones recurrentes y comportamientos negativos para así poderlos reconocer. También me dijo que estaba intentando descubrir qué lección podía extraerse de cada uno de estos patrones.

> **«Jung pensaba que los hombres se tornan neuróticos cuando sienten algo falso en sí mismos, cuando se apartan del camino que la Naturaleza (o Dios) les había destinado. Al escuchar la voz interior, que se manifiesta en sueños, fantasías y otros actos espontáneos del inconsciente, el alma perdida redescubre su camino.»**
>
> ***Anthony Storr*** [4]

Joan está cerca de los 50 años y es una mujer pequeña y vivaz, muy guapa. Ha tenido mucho éxito en el negocio de los seguros. Hace unos siete años, cuando yo la conocí, acababa de lograr un certificado de hipnoterapeuta. Pero nunca había desarrollado esta segunda profesión. Su trabajo en los seguros le proporcionaba dinero suficiente, de modo que no tenía necesidad de obtener beneficios con su consulta.

LA NECESIDAD DE «SER ELEGIDOS» CREA UNA FALSA DECISIÓN

Joan me habló de la dificultad de cambiar su comportamiento, encaminado a complacer a los demás.

> **«Si hemos apartado muchas de nuestras rabias, espontaneidades, anhelos, entusiasmos, nuestras partes conflictivas y no atractivas, ¿cómo podemos vivir? ¿Qué nos da coherencia?»**
>
> ***Roberts Bly*** [5]

«Parece mucho más fácil hacer una lista de cosa negativas y defectos que cambiar mi comportamiento con los demás. En lugar de plantearme por qué intento obtener la aprobación ajena, me limito a seguir buscando esa aprobación. Veo claramente que lo que me motiva es el miedo a estar sola porque me rechazarán y no seré "elegida". De modo que me veo atrapada en esa actitud, reclamando que me elijan, que me vean, que no me rechacen. Mi actitud con los demás es adaptarme a lo que ellos quieren que yo sea. Pero la ironía es que si alguien me elige, no me elige tal como soy, porque jamás me he mostrado auténtica. En realidad me muestro de cierta manera para llamar su atención. Por lo tanto no puedo confiar en ellos, porque les he "vendido" una persona que no soy. Para ser aceptada, adopto tantos comportamientos distintos y falsos que mi auténtico ser queda totalmente perdido. De modo que cuando los demás me responden, no sé a qué parte de mí están respondiendo, a la auténtica o a la falsa. Así pues jamás puedo confiar en una relación, ni relajarme, porque no hago más que pensar qué comportamiento espera el otro de mí, qué actitud le gustará.»

La confesión de Joan fue muy valiente. Con sólo escuchar esta trama de engaños yo me mareaba. También notaba la frustración de Joan y su disgusto, junto con su determinación de cambiar aquel insatisfactorio hábito. Joan estaba describiendo claramente los efectos de la sombra.

«Empiezo a pensar que el propósito de mi vida tal vez sea aprender a confiar en mí misma —prosiguió Joan—. Por ejemplo, en todas mis relaciones fracasadas yo sabía intuitivamente lo que estaba pasando desde el primer momento. Pero en mi miedo a ser rechazada, ignoraba o negaba mis propias ideas y mi intuición diciéndome que no me importaba, que no quería que la situación cambiara. La motivación era siempre la misma: el miedo al rechazo.»

RECONOCIMIENTO DE PATRONES DE CONDUCTA

Para contar con toda nuestra energía para cumplir nuestro propósito, debemos vivir el momento presente. Si nuestra energía se desvía y se agota en intentar controlar nuestros patrones inaceptables, nos sentimos inseguros, dudosos y tenemos la certeza de que no somos dignos de realizar un propósito en la vida.

Lea la lista de patrones que viene a continuación. A veces es más fácil ver patrones problemáticos en nuestras relaciones personales. Pregúntese si está motivado por alguno de estos patrones en sus relaciones personales. Si se reconoce en alguno de estos comportamientos (y todos lo hacemos en algún momento u otro) con su familia o amigos, es posible que los aplique también, inconscientemente, en su trabajo. Al leer la lista intente no juzgarse con dureza. Todos aprendemos a enfrentarnos a la vida lo mejor que podemos cuando somos pequeños. Algunas de nuestras estrategias nos proporcionan un bien y otras van contra nuestros intereses. Obsérvelas con sentido del humor.

«Cuanto mayor es la sombra, menor es la energía. Algunas personas tienen por naturaleza más energía que otras, pero todos tenemos más de la que podemos utilizar. ¿Dónde está? Cuando una mujer pone su masculinidad en el saco, o la esconde, pierde energía. De modo que podemos considerar que nuestro saco personal contiene una energía de la que ahora podemos disponer. Si nos consideramos poco creativos, significa que hemos metido nuestra creatividad en el saco.»

Robert Bly [6]

Patrones negativos de comportamiento

- *Falta de discernimiento.* ¿Me lanzo demasiado rápido a la amistad o la intimidad y luego me asusto y me retiro? Cuando me comprometo demasiado pronto, ¿me siento atrapado y me aparto? ¿Paso por alto signos evidentes de futuros problemas con una empresa porque estoy desesperado por aceptar cualquier empleo? ¿Hago caso a mi intuición sobre un futuro jefe o empresa? ¿Tengo siempre claro lo que valoro y lo que quiero tener en mi vida?

- *Actitud de complacer a los demás.* ¿Intento siempre complacer a todo el mundo utilizando distintas personalidades: halagadora, superracional, coqueta, cínica, demasiado simpática, demasiado complaciente, o cualquier otra actitud provocada por el miedo al rechazo? ¿Pongo una cara ante mis compañeros para luego criticarlos a sus espaldas? ¿Creo que el apaciguamiento es la mejor forma de sentir que controlo las cosas? ¿Siento que no puedo vivir una vida plena porque mi vida no me pertenece?
- *Ansia de reconocimiento.* ¿Deseo que reconozcan todo lo que hago? ¿Estoy haciendo algo por dinero o reconocimiento, aunque no me guste lo que hago? ¿Intento congraciarme con el jefe porque está en situación de poder?
- *Hablar demasiado.* ¿Tengo que dominar la conversación o ser el centro de atención hablando sin cesar o hablando de mí mismo? Cuando advierto que la gente se aleja de mí, ¿intento hablar más deprisa para mantener el contacto? ¿Me resulta difícil escuchar? ¿Suelo interrumpir reuniones de trabajo con chistes o bromas?
- *Suspicacia y reserva.* ¿Siento que debo mantener en secreto ciertas ideas para que los demás no me las roben? ¿Hasta qué punto mi suspicacia me impide obtener apoyo cuando lo necesito? ¿En qué sentido me aparto de los demás? ¿Qué es lo que despierta mi desconfianza en una persona?
- *Bloqueo al amor.* ¿Expreso mi disgusto con silencios y malas caras, en lugar de dar a los demás la oportunidad de hablar de la situación? ¿De qué forma sutil bloqueo la energía en mi lugar de trabajo?
- *Cinismo y resistencia a la autoridad.* ¿Me siento contento cuando he hecho que alguien se sienta mal? ¿Me considero la única persona capaz de ver la «verdad» en un grupo, aunque no tenga ningún cambio constructivo que ofrecer? ¿Qué siento cuando he logrado quedar por encima de alguien? ¿De qué forma ha obstaculizado eso mi progreso cuando yo quería obtener el éxito?

- *Superioridad moral.* ¿Me siento poderoso cuando se ha demostrado que «tenía razón» en una situación? ¿Intento utilizar mi conocimiento para aventajar a mis amigos o colegas? ¿Es para mí demasiado importante tener siempre razón? ¿Me resulta muy difícil o imposible admitir un error?
- *Rechazo al compromiso.* ¿Qué significa para mí el compromiso? ¿A qué creo que tengo que renunciar para comprometerme con algo? ¿Me siento más seguro al no comprometerme, porque así siempre estoy en una situación no definida? ¿Qué siento cuando dispongo de varias opciones? ¿Dependo de alguna profesión, trabajo o proyecto? ¿Estoy siempre esperando esa gran ocasión, o ese gran cliente? Si odio mi trabajo, ¿me mantengo en secreto apartado de mis colegas porque creo que no se trata de mi «auténtico» trabajo?
- *El compromiso con algo que nunca dará resultado.* ¿Creo que tengo que luchar para que algo dé resultado, aunque todas las señales me indiquen que debo abandonar? ¿Trabajo demasiadas horas o gano menos de lo que merezco?
- *Pensar siempre que hay algo mejor que lo que tenemos.* ¿Estoy obsesionado con un futuro dorado que nunca llega? ¿Doy pequeños pasos hacia mis objetivos, o me rindo porque mi meta parece demasiado grande o imposible? ¿Me siento siempre insatisfecho y lo hago saber a todo el mundo? ¿Puedo reconocer con sinceridad mis fuerzas y mis logros?
- *Suponer que mis necesidades las sastisfarán los demás.* ¿Pongo en mis relaciones mis necesidades y mis ineptitudes infantiles en lugar de fuerza, amabilidad y la disposición a aprender de la otra persona? ¿Espero que la gente me lea los pensamientos y me ofrezca todo lo que deseo cuando lo deseo?
- *Cuando las cosas se ponen difíciles, me marcho.* Si una situación no me satisface, ¿me marcho? ¿Decido que todo va mal en mi trabajo en cuanto las cosas se ponen difíciles o llega un jefe nuevo que no me gusta?
- *Miedo al cambio.* Cuando alcanzo un nuevo nivel de responsabilidad o una posición más alta, ¿tengo miedo de no poder mantenerla?

DESARROLLANDO EL PATRÓN

Si reconoce en usted algunos de estos patrones, escriba sus percepciones en una ficha. Póngala donde pueda verla para que le recuerde el trabajo que está realizando para liberarse de este comportamiento improductivo. Nuestro objetivo con estos patrones de la sombra es llevarlos a la luz de la consciencia. Sin juzgarse negativamente, afirme su intención de tomar mejores decisiones en el futuro. Pida oportunidades para cambiar estos patrones. Recuerde que los cambios no siempre se efectúan de la noche a la mañana. Hasta ahora ha vivido empleando estos patrones, han formado parte de su compleja naturaleza y también han contribuido a su singularidad. No piense que estos patrones son espantosos o que le han convertido en una mala persona. Los juicios contra usted no hacen más que alimentar su sombra. Utilice estos patrones para observarse y aprenda cómo pueden guiarle a nuevas opciones. Desde un punto de vista espiritual, el trabajo con estos patrones puede ser una parte importante del propósito de su vida. En cualquier caso, hacerse consciente de ellos puede suponer un despertar espiritual.

«No es fácil despertar a la semilla original del alma y oírla hablar. ¿Cómo reconocemos su voz? ¿Qué señales nos envía? Antes de poder ocuparnos de estas preguntas tenemos que advertir nuestra propia sordera, los bloqueos que nos dificultan la audición: el reduccionismo, el literalismo, el cientificismo del llamado sentido común. Porque es difícil que nos entre en la cabeza que puede haber en alguna parte mensajes más importantes que los que llegan por Internet, significados que no se asimilan deprisa y fácilmente, sino que están codificados sobre todo en los dolorosos eventos patológicos que son tal vez el único camino que pueden ofrecernos los dioses para despertarnos.»

***James Hillman*[7]**

Por ejemplo, digamos que su patrón es la superioridad moral. Pregúntese: «¿De qué tengo miedo? ¿Qué puede pasar si veo que estoy equivocado en algo?» Recuerde algún error que cometiera en su infancia. ¿Cuál fue la actitud de sus padres, profesores y compañeros? ¿Tiende a culpar a los demás de sus problemas? En ese caso, seguirá creando luchas de poder toda su vida. Si en la infancia usted aprendió que el resultado de un error es perder amor o seguridad, ocultó su miedo a equivocarse en la sombra. Así pues, la necesidad de culpar a los demás es vital para su ego, para mantener la ilusión de control. Para superar este miedo, tendrá que darse cuenta de que si comete un error no «morirá», como temía cuando eras niño.

Si su patrón es el de hablar demasiado, pregúntese cómo se sentiría en una sala donde nadie dijera nada durante diez minutos, piense qué le da miedo del silencio. La próxima vez que se encuentre en una reunión, practique el silencio y advierta cualquier tensión de su cuerpo. Más tarde, cuando tenga tiempo, recuerde estas sensaciones físicas y escríbalas como si fueran «voces» que le hablan.

La semana siguiente advierta cuándo se enfada consigo mismo, cuándo se habla de forma negativa. Intente ver cómo gastas tu preciosa energía vital en cuestiones que chupan literalmente la vida de sus células. Sólo haciéndose consciente de esta agresión a usted mismo comenzará a recuperar su fuerza. Tal vez le interese trabajar estos patrones con un terapeuta para profundizar en el proceso.

HACER LAS PACES CON LOS DEFECTOS

La vida es un flujo constante de mareas. Dormimos y nos despertamos. Amanece y anochece. Tenemos nuestro lado brillante y nuestro lado oscuro. Los problemas surgen en el mundo exterior cuando proyectamos nuestras cualidades inaceptables a otras personas. Luego nos esforzamos por controlar a los demás o cambiarlos, sintiéndonos siempre una víctima de las circunstancias. Siendo poco conscientes de nuestra responsabilidad en toda situación, sufrimos conflictos internos y falta de seguridad.

Idealmente, cuando expresamos nuestro auténtico espíritu en actividades significativas, comenzamos a vivir equilibrados, aceptando y trabajando con lo que tenemos, con lo que somos. Muy a menudo estamos tan ocupados intentando cumplir las expectativas de nuestro

> **«Cuando nos tornamos impacientes, nos devaluamos a nosotros mismos y nuestra conexión con el Espíritu Santo. La impaciencia es la falta de confianza en la inteligencia universal, e implica que estamos separados del espíritu proveedor.»**
>
> ***Wayne Dyer*** [8]

empleo, o realizar los sueños de nuestros padres, que apenas sabemos quiénes somos. Para satisfacer ese singular complejo de lo que llamamos el propósito de nuestra vida, es muy útil renunciar a emitir juicios, sobre nosotros o sobre los demás.

En lugar de juzgarnos, es más útil pensar que nuestros «defectos» son características vitales internas que quieren hacerse oír. Por ejemplo, ¿puede ver su necesidad de hacer garabatos como una parte de tu proceso creativo y no sólo como una actitud perezosa? Intente comprender a qué propósito puede estar sirviendo su defecto, si es positivo o negativo. Las cosas que odia de usted mismo pueden proporcionarle una riqueza de sentido no común, una vez prescinda de los juicios que las mantenían en la oscuridad.

UNA ENTRADA

Joan, la agente de seguros, comenzó a considerar que sus patrones podían ser la entrada a un nivel más profundo de autoconocimiento.

«Cuando comencé con los seguros, alguien me preguntó por mis objetivos y yo respondí: Reconocimiento, fama y fortuna. Para mí el dinero significa que lo he hecho bien. Significa aceptación y amor. Creo que por eso los vendedores se ponen tan furiosos cuando pierden un cliente. La pérdida de ingresos significa que "no lo han hecho bien", o que el cliente se va con alguien que le cae mejor o que trabaja mejor.

»En la facultad estudié primero psicología. Luego lo dejé diciendo que era demasiado dura la carrera, pero lo cierto es que tenía miedo porque pensaba que no lo estaba haciendo bien. Muy en el fondo pensaba: ¿Quién va a recurrir a mí?

»Cuando era pequeña vivíamos en una granja, de modo que yo deseaba ser una princesa. Ya desde el principio deseaba ser especial, ser elegida. Siempre me presentaba para el coro o para ser animadora. Estaba en el consejo de estudiantes, pero eso no era ni mucho menos tan importante como ser escogida por mi aspecto o mi encanto.

»Mi peor miedo es quedarme sola por haber hecho algo mal. A causa de este miedo siempre estoy gritando mentalmente: ¡Elígeme! ¡Mírame! Pero si alguien, efectivamente, me elige, sigo teniendo el mismo miedo. Tengo miedo de que me juzguen y critiquen y que luego me dejen, reforzando así mi miedo. Estoy siempre obsesionada conmigo misma. Constantemente comparo mi cuerpo con el de otras mujeres del gimnasio o en la calle.

Mi peor miedo es quedarme sola por haber hecho algo mal.

»Ahora empiezo a ver claro que la lección más profunda de mi vida es aprender a aceptarme. Cuando sepa valorarme a mí misma (la parte de mí que no está siempre actuando), podré confiar en que la gente responda a mi auténtico ser y no a una máscara.»

El propósito de la vida de Jean en este momento, más que encontrar la profesión adecuada, tal vez consista en curar la percepción que tiene de sí misma, que podría ser incluso un patrón kármico que arrastre de una vida anterior.

«El último año he estado muy obsesionada con la salud. Antes me concentraba en la belleza de mi cuerpo, en mantener la línea. Pero el año pasado estuve muy enferma y ahora mi interés ha cambiado y se centra en mi salud. Pero al irme recuperando, ya estoy pensando otra vez en hacerme la cirugía estética. Es mi vieja obsesión, la idea de que no estoy bien como estoy.

»Estoy trabajando conscientemente para cambiar esta necesidad de ser elegida. También observo mis pensamientos y creencias, tales como: Gano menos dinero porque no trabajo bien. Empiezo a pensar que debería haber hecho lo que me aconsejaban mis jefes, en lugar de creer que yo sé hacerlo a mi modo (que en el pasado ha dado muy buenos resultados). Lo más difícil de confiar en mí misma es saber en qué voz confíar. ¿Debo escuchar la voz crítica que parece mi antiguo profesor y mentor? ¿Debo escuchar la voz que dice que trabajo mejor cuando soy blanda en lugar de dura? Mi voz de ejecutiva me dice que debería estar por ahí buscando clientes. Eso es lo que odio. Y quiero dejar de hacer cosas que odio.»

ENCONTRAR LA VOZ VERDADERA

Mientras Joan hablaba, pareció responder su propia pregunta sobre las voces:

«Siempre tengo más éxito cuando trabajo a mi manera. Por ejemplo, hago muchos negocios por correo y por teléfono, lo cual no es habitual en el mundo de los seguros. Siempre he vendido sin utilizar la presión, la sensación de culpa o de vergüenza, puesto que a mí también me habían vendido seguros por el método de la intimidación. Supongo que estoy yendo en contra de una estrategia aceptada en este negocio.

»Veo que la venta de seguros ha sido buena para mí, puesto que me ha ayudado a sentirme reconocida. Cuando la gente me llama sin conocerme porque le han dado referencias de mí, me siento muy bien.»

De la historia de Joan se deduce que podemos escoger una profesión concreta conscientemente como medio de vida, o inconscientemente, para sanar una parte no reconocida de la psique. O ambas cosas. Una vez nos enfrentamos a nuestros miedos, la vida cambia. Joan me dijo que últimamente ha progresado mucho en su capacidad de recibir tanto elogios como críticas.

«Cuando hacía prácticas —prosigue Joan— hipnoticé a una cliente que luego me dijo que había notado un gran beneficio. Pero un colega que me había observado, criticó mi técnica y mi ritmo, que era justo lo que le había gustado a mi cliente. Para mí sucedieron dos cosas. Por primera vez fui capaz de oír y aceptar los comentarios positivos de mi cliente, sin dudar de su validez. Y en segundo lugar, fui también capaz de recibir las críticas sin sentirme rechazada. Pude considerar ambos comentarios como información constructiva y utilizarlos para equilibrar mi técnica. Ahora veo que mis dos profesiones me ofrecen oportunidades para mi trabajo personal.»

LA ENERGÍA QUE PERDEMOS EN LA SOMBRA

En el cuadro de la página 262 encontrarás una breve descripción de comportamientos negativos que nos impiden dar nuestra mejor contribución al mundo. Debemos considerar que superar estas tendencias puede formar parte del propósito de nuestra alma.

Nuestros hábitos están tan fijados en nosotros como parte de nuestras estrategias para enfrentarnos al mundo que a veces ni somos conscientes de ellos. Al principio tal vez los percibamos en los actos de los demás, sin advertir que también forman parte de nosotros.

> **«El objetivo de la terapia no es sólo eliminar la armadura, sino introducir flexibilidad y decisión consciente en lo que había sido una estructura defensiva rígida e inconsciente... La sombra contiene no sólo los desechos de nuestra vida consciente, sino también nuestra primitiva e indiferenciada fuerza vital, una promesa de futuro cuya presencia estimula nuestra consciencia y nos refuerza a través de la tensión de los opuestos.»**
>
> ***John P. Conger*** [9]

Sería poco realista pensar que podemos librarnos del todo de estas tendencias con un gran plan diseñado para «curarnos» que, por tanto, nos permita lograr un brillante futuro. Es mucho más útil considerar estos comportamientos como patrones que representan una realidad en nuestro pensamiento. Una vez seamos consciente de uno de estos comportamientos y decidamos dejar de emplear energía en él, nuestra organización interna comenzará a producir automáticamente distintas actitudes. El hecho de reconocer estos patrones nos permite cambiar nuestras respuestas a los eventos. Al principio tal vez tengamos que luchar por no volver a caer en los viejos hábitos, pero una vez que experimentemos cierto éxito, nos sentiremos automáticamente más en nuestro camino. Los nuevos comportamientos se convertirán en nuevos hábitos, y un día nos daremos cuenta de que la vida es mejor y no sabremos cómo ha sucedido.

Cuando comience a reconocer sus patrones de comportamiento, recuerde:

- Permítase entrar y salir de su camino, sabiendo que todo proceso sigue ciertos ciclos.
- Cuando se sorprenda recurriendo a algún viejo hábito, vuelva a su centro y sintonice con su intuición.
- Aprecie su camino, sus inclinaciones y su proceso con sentido del humor y comprensión.

CÓMO PERDEMOS ENERGÍA

Víctima/ complaciente	**Reaccionario**	**Miedo al fracaso**
Situaciones cotidianas	Situaciones cotidianas	Situaciones cotidianas
Repetición frecuente de eventos dolorosos (por ejemplo: «Cuando mi marido se divorció de mí...» o «Mi infancia fue tan horrible que nunca...»). Menosprecio de sus propias cualidades en la conversación (por ejemplo: «No se me da muy bien...» o «Nunca he podido...»). Sentimiento de que los demás piensan que usted es débil, negligente o un fracasado. Se cuestiona las motivaciones «auténticas» de los demás para acercarse a usted. Trabajar demasiado y sentirse resentido por ello. Quejas constantes. Obsesión por conversaciones o encuentros pasados.	Piensa que los que tienen autoridad son estúpidos. Se muestra a menudo sarcástico y cínico en las conversaciones. Siempre está dispuesto a discutir. Busca pequeños errores de los demás para demostrar sus puntos de vista. Desconfía de los motivos de los demás. Siente que los demás son poco realistas o estúpidos.	Se queja frecuentemente de no tener bastante dinero, educación, contactos, carisma, habilidades, etc. Sigue haciendo aquello que no da resultado. Demora sus tareas. Teme acabar en la miseria. Teme decepcionar a los demás. Está siempre buscando catástrofes. Cree que el pesimismo es la mejor defensa.
	Dominante	**Miedo al cambio**
	Situaciones cotidianas	Situaciones cotidianas
	Frecuentes luchas de poder Constante sensación de urgencia. Trabaja arduamente buscando el reconocimiento. Se siente presionado a producir. Siempre está dando consejos. Es reservado y suspicaz. Habla compulsivamente.	Frecuentemente dice que no sabe qué hacer o que está confuso. Suele ceder y postergar las cosas, y luego está resentido. Se siente indefenso o impotente, pero justifica su situación (diciendo, por ejemplo, que necesita ganar un sueldo, que necesita mantener unida a la familia o que nadie le contrataría).

ILUMINAR LA SOMBRA

Cuando aprenda a advertir de qué forma específica juzga o menosprecia sus capacidades, podrá contribuir a su crecimiento sintonizando con ancestrales principios espirituales. En el siguiente recuadro encontrará varias prácticas universales que le ayudarán a atraer lo que necesita para encontrar el propósito de su vida. Si se guía conscientemente por una de estas ideas, estará recorriendo su camino espiritual.

Donna Stoneham, cuya entrevista aparece en el capítulo 8, me contó una anécdota que ilustra que cuando recorremos el camino de nuestro propósito, vivimos casi siempre el momento presente:

«Hace unos tres meses, volvía a casa en mi coche cuando de pronto tuve una especie de revelación y me eché a llorar. Por primera vez en seis años me di cuenta de que estaba justo en el lugar adecuado en el momento preciso. Fue una gran revelación. Yo siempre había sido de esas personas que se esfuerzan al máximo, que rinden más de lo que se espera. Siempre vivo seis meses en el futuro, en lugar de disfrutar lo que hago en el momento. Pero de pronto vi que todo lo que estoy haciendo en esta etapa de mi vida es importante y significativo, aunque no corresponda a mis expectativas. Fue muy liberador darme cuenta de esto.

»Sobre el principio de valorar la vida cotidiana, no te imaginas la cantidad de veces que últimamente he dado gracias por la belleza que me rodea. Hasta se me llenan los ojos de lágrimas. El ser capaz de sentir esta cotidianidad en mis esfuerzos o actividades, ha cambiado totalmente mi modo de hacer las cosas.

»Ahora sé que cambiar mi vida es un trabajo interno. Cuando trabajaba en empresas, pensaba que la clave era modificar el mundo exterior. Vivía constantemente preocupada por realizar el mejor trabajo, por trabajar más horas, por hacer las cosas a la perfección. Pero cuando comencé a meditar, cuando comencé a aceptarme tal como soy, mi vida dio un auténtico giro. Los primeros años fueron improductivos, pero siempre confié en que si hacía mi trabajo y el trabajo de Dios, todo saldría bien.»

CÓMO ILUMINAMOS LA SOMBRA

PRÁCTICA DIARIA

Recuerde que si practica cualquiera de estos principios, los está practicando todos.

Confío en que tomaré la decisión correcta.

Confío en que todo tiene un propósito.

Vivo el momento presente.

Valoro la vida ordinaria, pero puedo vivir una vida extraordinaria.

Estoy dispuesto a sufrir dolor sin culpar a nadie.

Me doy cuenta de que la realidad está creada por el pensamiento, el lenguaje y la acción.

Acepto lo que hay: lo bueno, lo malo y lo neutro.

Tengo la determinación de amar.

Me rindo a un orden superior.

Me esfuerzo por involucrarme y participar en toda la vida.

Soy amable conmigo y con los demás.

Me mantengo abierto y con sentido del humor.

SEGUIMIENTO DE TU PATRÓN DURANTE UNA SEMANA

Fotocopie la tabla titulada «Cómo perdemos energía». Guárdese la copia en el bolsillo, la cartera o el bolso como recordatorio de lo que quisiera cambiar. Haga una marca junto a cada patrón que reconozca en usted. Al final de la semana tendrá una idea de la cantidad de energía que pierde en esto. El simple hecho de hacerse cada vez más consciente de su comportamiento enviará nuevos mensajes a su campo de energía y atraerá nuevas situaciones. Otro beneficio de esta práctica es que vivirá más el momento presente. Recuerde también que la vida puede ser más difícil mientras se aprenden nuevas formas de participar en las relaciones.

LIBERARNOS DE NUESTRAS CRÍTICAS

La siguiente historia nos enseña a recuperar nuestra energía creativa apartándonos de las preocupaciones mentales negativas. Mi amigo Gilberto Munguia, conocido violoncelista y fundador del Festival de Música de Cámara de San Miguel de Allende, México, me llamó cuando yo escribía este capítulo. Me contó cómo se habían resuelto algunos problemas profesionales y me explicó que ahora era mucho más feliz. Su historia trataba de la sombra, y le pregunté a qué atribuía los cambios positivos en su vida.

«Me libré de los obstáculos que había en mi interior —me contestó—. En los últimos meses me he dado cuenta de que siempre había tenido la sensación de que algo malo iba a ocurrir. En cuanto identifiqué esta creencia, la vi como lo que era: un patrón de pensamiento que yo recreaba cada día. No hay ninguna razón externa que justifique ese miedo. En algún momento yo me había aferrado a ese temor y apenas era consciente de él. Ahora me siento muy distinto. Me siento feliz. Ya no me agobian las pequeñas cosas. Estoy contento con mi trabajo. Sé por qué toco el violoncelo. Me siento rodeado de amor, de la vida y de Dios.

»Ahora veo que los últimos dos años me han ido empujando en esta dirección. Todos intentamos averiguar quiénes somos, descubrir el sentido de nuestra vida. Leemos libros y buscamos respuestas, y de pronto se abre la puerta y nos encontramos ante un hermoso campo. En cuanto vi la belleza de la vida, tuve la impresión de que siempre había sabido que estaba ahí, pero lo había olvidado. Lo único que tenemos que hacer es recordar de dónde venimos y que la vida es una creación continua.

»Leí el libro de Neale Donald Walsch, *Conversations with God* y me encantó. Me preguntaba si sería cierto que la vida es creación, tal como allí se afirma. Salí al aire libre, bajo las estrellas y pregunté: "¿Es esto cierto?" En ese momento pasó una estrella fugaz como un enorme cohete. Fue increíble. Me di cuenta de que Dios conoce todo lo que pensamos. Fue toda una revelación: la vida no es un descubrimiento, sino una creación. Nosotros creamos y somos responsables del lugar en el que nos encontramos y al que nos dirigimos. Cuando no nos gusta algo en nuestra vida, es fascinante darse cuenta, observando nuestras ideas, de que la vida se corresponde con nuestros pensamientos. Es como estar en *Star Trek*. Uno piensa: Quiero cenar pollo, y la cena aparece.

»Creo que todos tenemos una voz interior que podemos conectar y desconectar. Podemos abandonarnos a la rabia, pensar que los demás tienen la culpa de nuestros males y darnos a la bebida, al tabaco o a cualquier otro hábito. Eso es más fácil que pararnos a asumir nuestra responsabilidad.

»Hace tiempo tenía bastantes problemas económicos y muchas responsabilidades con el festival, tantas que me abrumaban. No veía ningún propósito en esto. Pero la situación me obligó a volver a mis raíces musicales para redescubrir quién era yo y en qué me había convertido. Me di cuenta de que mi sensación de estancamiento se debía a que no me había expresado musicalmente lo suficiente. Había reprimido la fuente de creatividad. Había polarizado mis opciones, convirtiéndolas en situaciones blancas o negras. O tocaba el violoncelo o dirigía el festival. Pero tuve que enfrentarme a mí mismo: Muy bien, Munguia, ¿cuál es tu contribución al mundo, que a la vez alimenta tu alma? Empecé a practicar cada vez más y a dar algún que otro concierto, y ahora toco mejor que nunca. Estoy en contacto con un aspecto superior dentro de mí que siempre supo tocar el violoncelo. Ahora hago en una hora lo que antes tardaba cuatro horas en hacer.

»En todo esto, lo decisivo fue llegar a un compromiso conmigo mismo. El violoncelo me apasiona desde que tenía cinco años. Creo que debemos estar en contacto con estos primeros deseos.

»Como dice Walsch en *Conversations with God*, no hay que pedir nada al rezar, sino simplemente dar las gracias por lo que tenemos. He tenido mucha suerte. Es extraordinario. A pesar de toda nuestra negatividad, podemos renovarnos desde el instante en que realizamos un cambio en nuestra consciencia. Si el uno por ciento de la población piensa de este modo, afectará al resto del mundo. Si meditamos sobre estas cosas afectaremos el campo de energía y todas las personas, literal y metafóricamente, sentirán los efectos.

Un día, mientras conducía por San Miguel, viví un momento decisivo. De pronto me di cuenta de que había estado criticando a todos los que pasaban: Menudo sombrero lleva ése. ¡Vaya pantalones! No hacía más que enviar energía negativa. Decidí dejar de hacerlo, decidí observar sin juzgar. Cuando volví a casa estaba lleno de energía y júbilo. Sé que nos despertamos con un ciento por ciento de alegría, y las primeras dos horas del día gastamos mucha energía criticando o quejándonos, o tal vez sintiéndonos atados a nuestro pasado.

Un día, mientras conducía por San Miguel, viví un momento decisivo. De pronto me di cuenta de que había estado criticando a todos los que pasaban.

»Ahora comienzo el día pensando: Puedo realizar un milagro con la ayuda de Dios. Es mi día. Es mi creación. Si nos examinamos a nosotros mismos, lo descubriremos todo.»

SOMBRAS FAMILIARES. CÓMO SALIR DEL MITO FAMILIAR

La siguiente historia muestra cómo podemos estar bajo la influencia de la sombra de nuestra familia o incluso de toda nuestra comunidad, malinterpretando esta nube oscura como un fallo nuestro.

Jim Burns tuvo que enfrentarse a la sombra de sus padres y sus reglas implícitas. Jim abandonó un matrimonio sin amor y una «buena» profesión como maestro de escuela para buscar algo más profundo que parecía llamarle. Ahora vive en California, está casado con el amor de su vida y está realizando su sueño de escribir y dedicarse al humor.

«Cuando tenía veinte años —me contó Jim— mantuve una conversación con mi padre poco antes de su muerte. Él me abrió su corazón y me hizo partícipe de todos sus secretos. Era electricista, y me dijo que le encantaba su trabajo, pero que nunca le había preocupado el factor económico. Me dijo también que nunca había sentido que mi madre estuviera satisfecha con él. Tenía la impresión de que deseaba más de lo que él podía darle, y que la había decepcionado en muchos aspectos, incluso en su modo de vestir. Como era diabético y había perdido varios dedos del pie, llevaba zapatillas de tenis para estar cómodo. Pensaba que mi madre hubiera querido que vistiera mejor, que la llevara a sitios elegantes.

»Lo curioso es que yo, igual que mi padre, me casé muy joven. Comencé a dar clases en la escuela elemental, aunque el trabajo no me gustaba mucho. Ya desde la luna de miel supe que había cometido un error. Intenté complacer a mi esposa, para lo cual sacrifiqué mis propias necesidades. Compramos la casa "adecuada" y luego los muebles "adecuados". A los treinta años contemplé mi vida y vi que no funcionaba.

»Mi esposa, por ejemplo, pensaba en mi sueldo de profesor para los siguientes treinta años y se sentía segura. Yo pensaba en ello y me decía: ¿Ya está? ¿Esto es todo lo que conseguiré? Sentía que se había acabado la vida. Hasta que de pronto me di cuenta de que eran los mismos sentimientos que mi padre me había confesado. Yo tampoco me sentía la clase de hombre que mi esposa deseaba. También llevaba zapatillas de deportes y ropa cómoda, como mi padre. De cara al exterior, mi esposa y yo parecíamos la pareja perfecta. Teníamos una casa preciosa, y nos llevábamos muy bien en público. Pero todo era vacío. Y entonces pensé: Madre mía, pasarán otros treinta años y tal vez tenga que decir a mi hijo lo mismo que me dijo mi padre.

»Éramos católicos y en nuestra familia nunca había habido un divorcio. Fue una experiencia muy dramática. Yo sabía que ante mi madre y mis hermanos iba a aparecer como "el malo".

En aquellos días yo pensaba que sería más fácil suicidarme que divorciarme.

»En aquellos días yo pensaba que sería más fácil suicidarme que divorciarme. Se rumoreaba que mi abuelo se había suicidado. Yo también quería matarme, pero habiendo ya un caso de suicidio en la familia, pensé que tenía que romper el ciclo. Por lo visto mi familia no sabía enfrentarse a las emociones. Nadie manifestaba abiertamente sus sentimientos. Si sentías algo que no era aceptable, no estaba permitido expresarlo. Aquello no era sano. Supongo que por eso me trasladé a California.

»Dije a todo el mundo que me mudaba para dedicarme a la comedia, pero creo que en realidad quería recuperar mi vida y mi libertad. Curiosamente, en aquel tiempo coleccionaba payasos. Fue mi hermano quien me hizo consciente del simbolismo. "Es curioso que te gusten los payasos —me dijo—, porque son tristes. Por fuera sonríen y por dentro sufren."

»Pasé los siguientes cinco o seis años sometido a terapia. Me parecía increíble cómo atraemos a las personas que encajan en nuestros puntos débiles, para poder trabajar en nuestra curación. Supongo que el beneficio de todos mis esfuerzos fue aprender y aceptar quién soy, y amar mis cualidades.

»Durante mi proceso de curación, dejé de beber alcohol y me hice vegetariano. Comencé a meditar y sentí que era una fuente de sabiduría. Me encantó. Ahora sé que bebía para ahogar mis sentimientos, porque deseaba hacerme daño o hacer daño a otras personas. Pero de pronto algo cambió y me di cuenta de que beber no era bueno.

»Trabajaba en clubes de la carretera, pero también eso me pareció inapropiado para mí. Me di cuenta de que no quería obtener simplemente unas carcajadas fáciles mientras la gente bebía. Era como estar en dos planos diferentes. Yo sabía por experiencia que si la gente bebía, estaba cerrada y se sentía incómoda con sus sentimientos. Yo creo que la risa ayuda al espíritu, pero muchos cómicos no hacen sino perpetuar la ignorancia. Sus chistes son feos y agresivos. Yo quiero hacer comedia que ensalce el espíritu.

»Cuando miro atrás, veo que mi camino parece tener un propósito. Ahora veo que cuando era maestro aprendí muchas cosas valiosas. He escrito mi propio monólogo, llamado *En ambos extremos del aula*. Habla de mis experiencias cuando era pequeño en la escuela y luego como maestro. Yo quiero hablar de la tolerancia y la diversidad como algo positivo, de la aceptación. Tal vez, entre risas, la gente comience a pensar.

»Antes tenía que *provocar* las cosas, tenía que *hacer* reír a la gente. Ahora siento que sólo tengo que ser la mejor persona posible y cultivar mi espíritu. Lo más importante es estar abierto y confiar en que recibiremos mensajes que serán graciosos en un plano superior. Casi todo el humor se basa en el racismo y en estereotipos que hacen gracia porque son agresivos. Yo quiero hablar de nuestra vulnerabilidad, de lo que tenemos en común.

»Ahora estoy casado con una mujer maravillosa, guapa y con talento. Cuando me arreglaba para nuestra primera cita pensé: ¿Me pongo las zapatillas de deportes o unos mocasines? Decidí ponerme las zapatillas porque son mis favoritas. El primer comentario de Karen fue: ¡Me encantan tus zapatillas! Fui a mi boda con esas mismas zapatillas, aunque luego me compré un par nuevo.

»Ahora trabajo en la ciudad. Soy el presentador del Icehouse en Pasadena. Esto me ha permitido pasar a trabajar la jornada completa. Una cosa que me ha ayudado a salir de la confusión es escribir. Hace catorce años que llevo un diario. Cuando me siento confuso o tengo un problema, visualizo mi confusión o el problema y se lo entrego a Dios. Karen y yo hemos hecho esto juntos en la playa. Visualizamos cómo agarramos con las manos nuestro problema y lo echamos al mar. Da resultado.

»Aunque aún tengo deudas, puedo mantenerme. Vivo a la vez una paz maravillosa y una gran emoción. Creo que al forjar planes nos limitamos, porque a mí me han ocurrido muchas cosas magníficas que no había planeado. Tal vez los demás, desde fuera, no consideren maravillosa mi vida, pero yo siento que estoy donde debo estar, aunque no permaneceré aquí mucho tiempo porque todo está en movimiento. Tenemos que aceptar el cambio y dejar que nos muestre adónde debemos ir.»

DIÁLOGO INTERIOR

Hable con su sombra

¿Y si esas partes negadas o reprimidas de nosotros mismos albergaran una sabiduría poco común? ¿Y si en esa zona interior estuviera precisamente la información que no podemos obtener por otros medios? Nancy Rosanoff, terapeuta intuitiva y autora de *Intuition Workout*, sugiere el siguiente ejercicio para explorar la sabiduría que podemos albergar en el profundo rincón de nuestra sombra:

Paso 1. Piense una profesión que jamás habría elegido y escríbala.

Paso 2. Ahora imagine una persona a la que le encantaría esta profesión y que tenga las dotes necesarias. Imagine que ha realizado este trabajo toda la vida.

Paso 3. Imagínese sentado con esa persona. Pregúntele por qué se le da bien su trabajo. Pídale que describa varias cualidades, características o habilidades que le hacen especialmente apta para esta ocupación (esa ocupación que tú nunca realizarías).

Escriba todo lo que esa persona le diga. ¿De qué forma se pueden aplicar los mensajes que le da esa persona imaginaria al actual dilema al que usted se enfrenta?

Un hombre dijo: «Yo nunca sería un asesino. Pero imaginé a una persona que lo era y esta persona me dijo que en su trabajo debía ser muy preciso e imparcial. Estas dos características eran muy importantes para mí y me ayudaron a resolver algunos problemas en mi trabajo.»

Una mujer decidió que jamás sería luchadora de sumo. En su conversación imaginaria, el luchador le dijo que para ser bueno en la lucha tenías que estar dispuesto a caer al suelo. «Debes estar dispuesto a actuar con el cuerpo, no sólo con la mente —le dijo el luchador—. Tienes que estar dispuesta a caer, a ensuciarte.» Esta información resultó ser muy útil en su vida presente.

Otra mujer realizó el ejercicio de forma algo distinta. Escribió cinco carreras que se había planteado estudiar, pero a las que había renunciado por miedo al fracaso. Dijo que el ejercicio le hizo revivir todos los sueños que había tenido y le dio la oportunidad de enfrentarse a sus miedos, una experiencia muy emotiva. Entonces se dio cuenta de que ella misma se había estado limitando.

Esta clase de ejercicio nos ofrece información proveniente de nuestra sombra, y suele estar sorprendentemente relacionada con cualquier obstáculo en el que estemos trabajando. Siga jugando con una variedad de ocupaciones «inaceptables» para tomar contacto con esta sabiduría.

12

Transformar los obstáculos

Lo importante no es si un obstáculo tiene o no un propósito. Lo importante es mirarlo como si lo tuviera, buscando un valor en lo inesperado.

JAMES HILLMAN[1]

CÓMO CREAMOS LOS OBSTÁCULOS

A veces la vida parece más una carrera de obstáculos que una sucesión de milagros. ¿Y si los obstáculos tuvieran un propósito? En este capítulo veremos cómo creamos obstáculos a base de energía potencial según el modo en que escojamos «mirar» la realidad. También exploraremos nuestras relaciones con los obstáculos y el modo de conectar con su sabiduría.

Los obstáculos forman parte de la vida. Nuestro campo de energía está continuamente abriendo y cerrando canales. De vez en cuando decidimos que queremos movernos en cierta dirección, pero nos bloquea algo que llamamos obstáculo. Por lo general nos enfrentamos a los obstáculos de cuatro formas.

Estas cuatro creencias, expresadas en la siguiente columna, representan el tradicional método lógico, occidental, de resolución de problemas. Aunque es cierto que esta actitud directa y enérgica puede resolver muchos problemas, también es verdad que no siempre da resultado. Sin prescindir de la lógica y la razón, podemos lograr soluciones más ricas y profundas a nuestros bloqueos

Enfoque del sentido común	**Enfoque del sentido no común**
Usted:	Usted:
1. Ve el obstáculo como algo negativo.	1. Está dispuesto a considerar el obstáculo una información significativa más que algo negativo.
2. Cree que el éxito está en resistir hasta verse libre del obstáculo.	2. Busca el propósito del obstáculo, que le ayudará a lograr el éxito. Por ejemplo: ¿A qué necesito prestar atención? ¿Qué actitud necesito cambiar? ¿Es el momento adecuado? ¿Qué he pasado por alto? ¿Hay una salida mejor que la que yo he pensado? ¿Estoy dispuesto a obtener lo que quiero?
3. Considera el obstáculo como un bloqueo exterior que le impide lograr sus deseos o su propósito.	3. Se da cuenta de que el obstáculo externo representa una creencia interna.
4. Cree que puede «arreglarse» utilizando métodos externos de control como la lógica, la objetividad, el pensamiento racional, el dinero o la acción directa.	4. Elimina el obstáculo: Teniendo claro lo que quiere. Siendo receptivo intuitivamente. Estando dispuesto a identificar la creencia que ha creado la idea del obstáculo. Estando dispuesto a emprender una acción. Estando dispuesto a efectuar cambios. Estando dispuesto a renunciar a algo.

buscando el significado simbólico, o sentido no común, en el mismo obstáculo. En lugar de *atacar* el problema, también tenemos la opción de *escuchar* el problema y recibir de él información sobre nosotros mismos.

ALIMENTAR EL PROBLEMA

Piense en alguna de sus preocupaciones o problemas. ¿Siente cómo hace más denso su campo de energía? Su problema puede ser cierta confusión sobre su vocación: «No sé qué me gusta hacer. Me gusta hacer muchas cosas.»

La preocupación alimenta nuestros problemas. Hablar de los problemas una y otra vez les da más poder sobre nosotros. Cuanto más hablamos, más nos parecen una barrera sólida que nos impide encontrar o crear algo que de verdad nos satisfaga.

A casi todos se nos da muy bien concentrarnos en las cosas que nos dan miedo, más que en las cosas buenas que nos pueden ocurrir. Reflexione un momento sobre las catástrofes que todos los días imagina (Jamás podré jubilarme. Nunca encontraré un compañero. Sé que me van a abandonar. No me van a renovar el contrato. No creo que aquí encuentre ningún cliente. La competición es brutal. No puedo más). Cada vez que se sorprenda en este hábito de pensar en situaciones negativas, recuerde el principio: *Aquello que piensas, se expande.* Intente abandonar estos pensamientos negativos en cuanto los advierta. Póngase la palma de la mano en el abdomen, respire y pregúntese: «¿De qué tengo miedo ahora mismo? ¿Qué necesito hacer en este momento para volver a conectar con mi centro?» Intente detener los pensamientos negativos, las frases negativas, las suposiciones negativas. Imagine que quiere neutralizar la energía de su mente y evocar el recuerdo de algo que le anime. Aprender a detener el pensamiento negativo sin aferrarnos a la duda, la culpa, el miedo y la crítica requiere práctica continua, como la gimnasia para fortalecer nuestros músculos.

Si queremos recorrer con éxito el camino de nuestra vida, debemos aprender a manejar los problemas, los reveses y los obstáculos. Al crecer espiritualmente, comprendemos que nuestros pensa-

> **«Casi siempre intentamos ignorar las alteraciones, hasta que el corazón nos llama la atención sobre ellos indicando que posiblemente sean importantes, que posiblemente sean necesarios.»**
>
> ***James Hillman*[2]**

mientos e intenciones dirigen el flujo de nuestra energía, y reconocemos que las sincronicidades e intuiciones nos guían cuando lo necesitamos. También sabemos que nuestra eficacia en el mundo externo depende del trabajo interior —con nuestras actitudes y percepciones—, de modo que los problemas se tornan menos inmutables y desalentadores al concentrarnos en nuestro proceso interno. Esta perspectiva nos ofrece la posibilidad de elegir nuestras opciones y de fortalecernos. Podemos ver en los obstáculos la oportunidad de crecer y desarrollarnos. Sin embargo, este cambio de modo de pensar y de comportamiento no se consigue de la noche a la mañana, sino que requiere una práctica constante.

Problemas «reales»

¿Y los problemas «reales», como la pérdida de un trabajo o la falta de medios para alimentar a la familia? A veces la gente pregunta: «¿Provoqué yo la quiebra de mi empresa? ¿Provoqué yo el fallo en el motor de mi coche?» Cuando sufrimos accidentes, nos vemos obligados a asimilarlos. El modo en que los asimilemos, las decisiones que tomemos en torno a estos sucesos, es lo que determina nuestra realidad subjetiva o interior. Tal vez no hayamos creado conscientemente una enfermedad, pero sí creamos el modo de verla, de sentirla y de trabajar con ella.

Es contraproducente asumir que hemos creado todos los reveses de nuestra vida, como si hubiéramos decidido conscientemente que así fuera. Este modo de pensar lleva al sentimiento de culpa o la desesperación. Sin embargo, si estamos dispuestos a reconocer que sostenemos ciertas creencias que han creado nuestra situación, se enriquecerá nuestro punto de vista y nuestra forma de enfrentarnos a los obstáculos.

Pensamiento dual

Los obstáculos surgen cuando sólo vemos ante nosotros opciones limitadas. ¿Recuerda la última vez que se debatió intentando decidir entre dos opciones? ¿Cómo se resolvió el problema? A veces ambas opciones nos llevarán a experiencias fructíferas, o podría suceder que estemos bloqueados porque sabemos intuitivamente que ninguna de ellas es la respuesta correcta. A menudo, cuando creamos una opción dual, este balancín tiene una curiosa utilidad. Nos bloquea de modo que, al vernos entre la espada y la pared, debemos buscar una tercera opción que no habíamos considerado en principio. Lo más probable, si no puede decidirse ante un dilema, es que ninguna de las dos opciones sea la correcta. Yo he descubierto que con el tiempo suele aparecer una tercera opción. Si usted trabaja *con* las circunstancias, llegará a lugares a los que no habría llegado por sí solo. Imagine por un momento que su obstáculo es un aliado.

> **«El futuro no tiene por qué ser una repetición del pasado. Muchas veces nos vemos atrapados por una imaginación pobre que sólo concibe el futuro reorganizando eventos o experiencias pasadas y conocidas. Los intentos persistentes de explicar lo desconocido en términos de lo conocido puede llevarnos a la ciega repetición de patrones insatisfactorios que limitan el crecimiento y disminuyen las posibilidades.»**
>
> ***Frances E. Vaughan*** [3]

Recuerde que este obstáculo es en cierto modo el resultado de una creencia o forma parte del proceso de su vida. ¿Está dispuesto a creer que tiene un propósito?

Mantener vivos los traumas pasados disminuye la fuerza interior

En el capítulo 11 estudiamos de qué forma perdemos energía en varios procesos de pensamiento. Para aprender a transformar los obstáculos, necesitamos asegurarnos de que no estamos perdiendo nuestras ideas creativas a través de viejos traumas. El obstáculo de Sara, por ejemplo, era que nunca se atrevía a pedir un aumento a su jefe. «A los seis años abusaron de mí —racionalizaba ella—, de modo que ahora me cuesta enfrentarme a hombres mayores.» John, que estaba al borde de la bancarrota, justificaba su falta de control diciendo: «Mi

> **Un problema, y la ocasión de trabajar *con* él y *a través* de él, es paradójicamente el camino del crecimiento espiritual.**

padre era tan rígido que nunca nos divertimos. Yo me prometí que en cuanto pudiera disfrutaría de la vida.»

Cuando basamos nuestra identidad en sucesos negativos del pasado, nos enfrentamos al presente con la energía bloqueada y con creencias petrificadas que limitan las nuevas opciones.

Obstáculos familiares

Si usted tuvo una infancia muy conflictiva, tal vez todavía esté programado para ver problemas en todas partes. Inconscientemente recrea la atmósfera tensa de su primer entorno porque le resulta familiar. Los problemas pueden ser a veces un modo de perpetuar los sentimientos conocidos de nuestra infancia, aunque racionalmente esto parezca contraproducente. Por ejemplo, si sus padres eran ansiosos y se preocupaban mucho por cualquier problema, como niño usted no tuvo más remedio que asumir que aquél era el modo de ser normal. Si llamábamos la atención solucionando problemas en la infancia, es probable que hoy en día todavía busquemos de esa forma la autoestima. De igual manera, si de niños llamábamos la atención *teniendo* problemas, inconscientemente seguiremos creando y empleando los problemas para llamar la atención. Crear continuamente problemas es una forma de evitar dar paso alguno hacia nuestro propósito en la vida.

> **«La sombra se nos manifiesta como una punzada en el costado, una persona o evento que aparece para bloquear nuestra expansión, nublar nuestra alegría y arruinar nuestros planes. La sombra se nos manifiesta en la zona de nuestra mayor ceguera, una zona de inferior desarrollo en la que somos menos capaces de defendernos, una zona en la que somos menos sutiles y menos diferenciados.»**
>
> ***John P. Conger*** [4]

Construir, construir, construir obstáculos

Un día estaba trabajando con una cliente sobre sus planes profesionales. Ella comenzó diciendo que había estado de baja y que le provocaba ansiedad la idea de volver a su anterior trabajo como terapeuta. Pero sabía que tenía que trabajar sobre ciertos obstáculos antes de hacer nada. En cuanto dijo esto, le sugerí que examinara su suposición de que había obstáculos ante ella. La mujer guardó silencio unos segundos y luego se echó a reír. Reconoció de inmediato que siempre había creído en el trabajo, en los obstáculos y en que todo se lo tenía que ganar con esfuerzo. Al fin y al cabo el propósito de su vida era ser *terapeuta ocupacional*, es decir, ayudar a la gente a trabajar, trabajar, trabajar para alcanzar su lugar en este mundo. Más tarde me escribió que su trabajo había afectado muy profundamente su visión de sí misma y su situación. En su caso, el momento para aquella transformadora percepción fue perfecto. Estaba preparada para dar el paso adelante.

Ocultarnos tras los obstáculos

A veces preferimos ver un obstáculo para no tener que dar ningún paso. Renunciamos voluntariamente a nuestra fuerza. El obstáculo nos proporciona una buena excusa para no enfrentarnos a nuestra verdad. Mucha gente se aferra a su confusión, sin permitirse nunca dar un paso hacia el cambio porque nunca es «el momento oportuno». Si usted piensa que tal vez se esconde detrás de sus «limitaciones» (por ejemplo: «No tengo bastante dinero para estudiar informática»), no está solo. La mayoría de nosotros se resiste al cambio.

CREAR RELACIONES CON NUESTROS OBSTÁCULOS

Si no da resultado con usted, no dará resultado con los demás

Cuando algo no da resultado, solemos insistir en ello.

Si existe un problema entre otra persona y usted, debe darse cuenta de que es necesario un cambio interno. Debe estar dispuesto a aceptar que la situación ha surgido por una razón. Si usted no se siente a gusto con alguien, el sentimiento suele ser mutuo. Si algo no funciona para una persona, tampoco funciona para la otra. Cuántas veces le han dicho: «Vaya, me alegro de que menciones eso. Yo también me sentía así.» Yo viví una experiencia similar, relatada en el capítulo 1, cuando trabajaba como asesora financiera y las cosas iban de mal en peor.

La situación no marchaba ni para mí, ni para mis clientes ni para mi colega.

El enfoque no común

En lugar de calificar automáticamente de «malo» e intentar soslayar el obstáculo al que nos enfrentamos, pensemos en él como una masa de energía. Es un patrón de energía que ha surgido en nuestro campo. De momento no podemos ver a través de él ni en torno a él. Sin embargo lo hemos atraído a nuestra vida. Si volvemos al principio de que todo tiene un propósito, debemos asumir que también nuestro obstáculo tiene un propósito.

Tal vez si lo afrontamos intuitivamente, buscando un mensaje, podamos ver el germen de una solución. Tal vez veamos qué necesitamos cambiar de nuestro modo de pensar para obtener un resultado incluso mejor del que esperábamos al principio. Para trabajar con un obstáculo necesitamos asumirlo. Nuestra intención, en este caso, es entablar una relación con él.

¿Quién sabe si es bueno o malo?

La labor del ego es ayudarnos a sobrevivir, mantener el control y ofrecer seguridad. Nuestro ego es nuestro sentido de identidad, distinto de nuestro sentido de conexión con Todo-lo-que-Es. Para comprender y mantener su integridad, el ego está constantemente evaluando en términos de bueno o malo. No nos gusta que se nos estropeen los planes, no nos gusta que los eventos que no podemos dominar nos tomen por sorpresa. Aunque el ego es un patrón de energía necesario, debemos ver más allá de sus límites, donde conectamos con el campo de energía universal. Al hacernos conscientes de que formamos parte de un plan cósmico, aprenderemos lo mucho que nos limitamos al juzgar precipitadamente si un retraso o un revés juega o no a nuestro favor. El psicólogo Frances E. Vaughan recuerda una conocida leyenda zen que nos enseña el valor de una actitud abierta ante los problemas:

> Un granjero que acababa de comprar un semental acudió disgustado a su maestro de Zen diciendo: «Maestro, el caballo se ha escapado.» El maestro contestó: «¿Quién sabe si es bueno o malo?»

> El granjero volvió a su trabajo triste y decaído. Dos días más tarde el semental volvió con dos yeguas. El granjero, loco de alegría, volvió a su maestro diciendo: «El caballo ha vuelto y ha traído dos yeguas.» El maestro replicó: «¿Quién sabe si es bueno o malo?» Tres días más tarde el granjero estaba de vuelta, llorando porque su único hijo, el que le ayudaba en la granja, se había caído de una de las yeguas y se había partido la espalda. Ahora estaba escayolado y no podía trabajar. El maestro volvió a replicar: «¿Quién sabe si es bueno o malo?» Unos días más tarde llegó un grupo de soldados reclutando a todos los jóvenes de la zona para luchar en la guerra. Puesto que el hijo del granjero estaba escayolado, no se lo llevaron.[5]

Durante una semana, intente utilizar esta frase ante cualquier suceso: ¿Quién sabe si es bueno o malo?

Mantener la responsabilidad pero no identificarnos con el obstáculo

Al enfrentarnos a los obstáculos, volvemos a encontrarnos con una paradoja: el problema es nuestro y somos nosotros quienes debemos manejarlo, pero a la vez el problema no es la totalidad de lo que somos. Lo mejor es comprender que un obstáculo ha aparecido con un propósito en nuestro campo de energía, pero debemos tener cuidado de no identificarnos con él hasta el punto de quedar encerrados dentro de sus limitaciones. Advierta cómo su mente lo define para solidificar y dar forma a lo que es, esencialmente, una masa de energía. La mente funciona definiendo y dando forma a la energía con la esperanza de poder dominarla. Muchas veces, al pensar en un problema o una preocupación, nos identificamos con el problema como si fuera una parte de nosotros mismos. Podemos decir: «Sí, yo soy así. Ahora mismo tengo este problema», o «Siempre he sido así. Siempre he tenido este problema».

El contenido específico de los problemas puede abarcar todos los aspectos de la condición humana. Un problema concreto podría ser: «Quiero ganar más dinero y divertirme más, pero no sé cómo efectuar un cambio. ¿Por dónde empiezo?» Podemos enfrentarnos a un gran conflicto o a varias circunstancias que nos limiten.

También podemos sentirnos atrapados, prisioneros de un defecto o imperfección personal. En este caso creemos que nosotros

«¿Te ha ayudado el exilio? ¿Has encontrado fuerzas en él?»
«Sí, sin duda. Y te diré por qué. Cuando, en algún momento de nuestra vida, nos enfrentamos a una tragedia real (que puede sucedernos a cualquiera de nosotros) reaccionamos de dos formas. Evidentemente podemos perder las esperanzas, dejarnos hundir en el abatimiento, en las drogas, el alcohol o en una tristeza infinita. O también podemos despertarnos, descubrir en nosotros una energía oculta y actuar con más claridad, con más fuerza.»
Su Santidad el Dalai Lama [6]

somos el problema. Podemos pensar que somos viejos e indeseables, demasiado obesos, poco sociables, sentirnos invisibles, etc. Ésta es la mentira que nos contamos para no tener que dejar nuestra zona de comodidad.

Nuestros pensamientos sobre el problema lo concretan. Como nos parece totalmente real, lo aceptamos como un hecho, lo cual provoca que sigamos reaccionando ante él. En lugar de esto, intente ser consciente de cómo da forma a su energía potencial para convertirla en «problemas» o «conflictos». Pregúntese: «¿Por qué he definido esta situación como un problema?» Nuestra realidad se nos manifiesta de determinada forma porque en nuestro interior estamos identificados con ella.

Conviértase en su observador

Advierta que está leyendo estas páginas y decidiendo si estas ideas son ciertas o no. Una parte de usted, el Observador, está continuamente contemplándose. El Observador es su ser eterno e inmutable. El Observador no tiene problemas. El Observador simplemente *es*. Es su Yo central que existe dentro del flujo universal de energía.

Imagine que el Observador existe en el espacio al final de esta frase.

Advierta que el Observador existe por la mañana, cuando se despierta, y antes de que recuerde sus problemas. Advierta que el Observador es libre y no le afectan los eventos, emociones o preocupaciones sobre el propósito de su vida.

Si usted explora sus obstáculos desde el punto de vista del Observador, es probable que libere energía creativa de la misma forma que cuando hacemos un viaje y «desconectamos de todo» durante un tiempo. Si observamos nuestros problemas desde cierta distancia —ya sea interna o externamente, tomándonos unas vacaciones—, ganaremos perspectiva. Observe por un momento una de sus creencias limitadoras, como: «Nunca tengo tiempo libre» o «Debería haber llegado mucho más lejos». Advierta con qué facilidad condensa energía en la creencia. Advierta que ha creado un patrón negativo de energía con su decisión de ver un problema en concreto. ¿Dónde estaba esa energía antes de que usted la creara?

Crear un pensamiento negativo requiere más energía que crear uno positivo. Lo cierto es que a medida que nos hacemos más conscientes, resulta más difícil emitir comentarios negativos. Nos apartamos naturalmente del hábito de gastar energía en la negatividad. Con cada nueva percepción o revelación, disponemos de más energía psíquica, que de forma natural aumenta la intuición y el flujo sincronístico. Comience a observar cómo da forma a la energía potencial, bien en creencias positivas o en preocupaciones negativas. Ser negativos pone nuestra cuenta de energía en números rojos.

Recuerde que el Observador es el centro, su esencia eterna. El Observador no es lo mismo que el acto de disociarnos de un evento para alejarnos de los sentimientos dolorosos. La disociación es un mecanismo de defensa creado para negar el trauma de un suceso. El Observador, en cambio, es el Yo que existía antes de que naciéramos y el Yo que existirá cuando abandonemos nuestro cuerpo.

Acepte el obstáculo y aprenda a amarlo como el maestro perfecto

Natalie Goldberg, en su libro *Long Quiet Highway*, cuenta cómo quería convencer a su maestro de Zen para que le permitiera asistir al período de entrenamiento, aunque no podía acudir a la charla del lunes por la noche. Pasó horas pensando cómo convencer al roshi.

> Comencé a recitar mis tácticas cuidadosamente planeadas. Cuando no había dicho más que un par de frases, él se volvió para mirar por la ventana. Me sentí ridícula, pero seguí hablando hasta que terminé. No sabía qué otra cosa hacer. Finalmente él me miró.

—¿Qué quieres?

—Quiero asistir al período de prácticas de otoño, pero los lunes por la noche tengo que dar clase y no puedo venir a la charla —contesté yo.

—Daré la charla los martes por la noche.

—¡No puede hacer eso! —exclamé sobresaltada.

—¿Por qué no? ¿No me has dicho que no puedes venir los lunes?

—Así es.

Él abrió su agenda.

—Sí, puedo dar la charla los martes.

Me marché desconcertada... Aquel hombre estaba vacío. Roshi estaba vacío. No era mejor o peor que yo, no era maestro de Zen. Sin tiempo, no era el pasado dictando el presente. En aquel momento venía de la nada. No tenía identidad. No había jerarquía.[7]

PRINCIPIOS Y PRÁCTICAS PARA TRABAJAR CON LOS OBSTÁCULOS

Para trabajar creativamente con los obstáculos y aprender sus lecciones, debemos utilizar los mismos principios que aprendimos para cumplir el propósito de nuestra vida. Escriba estos principios en tarjetas que pueda tener a mano en momentos de tensión.

- *Preste atención al momento presente.* Si está preocupado, está viviendo el pasado o el futuro. Si se hunde en su problema, ha perdido contacto con su centro y su consciencia no vive el presente. Usted no está presente. Para recuperar su centro, concéntrese en su respiración unos minutos.
- *Preste atención a las señales de su cuerpo.* Un sentimiento de felicidad, el cuello rígido o la sensación de vértigo en el estómago son señales intuitivas sobre la dirección en la que uno camina. Preste atención cada vez que sienta una pérdida de energía. Para recuperar su centro, póngase la palma de la mano en el plexo solar y ordene a su energía que caiga hacia su zona pélvica.
- *Tenga claro lo que quiere.* Recuerde su propósito y prioridades. Escriba cualquier problema que tenga en un papel y

pida ayuda para resolverlo. Confíe en que la solución está en camino.

- *Preste atención a las coincidencias.* Observe si los eventos le indican, en general, un sí o un no.
- *Debe estar dispuesto a ver la verdad en lugar de tolerar algo que no le lleva a ningún sitio.* Es su vida. Pregúntese: ¿Qué quiero sentir, en último término? ¿Qué intento conseguir? ¿Qué es verdad para mí? (En lugar de: ¿Qué debería hacer para complacer a los demás?)

Meditación de símbolos. Buscar la respuesta en el interior

Intente esta sencilla meditación para explorar las lecciones que su obstáculo puede enseñarle. Busque un lugar tranquilo donde no le interrumpan. Puede serle útil la música de meditación. Lea las instrucciones y luego cierre los ojos y permita que surjan las imágenes. En cuanto termine, anote la información recibida.

Cierre los ojos, respire hondo unas cuantas veces y relaje su cuerpo unos minutos. No se apresure.

Cuando esté relajado, pida que su obstáculo aparezca como un símbolo. Si no surge nada, finja que su obstáculo se parece a algo.

Luego plantee a ese símbolo cuatro preguntas:

¿Cuál es tu propósito en mi vida?

¿Cuál es la creencia que ha provocado que surjas en mi vida?

¿Qué me estás enseñando?

¿Qué necesito saber o pensar para avanzar?

Manténgase concentrado en el símbolo. Cuando plantee la última pregunta (¿Qué necesito saber o pensar para avanzar?) imagine que ve otro símbolo, palabra, color o patrón de energía, dentro del primer símbolo o emergiendo de él. Está pidiendo que se le muestre la solución *ya presente* en su problema.

Intente liberar cualquier necesidad de mantener el problema, evite alejarse o darle la espalda. Termine la meditación inundando su símbolo de brillante luz blanca y dejando que se disuelva de nuevo en la energía potencial creativa universal.

De momento su labor ha terminado. No vuelva a pensar en ello y durante un rato dedíquese a algo que le relaje y le divierta.

Los símbolos nos dan respuestas

Janice realizó la anterior meditación. El problema que ella trató era que necesitaba un coche para trasladarse a la ciudad donde pensaba que debía buscar trabajo. Su símbolo del problema era un enorme agujero negro en el suelo. Cuando preguntó el propósito del problema, su guía interior dijo: «Ya estás en el lugar adecuado.» Aquello la sorprendió, porque Janice vivía fuera de los límites de la ciudad, en una zona muy deprimida donde no imaginaba cómo podría ganarse la vida.

La segunda pregunta (¿Qué creencia ha provocado este obstáculo?) obtuvo como respuesta: «Tú crees que naciste en los barrios bajos por ciertas cosas que te dijeron a temprana edad y que tú atribuiste a esa idea.» Después de reflexionar, Janice dijo que siempre había aceptado que era en cierto modo inferior porque nunca había tenido las ocasiones que los demás parecían tener. Su creencia raíz era que estaba destinada a ser pobre toda la vida. Al recrear esta creencia original había supuesto, sin cuestionárselo, que tendría mejor suerte en cualquier otro lugar. Esta creencia interna de que había nacido para ser menos que cualquier otro se había convertido en un hecho aceptado en la realidad de Janice.

Cuando Janice preguntó qué le estaba enseñando aquel obstáculo (no tener coche), oyó por fin: «Deja que vengan a ti.» Al principio no entendió qué significaba, pero de todas formas lo escribió en su diario, esperando comprenderlo más adelante.

La última pregunta (¿Qué necesito saber o pensar para avanzar?) engendró los siguientes símbolos: una bola de alambre de espino que se desenmarañaba y dos banderas que salían del agujero negro del primer símbolo. «No tenía ni idea del significado de esto —contaba Janice—. Pensé que sencillamente no estaba obteniendo ninguna información para conseguir un coche. Pero al cabo de unos meses miré mi diario y me eché a reír. Cuatro meses después de esta meditación, me encontré en la lavandería con una mujer que buscaba a alguien que trabajara para ella. Tenía una granja de perros muy cerca de mi casa. Lo primero que tuve que hacer fue ayudar a reconstruir la cerca del corral de los perros. Enfrente de la casa había dos banderas de cuadros. Me encanta trabajar con animales y soy mucho más feliz así que trabajando en una oficina o de camarera en la ciudad. Yo creo que tenía que aprender que no existe ninguna razón para pensar que tengo que fracasar en la vida porque en mi infancia fui pobre. Cuando recuerdo esto, tengo la sensación de que hay una puerta abierta ante mí.»

La historia de Janice muestra que aunque no comprendamos en el momento su significado, los símbolos contienen información útil referente al estado de nuestra consciencia. Además, la energía psíquica que invertimos en nuestra búsqueda de información forma parte de la intención que manifiesta nuestra solución. No tenemos que ver con absoluta claridad lógica lo que necesitamos hacer, sino confiar en que se nos darán las oportunidades para tomar decisiones coherentes con nuestros deseos profundos. La actividad mental que más puede ayudarnos es la persistente atención a nuestras creencias raíces.

Resistencia

Imagino que a estas alturas su resistencia natural a todas estas ideas está saliendo a la superficie. No se sorprenda si piensa algo como: «Ya, para ella es muy fácil hablar, pero ella no tiene mis problemas. Mis problemas no desaparecerán tan fácilmente.» Debe saber que, al trabajar con los problemas, uno de los mayores obstáculos es la resistencia al cambio. El físico David Bohm nos indica que no debemos etiquetar un estado psicológico como un «problema» si contiene presuposiciones contradictorias (por ejemplo: «Quiero tener éxito, pero no puedo porque no soy apto para ello»). Bohm considera este estado de conflicto interno como una paradoja, que no puede ser tratada como un simple problema a resolver. La paradoja, por definición, nos impide enfrentarnos a la insoportable creencia raíz. Bohm escribe:

> «Generalmente cuando algo va mal psicológicamente es desconcertante describir la situación resultante como un "problema". Mejor sería decir que nos enfrentamos a una paradoja. En el caso del hombre susceptible a los halagos, la paradoja es que aparentemente sabe y comprende la absoluta necesidad de ser sincero consigo mismo y aún así siente una "necesidad" más fuerte de engañarse cuando esto le ayuda a liberarse de una insoportable sensación de inadecuación y a sustituirla por un sentimiento de bienestar in-

terior. Lo que hace falta en este caso no es un procedimiento que "resuelva el problema", sino pararse y prestar atención al hecho de que sus pensamientos y sentimientos están dominados por un conjunto de demandas o "necesidades" contradictorias, de modo que mientras prevalezcan estos pensamientos y sentimientos, no hay forma de solucionar la situación. Hace falta mucha energía y seriedad para mantener la consciencia de este hecho, en lugar de "escapar" permitiendo que la mente se concentre en cualquier otro tema. Esta atención, que va mucho más allá de lo meramente verbal o intelectual, puede traer a la conciencia la raíz de la paradoja y así la paradoja se disuelve cuando se ve, se siente y se comprende con claridad su nulidad y su absurdo.»[8]

Suele pensarse que no se puede liberar una creencia profunda de la noche a la mañana. Puede ser cierto o no. Estamos condicionados para creer que debemos trabajar arduamente para efectuar cambios. Sin embargo debemos recordar que nuestro vocabulario colectivo incluye ahora la expresión «salto cuántico». También tenemos una nueva idea colectiva que dice: «Yo creo mi propia realidad.» Incluso la ciencia moderna nos dice que el tiempo y el espacio no existen en realidad y que la intención se comunica de forma instantánea. Así pues, debemos permanecer abiertos. Cuando hayamos experimentado algunas sincronicidades, tal vez creamos de verdad que todo es posible.

Escritura automática

Si usted siente más cómodo captando su intuición a base de escribir en lugar de meditar, utilice el método de escritura automática. Utilice las mismas cuatro preguntas de la meditación de símbolos de la página 285 y luego deje que surjan las respuestas. No censure ningún pensamiento. Deje que su mano comience a escribir cualquier palabra y permita que las palabras fluyan sin intentar controlar el mensaje. Cuando su inconsciente compruebe que realmente desea esa información, le sorprenderá la cantidad de información que recibe intuitivamente y cuántas nuevas oportunidades surgirán en el mundo exterior. Con el tiempo, vivirá todo tipo de coincidencias inesperadas.

Mapa mental

Otra forma muy poderosa de explorar su obstáculo es utilizar una técnica sencilla llamada «mapa mental», desarrollada a principios de los años setenta por Tony Buzan. Intente trazar un mapa de las distintas facetas de su obstáculo.

En el centro de una hoja escriba la definición de su obstáculo, tan brevemente como sea posible. Encierre la definición en un recuadro.

Dibuje una línea que salga del recuadro hacia arriba, y otra línea horizontal. En la vertical escriba «Objetivos», y en la horizontal los objetivos que quieras lograr. Anote tantos objetivos como desee, cada uno en una línea horizontal.

Desde la parte de abajo del recuadro, dibuje otra línea vertical, en la que escribirá «Raíces de mi problema». Trace tantas líneas horizontales como quiera para anotar las raíces de su problema.

Del lado izquierdo del recuadro dibuje una línea que titulará «Creencias que sostengo sobre mi obstáculo». Trace una línea horizontal para cada creencia que descubra.

De la parte derecha del recuadro saldrán dos líneas. Una titulada «Cosas que comprobar» y otra «Cosas que hacer».

Puede crear su propio patrón para hacer el mapa mental del obstáculo. No hay una forma correcta o incorrecta de hacerlo. Puede trazar un mapa separado para las cosas con las que quiere experimentar o hacer para solucionar su problema. Cada día puede realizar un mapa de tareas que quiere hacer, subrayando las que hará con seguridad. Cada vez que finalice una tarea, márquela con otro color.

Recordatorios para atraer soluciones

Si desea avanzar aunque le dé miedo moverse, considere las siguientes ideas:

- *Averigüe qué teme que ocurra si desaparece el obstáculo.* Una mujer contaba que no daba abasto con su negocio, pero no estaba dispuesta a contratar a nadie para que la ayudara ni siquiera un día a la semana. Al cabo de cierto tiempo descubrió que su creencia raíz era que montar un negocio era

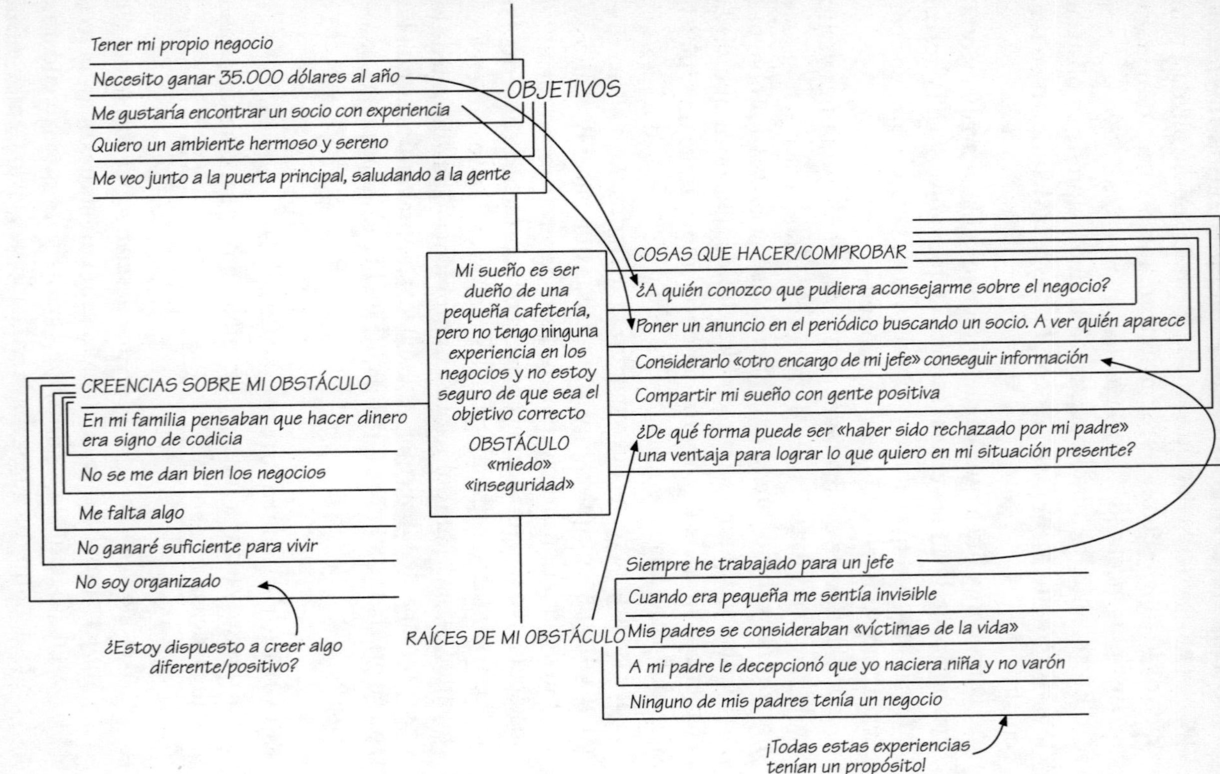
MAPA MENTAL DE SU OBSTÁCULO
OBJETIVOS
Tener mi propio negocio
Necesito ganar 35.000 dólares al año
Me gustaría encontrar un socio con experiencia
Quiero un ambiente hermoso y sereno
Me veo junto a la puerta principal, saludando a la gente
Mi sueño es ser dueño de una pequeña cafetería, pero no tengo ninguna experiencia en los negocios y no estoy seguro de que sea el objetivo correcto
OBSTÁCULO «miedo» «inseguridad»
COSAS QUE HACER/COMPROBAR
¿A quién conozco que pudiera aconsejarme sobre el negocio?
Poner un anuncio en el periódico buscando un socio. A ver quién aparece
Considerarlo «otro encargo de mi jefe» conseguir información
Compartir mi sueño con gente positiva
¿De qué forma puede ser «haber sido rechazado por mi padre» una ventaja para lograr lo que quiero en mi situación presente?
CREENCIAS SOBRE MI OBSTÁCULO
En mi familia pensaban que hacer dinero era signo de codicia
No se me dan bien los negocios
Me falta algo
No ganaré suficiente para vivir
No soy organizado
¿Estoy dispuesto a creer algo diferente/positivo?
RAÍCES DE MI OBSTÁCULO
Siempre he trabajado para un jefe
Cuando era pequeña me sentía invisible
Mis padres se consideraban «víctimas de la vida»
A mi padre le decepcionó que yo naciera niña y no varón
Ninguno de mis padres tenía un negocio
¡Todas estas experiencias tenían un propósito!

arriesgado. En su familia nunca había habido ningún empresario. Ella tenía miedo de contratar a otra persona porque eso habría aumentado su *riesgo percibido*.

- *Siempre puede tomar otra decisión mañana*. Si el miedo le paraliza, haga algo. Una cosa que sabemos con certeza es que la vida cambia constantemente. A veces es preferible tomar cualquier decisión en lugar de seguir esperando hasta estar totalmente seguros.
- *Confíe en que el resultado será incluso mejor de lo que deseaba*. ¡Calma! Recuerde que no tienen que controlarlo todo o a todos. ¡Qué alivio!

> **«Mantener una actitud juguetona puede parecer al principio inapropiada para resolver problemas, pero la resolución intuitiva de problemas es básicamente un proceso creativo y se activa más fácilmente cuando se suspende el juicio crítico.»**
> ***Frances E. Vaughan*** [9]

Cuanto más relajado y espontáneo pueda ser en su consciencia diaria, con más facilidad desbloqueará la energía paralizada. Recuerda que el trabajo con sus fuerzas internas es un proceso y que las respuestas surgen inesperadamente *con el tiempo*. Su labor no se limita a la meditación o la escritura. El viaje hacia su solución es su camino de descubrimiento espiritual.

Finalmente, es importante que no espere avanzar con una velocidad para la que no está preparado. Tenga paciencia y confíe en que cada vez que trabaje con su mundo interior, las cosas cambiarán en el exterior.

HISTORIAS DE SUPERACIÓN DE OBSTÁCULOS

Vamos a conocer a tres personas que han vivido dejándose guiar por su intuición. Todas se han enfrentado a grandes reveses y obstáculos. Hoy en día las tres pueden contemplar sus bien ganados triunfos y atestiguar el valor de las sincronicidades y la intuición que les guió paso a paso. La historia de Karen McCall nos muestra cómo las privaciones en su temprana infancia y sus posteriores dificultades económicas la llevaron a dominar el comportamiento derrotista y a ayudar a otros a superarlo. No sólo logró el equilibrio económico, sino que su lucha la ayudó a desarrollar todo un campo nuevo de asesoría financiera. En la segunda historia, Angela (no es su nombre auténtico) nos cuenta cómo llegó a asimilar la traición y el dolor. En la última historia veremos cómo la sincronicidad hizo avanzar a Philippa cuando estaba en su momento más oscuro.

Convertir la adversidad en la labor de una vida

«La intuición y la sincronicidad han sido constantemente mis guías en mi camino profesional —cuenta Karen McCall, fundadora y directora de Financial Recovery, una asesoría de San Anselmo, California—. En 1986 trabajaba en una gran empresa de hardware informático. Tenía un puesto seguro, un coche de la empresa, beneficios, todo. El único inconveniente era que no me gustaba el trabajo. Pero tampoco se me pasaba por la cabeza dejarlo. Sabía muy poco de ordenadores y siempre tenía la sensación de que "me iban a descubrir".

»Comencé a tener problemas de estómago y caí en una depresión. No podía soportar ir al trabajo, y empecé a faltar, cosa que me resultaba fácil porque me dedicaba a hacer ventas fuera de la empresa. Después de acudir a un terapeuta, me dieron la baja. Durante ese período me apunté a una clase de orientación profesional. Me preguntaba qué me gustaría hacer, qué podría hacer.»

Lo que sucedió antes de este punto de transición en la vida de Karen fue crucial para la respuesta a estas preguntas.

«Mi mejor maestro ha sido el dinero. Y también mi mayor problema. Cuando era pequeña me pasaba mucho tiempo sentada en el suelo de la casa de mi abuela mirando una por una todas las páginas del catálogo de Montgomery Ward y fantaseando sobre lo que compraría del catálogo para arreglar las vidas de los miembros de mi familia. Mis abuelos, por ejemplo, no tenían instalación de agua en la casa, de modo que yo pensaba en los elementos del cuarto de baño que compraría. Uno de los patrones de comportamiento de toda mi vida han sido mis fantasías de arreglar la vida de otras personas. No sabía cómo centrarme en mis propias necesidades.

Este desconocimiento de mí misma me provocó el comportamiento compulsivo de gastar dinero en otras personas (regalos caros para mis hijos o mis amigos, ropa para mostrarme aceptable y atractiva ante los demás). Puesto que estaba siempre intentando impresionar a los demás o cuidarlos, no sabía cómo cuidarme a mí misma. Durante años no tuve ni idea de que me comportaba de esta forma.

»El evento catalizador sucedió un día que estaba comprando en Saks Fifth Avenue con mi tarjeta American Express. Estaba en el mostrador de cosmética Chanel, comprando maquillaje, cuando la dependienta me pidió el carnet de identidad. Le habían notificado que yo había gastado más de 1.300 dólares con la tarjeta en una hora, y sospechaban que podía ser robada.

»Me había puesto a gastar dinero a lo loco porque tenía una cita. Me había comprado un traje de noche de seda negra con un bolso de brillantes, y no tenía ni idea de lo que llevaba gastado. Y ninguna de aquellas compras mejoraría el estado de privación en el que vivía, ya que no tenía ni muebles en mi apartamento y cenaba comida rápida o cereales en el mostrador de mi cocina, sentada en una escalera. La razón de que no tuviera muebles era que un par de años atrás, en un desesperado intento de reunir dinero para pagar los impuestos, había vendido todas mis pertenencias.

»Después de esta llamada de atención en Saks, me di cuenta de que tenía un problema. Hasta entonces me parecía normal sentirme abrumada por mis acreedores, vivir al día y tener aquel sentimiento de culpa.

»Tuve suerte. Encontré por coincidencia un grupo de autoayuda donde descubrí, en primer lugar, que no estaba sola. Empecé a entender que mi comportamiento con el dinero tenía una componente emocional, que me estaba engañando y que podía cambiar mi vida.

»Realicé serios esfuerzos por controlar mi economía y hacerme más consciente de mis comportamientos adictivos. Al cabo de un par de años asistí a un seminario para mujeres empresarias. La conferenciante expresó algunas ideas con las que yo estaba en completo desacuerdo y de pronto me sorprendí pensando: Yo daría una charla totalmente distinta. Entonces me di cuenta de lo que quería decir, y me emocioné muchísimo. Mientras volvía a casa, estaba escribiendo con tanto ahínco en mi cuaderno que cuando el autobús llegó al final de la línea el conductor tuvo que avisarme de que me había pasado mi parada.

»Así pues, de pronto se me había ocurrido que quería dedicarme a la práctica privada, aconsejar a la gente la mejor forma de controlar sus gastos prestando atención a las razones emocionales que, de forma inconsciente, dominaban su comportamiento. Después de haber pasado por penurias económicas, por el hábito de gastar demasiado, por las deudas crónicas, tenía muy claro lo que quería. Gracias a mi propio trabajo sabía que no tenemos que sufrir toda la vida si tenemos deudas y nos sentimos despreciables por ello. Siempre podemos hacer algo.

»Sabía instintivamente que mi sistema funcionaría, pero me daba vergüenza decirlo. Al principio mi idea de ser asesora financiera me parecía tan grandiosa que tenía miedo de que me tacharan de loca. Yo creo que mi intuición me ayudó impulsándome a comentar la idea a dos personas que me dieron todo su apoyo. Después de escucharme, mi amigo John me sugirió incluso el nombre de mi negocio. "Lo que tú quieres es dedicarte a la recuperación financiera", me dijo. Y mi amigo Theo me ofreció de inmediato su ayuda. Desde entonces, estoy en mi camino.»

El trabajo de una persona nos afecta a todos

Karen tiene ahora un negocio floreciente. Este tipo de asesoría financiera que tiene en cuenta las creencias y emociones junto con el manejo diario de los ingresos y los gastos, no existía antes como campo profesional. El surgimiento de este nuevo trabajo de Karen dependió de cuatro grandes factores. En primer lugar, sus experiencias personales habían preparado el terreno para su posterior encuentro con estas ideas. En segundo lugar, el momento debía ser el adecuado. Culturalmente, la década de los ochenta era un momento en que se ponía mucho énfasis en el dinero y lo material. Se ansiaba tener más de todo. La consciencia colectiva de América recibió el gran implante mental que decía: «Puedes comprar lo que quieras ahora mismo», gracias a las tarjetas de crédito. En tercer lugar, existía también un movimiento colectivo hacia la idea del autoexamen y la toma de responsabilidades en los diversos grupos de recuperación que se habían desarrollado según el modelo original de Alcohólicos Anónimos. En cuarto lugar, Estados Unidos es un país en el que apenas un 10 por ciento de la población tiene cuenta de ahorros, y las deudas de las tarjetas de crédito está fuera de control. Había llegado el momento, tanto colectiva como individualmente, de aprender a establecer una relación sana con el dinero. Aunque tradicionalmente hemos aprobado leyes y regulaciones referentes a todos los aspectos del presupuesto estatal, las tasas de fluctuación de interés, instituciones financieras y sistemas de regulación, hasta ahora no hemos considerado el dinero en sus aspectos psicológicos, emocionales, mentales y espirituales. El camino de Karen, pues, sirve a un propósito mayor.

Ninguna experiencia es inútil

Una mujer a la que llamaré Angela, diseñadora de interiores, acudió a mis clases hace años. Sus comentarios ingeniosos y directos sobre la gente y las situaciones, y su sentido del humor, cautivaron a sus compañeros y a mí. Angela ha sufrido grandes reveses en la vida y ha logrado evitar por completo cualquier sentimiento victimista. Aunque tiene más de 60 años, representa unos 45. Hace tres años, su hija de 38 años, madre de dos adolescentes, sufrió graves lesiones cerebrales al caerse de un caballo. Yo llamé a Angela para hacerle una entrevista y le pedí que nos contara algunas de las experiencias que la han llevado a su actual profesión como próspera decoradora.

Ella comenzó diciendo que lo que más la sostiene ahora es su trabajo y su capacidad para ayudar a la gente a crear un ambiente acogedor para su propia salud y tranquilidad.

ABONO

«Es difícil expresar con palabras la sensación de plenitud que me proporciona trabajar con mis clientes. Tal vez se trata de remodelar una cocina, por ejemplo, y comenzamos sobre una base intelectual, pero luego podemos entablar una relación que dure ocho o

Yo quería una casa bonita, una vida bonita, y seguridad. Yo era magnífica y quería tenerlo todo.

diez años. El proceso consiste en una colaboración totalmente intuitiva. No sabemos adónde vamos, y cuando llegamos al final quedamos siempre sorprendidos de lo que hemos logrado juntos. El resultado va siempre más allá de nuestras expectativas.

»Cuando era pequeña quería ser actriz de cine y bailarina. Quería ser popular, ser una estrella. Fui Miss Idaho en 1953 y me presenté a Miss Universo ese mismo año. Después me ofrecieron un contrato para una película. Pero en aquel entonces mi madre se estaba muriendo de cáncer a sus 43 años, de modo que me casé inmediatamente con un hombre que a ella siempre le había gustado. Pronto descubrí que el matrimonio no funcionaba. Después pasé unos años muy duros, criando sola a mis hijos.

»Pasé años manteniéndoles. Mi objetivo era encontrar a un hombre con dinero para no tener que trabajar tanto. Quería una casa bonita, una vida bonita y seguridad. Yo era maravillosa y lo quería todo. En los años sesenta me trasladé de Idaho a San Francisco, encontré un buen trabajo y de inmediato tripliqué mis ingresos. Me casé con un buen partido y tuve una boda de ensueño. Montamos un negocio juntos, pero al cabo de unos meses descubrí que mi marido era un jugador, que apostaba hasta la recaudación de la tienda. Me separé de él y me quedé con la tienda hasta que encontré al hombre de mis sueños. Era un Adonis. Tenía su propia casa y adoraba a mis hijos. También celebramos una boda de cuento. Sin embargo, al cabo de seis meses comenzó a vestirse con ropa oscura por la noche y volvía a casa con objetos robados. Antes de que me diera cuenta, hizo que robaran en nuestra casa para cobrar el dinero del seguro. Cuando me enteré de todo esto, él se puso violento. Era un auténtico psicópata porque no tenía conciencia y no le daba miedo nada. Pedí el divorcio y en esta etapa sufrí una histerectomía y una operación de vejiga. ¡Estaba hecha un desastre!

»Ahora, cuando miro atrás, veo que todas aquellas pruebas me han hecho muy fuerte. Comprendo que esto me llevó a buscar un significado más profundo en mi vida. Tuve que aprender a confiar en mí misma.

»Cuando me recuperé, al cabo de un tiempo me hice socia de

un club de campo, buscando un hombre con dinero. Conocí a un hombre maravilloso y compramos y remodelamos nuestra casa. Seis meses antes de la boda, él salió a hacer *jogging* y murió de un ataque de corazón. Estuve un año y medio casi al borde del suicidio, porque todavía no había desarrollado suficiente confianza en el universo. La muerte de mi prometido fue el comienzo de mi camino espiritual. Teníamos una relación sincera y él fue para mí una luz. Antes de conocerle yo tenía una orientación religiosa, pero no espiritual.

He aprendido a vivir sin esperar ser feliz continuamente. Ya no intento engañarme. He aprendido a vivir aceptando las cosas como son. Lo que ahora deseo de verdad es paz y belleza profunda. Quiero la belleza de la vida.

»Gracias a la remodelación que habíamos hecho, nuestra casa apareció en revistas, y ahí comenzó mi carrera. Le estaré eternamente agradecida. Ahora trabajo mucho y confío en mi intuición para tomar decisiones. Mis hijos y mi trabajo han sido lo más satisfactorio de mi vida.

»Después del accidente de mi hija, me sentí muy presionada a dejar mi vocación y dedicarme a cuidarla. Me sentía en conflicto, de modo que me sometí a una terapia. Entonces me di cuenta de que espiritualmente no soy tan buena como quería y decía ser. Es como ser dos personas. Una parte de mí adoraba absolutamente a mis hijos, y la otra parte quería tener su propia vida. No me bastaba con ser madre. Quería que me apreciaran por mi creatividad y quería sentir lo que siento ahora. Me gusta. He tardado muchos años en admitir esta verdad. El accidente de Vicky me ha impulsado a admitirla.

»Su estado nos ha destrozado a todos en la familia. Yo he tenido que aprender algo que afecta a toda la sociedad y ahora siento la necesidad de dar a conocer cómo tratan los médicos a los heridos muy graves, en lugar de dejarlos morir en paz. Estos enfermos pierden toda calidad de vida y sufren horriblemente. En los últimos cuatro años, he movido cielo con infierno para intentar ayudar a Vicky, pero no hay esperanzas.

»A causa de la tragedia de mi hija, llevo dentro un espantoso dolor en todo momento, pero no me considero una víctima. Su accidente me ha impulsado a ser cada vez mejor. Pero he aprendido a vivir sin esperar ser feliz continuamente. Ya no intento engañarme. He aprendido a vivir aceptando las cosas como son. Lo que ahora deseo de verdad es paz y belleza profunda. Quiero la belleza de la vida. Tengo el corazón roto y la echo mucho de menos, pero no puedo cambiar su situación.

»Estoy orgullosa de mis decisiones. Con cada crisis he ido comprendiendo lo que significa no rendirse nunca.

»Y además tengo otra cosa de la que disfruto mucho —prosiguió con una sonrisa—. Mi pila de *compost*. Esto me ha hecho volver a mis raíces en Idaho. Siento con el *compost* una profunda satisfacción que no se puede explicar con palabras. Me encanta recoger el abono para echarlo al *compost*, y que mi hermano me ayude. Sé que con esto ayudo a cuidar de la tierra. Me gustan los gusanos y el olor dulce que se alza cuando abono el huerto. Estoy comprometida con la conservación del medio ambiente. Me gustaría poder explicar hasta qué punto me ha cambiado la vida.»

Siempre disponemos de la sincronicidad

Hace varios años que conozco a Philippa (no es su auténtico nombre) y la he visto pasar serias dificultades en el terreno económico y de la salud. En 1993, por ejemplo, el mismo día que la contrataron como directora artística de una película que resultó un gran éxito de taquilla, le diagnosticaron una grave enfermedad que le impidió aceptar el trabajo. Cuando se recuperaba de su enfermedad, sufrió graves lesiones cerebrales en un accidente de coche. Pero su espíritu es indomable. Tiene el don de aceptar cualquier prueba como una lección espiritual, a pesar del dolor. Ahora tiene más de 50 años, lleva el pelo largo rojizo y muestra un carácter vivaz. Se presentó a la entrevista con un chándal de seda marrón y unos zapatos metálicos color cobre.

PAZ A PESAR DEL DOLOR

«Hace sólo cuatro años me dedicaba a inventar nuevos productos —comenzó—. Estaba en la cúspide de mi carrera como diseñadora. Todo cambió cuando terminó aquella lección. Ahora sigo inventando cosas, pero de distinto cariz. Ya no tengo que salir al mundo exterior como antes.

»Mi vida es muy tranquila en este momento. No puedo conducir mucho porque me canso, pero me encantan la paz y la armonía de mi vida. Tengo mucha gente a quien amar: mi esposo, mi maestro espiritual, mi familia espiritual, todos mis amigos y mis dos perros.

»Incluso ahora, cuando tantas cosas han obstruido mis planes, me siento totalmente en mi camino. Es casi como si las puertas del cielo se hubieran abierto para mí en el plano terrestre, como si se me hubieran mostrado todas las respuestas a las cuestiones que me he planteado en la vida: quién soy, adónde voy, qué seré de mayor.

»He alcanzado este estado de comprensión a través del dolor y el sufrimiento. La paz, curiosamente, ha llegado a través de dos enfermedades muy graves. Durante un tiempo me dieron una visión más profunda de lo que era verdaderamente importante para mí. Antes de eso, deseaba más y más cosas materiales, aunque mi desarrollo espiritual era fuerte desde la infancia. Es difícil expresarlo con palabras, pero al encontrarme con una situación de vida o muerte experimenté una transformación.

»Antes del accidente de coche, hace dos años, era diseñadora de moda, de interiores y de productos. También trabajaba en la industria cinematográfica. Justo cuando estaba en la consulta del médico, que me estaba diciendo que tenían que ingresarme en el hospital porque padecía una grave enfermedad, llamó mi secretaria para informarme que me habían llamado para trabajar en una película de Steven Spielberg. Yo llevaba mucho tiempo esperando esa llamada, y ahora me iban a operar y estaría hospitalizada un mes. Cuando me dieron de alta en el hospital, todavía quería salir al mundo y ser productiva. Pero había profundizado mucho en mi crecimiento espiritual y me planteaba: ¿Quién soy? ¿Qué debo hacer? ¿Por dónde empiezo de nuevo?

»Justo cuando comencé a buscar esa nueva dirección, un día estaba parada en un semáforo y una ambulancia me atropelló. Sufrí lesiones cerebrales y durante un año y medio tuve que batallar contra la pérdida de memoria y problemas motrices y de habla. Tuve que aprender matemáticas, a leer, a conducir otra vez. Tuve que aprender a ser una nueva persona.

»Antes tenía el don de imaginar y crear diseños de interiores mentalmente. Yo no sabía que era un don hasta el día que desperté sin él después del accidente. Tengo problemas para seguir secuencias. No puedo ir de A a B y a C. A veces se me olvida poner mantequilla en el pan después de tostarlo. Tampoco veo como antes. Perdí toda mi creatividad para el diseño, que se basa en la teoría de añadir. Pero recibí otro don: el de la escultura, que es el arte de restar.

»Lo que pasó fue que un buen día me desperté con la necesidad de esculpir. Durante toda mi vida he recibido así mensajes de mi intuición, y siempre los he obedecido. La escultura me ayudó a curarme. Cada vez tallaba piedras más grandes e intrincadas. Cuanto más iba sacando de la piedra, más belleza surgía. Algún día espero hacer una exposición para mostrar que no hay que rendirse nunca. Siempre hay un mañana.

»He aprendido que Dios te ama igual si estás sano o enfermo, si eres pobre o rico. La vida se enriquece muchísimo si pensamos que con todo podemos aprender y crecer. Hay que escuchar con atención y no debemos deprimirnos ni entristecernos, porque las lecciones llegan tanto cuando damos saltos de alegría como cuando yacemos en la cama.»

La historia de Philippa prosigue con una increíble sincronicidad. Aunque había pasado dos años en su habitación, aislada de la «vida» y aparentemente sufriendo graves reveses en su carrera, la inteligencia universal le suministró, sin esfuerzo, justo lo que ella necesitaba para avanzar. Este ejemplo nos ayudará a ver que cuando nos sentimos decaídos, seguimos dentro del flujo universal que nos hace avanzar.

EN EL AUTOBÚS

«Hace dos meses murió mi madre —nos cuenta Philippa—. Yo tuve que ir a Los Ángeles para hacerme cargo de sus cosas y también de mi hermana inválida. Cuando terminé allí, cogí el autobús hacia el aeropuerto de Burbank. Estaba agotada, exhausta. Me alegré de ir sola en el autobús, porque no tenía ganas de hablar. Pero al cabo de un momento paramos a recoger a otra pasajera, que se volvió hacia mí y me preguntó si iba a San Francisco. Yo dije que sí y di por terminada la conversación. Pero ella prosiguió: "¿Va usted a ver el espectáculo?" "¿Qué espectáculo?", quise saber. "El *Fancy Food Show*." Me quedé sorprendida y dije que me gustaría verlo. Le expliqué que acababa de inventar un caramelo de chocolate y que la feria gastronómica sería una buena ocasión de conocer a chocolateros. El caso es que acabamos sentándonos juntas en el avión y charlando durante todo el viaje. Resultó que la mujer había oído hablar de mis boutiques en Los Ángeles en los años ochenta y me conocía indirectamente. Teníamos muchas cosas en común y nos hicimos amigas. Ella es agente de alimentación. Me invitó a San Francisco el día siguiente y me presentó a todos los chocolateros que yo necesitaba conocer.»

DIÁLOGO INTERIOR

Autobiografía

Para comprender cómo se ha enfrentado a las situaciones problemáticas en el pasado, escriba los eventos significativos que hayan tenido que ver con el trabajo o el dinero. Por ejemplo: «A los 8 años me dieron mi primera paga, pero la perdí. No se lo dije a nadie. A los 10 años mi padre se quedó sin empleo y yo tuve que ponerme a repartir periódicos. Odiaba levantarme tan temprano. Me sentía bien cuando le daba mi sueldo a mi madre, pero una vez me quedé diez dólares para mí y me sentí culpable. A los 21 años me puse a trabajar porque no podía pagarme los estudios.»

Una vez termine la lista de eventos, elija el que para usted tenga más energía. Vuelva a escribirlo en forma de historia corta, comenzando con la expresión «Al principio» y terminando con alguna nueva idea. Escriba sobre todo lo que sentía en aquel momento. ¿Hace referencia esta historia a algún elemento de su actual situación?

Este ejercicio puede ayudarle a liberar la energía bloqueada en recuerdos negativos, arrepentimientos o resentimientos. También le recordará sus logros pasados.

CUARTA PARTE

ESTAR AHÍ

13

Hacer lo que nos gusta y cumplir nuestro destino

Siento que entra en juego algo grande y misterioso, algo que sólo yo conozco, importante sólo para mí.

JEAN MARTINE[1]

Encontrar nuestro lugar en el mundo es casi como subir al metro. Vamos a un lugar de destino, decidimos tomar cierto tren, subimos y bajamos de él y viajamos con desconocidos y amigos. Cada vez que hacemos un transbordo, hemos tomado una nueva decisión. Llegamos a casa y nos volvemos a marchar. En la vida jamás alcanzamos a ver la totalidad del viaje (a menos que lleguemos a nuestro destino en la dimensión espiritual después de dejar esta vida). Una vez asumamos de nuevo la forma espiritual, revisaremos con nuestro grupo de almas cada momento de la vida física. Entonces se revelará el auténtico significado de los eventos y las relaciones. Se abrirán los ojos de nuestra alma para ver lo que realmente hemos estado haciendo en este mundo.

UNA VISIÓN POSITIVA

Un día hablaba de la vida con mi amigo Michael Conroy, que me dijo: «Llega un momento en el que hay que confiar en que todo saldrá bien, aunque estemos totalmente desanimados con nuestro progreso.» Afirmaba que siempre le había gustado el comentario de Leonardo da Vinci sobre la paciencia: Tener auténtica paciencia es tener paciencia cuando pensábamos que ya era inconcebible tenerla. «Ya he renunciado a mi deseo de ser famoso —prosiguió Michael—. Ahora me limito a construir casas. A lo largo de los años he aprendido que no estoy solo. He aprendido a buscar lecciones en toda situación. Cuando te das cuenta de que estás viviendo una lección de la vida, te sientes liberado. También he aprendido a no tener expectativas y a no dejar que el miedo me impida actuar. Un día pensé de pronto: ¿Por qué ya no lucho tanto? Todavía tenía problemas, claro, pero ya no estaba tan preocupado como antes. Al principio no sabía si me había rendido o si lo había logrado. Es como por fin tornarse sobrio, y entonces la vida comienza a funcionar. Uno conecta con un nivel más profundo. Al menos ahora siento que estoy en el camino apropiado.»

Un día de primavera estaba sentada a una mesa de madera bajo un viejo roble en el jardín de una amiga, la doctora Selma Lewis. Selma es una psiocoterapeuta que pasa consulta en Los Ángeles y Fairfax, California. A mí no me extraña que se traslade a Fairfax todas las semanas, porque su casita rústica está situada al final de un camino de campo, cerca de un bosque cargado de energía espiritual. Ese mismo día habíamos dado un paseo de más de un kilómetro hasta una cascada, charlando del tema de este libro. Las amigas como Selma y las personas que han aportado a este libro su sabiduría y sus historias, son en parte lo que hace que mi vida valga la pena. Las largas charlas matutinas son para mí una de las alegrías de la vida, y aquella no fue una excepción. Mientras tomábamos un té y escuchábamos el canto de los pájaros, le pregunté qué significaba para ella el sentido no común.

«El sentido no común es aquello en lo que confiamos cuando damos un salto de fe —dijo—. El sentido no común no surge de lo evidente, lo ordinario o lo esperado. Surge como resultado de saber quiénes somos y confiar en que eso nos lleve donde necesitamos ir. Es un conocimiento profundo de quiénes somos, y la confianza en que nuestra intuición está de nuestra parte.

»Hace falta tiempo para conocernos a nosotros mismos. Tenemos que aprender: ¿Prefiero el helado de vainilla o de chocolate?

¿Soy más feliz diseñando gráficos o construyendo casas de madera? ¿Se me da bien llevar un negocio o soy un inventor?

»El sentido no común surge de un nivel más profundo de sabiduría. Es el conocimiento de lo que es bueno para nosotros, pero no en el sentido de satisfacer nuestro deseos egoístas, sino de modo que podamos dar al mundo lo que debemos dar. El sentido no común es escuchar la voz que nos dice "calma" cuando llegamos tarde y lo último que queremos hacer es calmarnos. A veces el sentido no común resulta extraño, sobre todo para las personas que no confían en la intuición o que no ven ningún significado en las "coincidencias".

»Nuestra cultura, sea de la religión que sea, está teñida de ética puritana. Nos crían y nos educan para que reprimamos nuestros impulsos. Nos sentimos culpables de las cosas más simples, como tomar un helado antes de cenar o dormir la siesta en la oficina. No nos permitimos confiar en nuestro sentido no común porque hemos anquilosado muchos aspectos de nosotros mismos y hemos aplastado muchos de nuestros sueños.»

COMPAÑEROS DE ESPÍRITU

Usted está viviendo la vida que ha elegido por los específicos desafíos y oportunidades que le brindaría. Antes de nacer, usted y sus guías espirituales escogieron una vida en la que pudiera trabajar tendencias que habían supuesto para usted un desafío en otras vidas o que le ayudarían a desarrollar su consciencia. Su propósito en cada momento es tomar decisiones que hagan progresar la evolución de su alma. Estas decisiones contribuyen a la evolución general de la conciencia humana. Todos los días usted tiene la oportunidad de conectar con este profundo propósito a través de aquello a lo que presta atención (a través de sus pasiones, de lo que le provoca alegría y desesperación). Su propósito está también presente en cada uno de sus compromisos. Todas las personas claves de su vida forman parte de un contrato que todas accedieron a cumplir en esta vida. Por ejemplo, una persona puede haber acordado aparecer en cierto momento de su vida para presentarle a su compañera de alma, abrirle una nueva dirección profesional o iluminarle sobre un problema social que necesita atención. Los compañeros de nuestro grupo de almas entran y salen de nuestra vida estimulándonos a aprender sobre la compasión, el amor, la responsabilidad, la integridad, la confianza, el valor, los frutos del fracaso, o el equilibrio entre objetivos individuales y humanitarios. Nunca estamos solos. Nos encontramos en constante contacto con nuestros grupos de alma, físicos y no físicos. Nuestra labor es ser más conscientes cuando estamos interactuando físicamente unos con otros, y estar más abiertos telepáticamente cuando estamos dispersos o necesitamos guía. Aunque recibamos ayuda intuitiva, debemos tomar nuestras propias decisiones y vivir nuestra propia vida. El crecimiento espiritual surge de las consecuencias de utilizar el libre albedrío.

¿Por qué no recordamos conscientemente nuestra decisión prenatal sobre el propósito de la vida? Según declaraciones de personas que han realizado regresiones hipnóticas y han entrado en contacto con su estado no físico como alma (entre vidas en la tierra), la amnesia con respecto a las vidas anteriores es un requisito de cada reencarnación. Cuando escogemos un cuerpo y trazamos un plan sobre la vida que viviremos, acordamos con nuestros consejeros espirituales no recordar los detalles de nuestras vidas anteriores. El doctor Michael Newton, terapeuta y autor de *Journey of Souls: Case Studies of Life Between Lives* ha estudiado estos estados entre vidas con sus clientes sometidos a hipnosis profunda. Uno de sus pacientes dijo:

> Convenimos no recordar otras vidas. Es mejor aprender desde cero que saber con antelación lo que nos ocurrirá dependiendo de lo que hemos hecho con anterioridad. Si lo supiéramos todo sobre nuestro pasado, muchos le prestaríamos demasiada atención, en lugar de intentar dar nuevos enfoques al mismo problema. La nueva vida debe ser tomada en serio, sin viejos recuerdos. Nuestros consejeros dicen que de este modo nos preocupamos menos de vengar el pasado, de resarcirnos por el mal que nos han hecho.[2]

Evidentemente, nuestros consejeros rompen a veces ese estado de amnesia para ayudarnos con nuestro crecimiento espiritual cuando es necesario. El doctor Newton le preguntó a un cliente si para nuestro progreso es esencial el olvido total de nuestra vida eterna espiritual. El cliente contestó: «Normalmente sí, pero no es un olvido total. Vislumbramos retazos en los sueños, durante los momentos de crisis. La gente tiene un conocimiento interno sobre la dirección que debe tomar cuando es necesario. Y a veces nuestros amigos [entidades del mundo espiritual] nos dan pistas, mediante ideas repentinas.»

Así pues, comenzamos a ver que nuestras corazonadas, nuestro sentido no común, puede originarse en una dimensión más alta, ayudándonos a seguir cumpliendo aquello que hemos venido a hacer. Estos destellos de intuición pueden surgir espontáneamente. Podemos apartarnos de nuestra rutina habitual y pasar más tiempo reflexionando, sintonizando con fuentes más profundas de conocimiento. O también podemos decidir de forma consciente someternos a una terapia o buscar consejo espiritual para hacernos conscientes de nuestros patrones. El doctor Newton escribe:

> Cuando llega el momento apropiado, debemos armonizar las necesidades humanas materiales con el propósito de nuestra alma.
>
> Nuestra identidad eterna jamás nos deja solos en los cuerpos que hemos elegido, a pesar de nuestra situación actual. Mediante la reflexión, la meditación o la oración, los recuerdos de quiénes somos realmente se nos presentan todos los días en el pensamiento selectivo. De forma intuitiva —a través de la nebulosa de amnesia— recibimos pistas para la justificación de nuestro ser.[3]

Tras la muerte física, cuando volvemos a nuestro estado no físico, entre una vida y otra, seremos conscientes de lo cerca que hemos estado de dar en el blanco al interpretar el papel que hemos elegido. En la dimensión espiritual, recordaremos hasta el menor detalle de nuestra vida presente. Dependiendo del nivel de percepción que haya desarrollado el alma, reviviremos y analizaremos, junto a los compañeros del grupo de almas y nuestros guías más avanzados, lo que ha sido la vida.

La razón de que usted haya leído este libro —de que busque su lugar en el mundo— es el deseo de cumplir con su destino original e inherente. Para revisar su vida desde esta perspectiva más alta, reflexione los próximos días. Imagine que tiene cerca un guía espiritual que guarda su visión. ¿Puede sentir, aunque sea por un instante, las lecciones centrales de su vida hasta ahora? Cuanto mayor sea su intención de conocer ese propósito central, más cerca estará de recibir guía espiritual.

Para recibir esta guía, hay dos principios esenciales. El primero es que debemos pedir orientación que nos ayude a lograr nuestro propósito superior. En segundo lugar, debemos estar dispuestos a realizar los cambios necesarios para seguir nuestro camino. Crecemos a medida que dominamos nuestras emociones negativas fundadas en el miedo (envidia, autocompasión, violencia, intolerancia, fanatismo, negación, etc.). Las oportunidades que recibimos nos estimulan y nos impulsan a ser conscientes de nuestro destino. Nuestros guías espirituales saben exactamente dónde estamos y qué hacemos en relación con nuestra motivación original. Los occidentales llaman a estos espíritus ángeles de la guarda, y muchas culturas indígenas creen también que los guías espirituales no sólo nos ayudan a escoger un camino determinado en la vida, sino que también guardan para nosotros esa visión en la dimensión espiritual mientras vivimos en este mundo.

«Ninguno venimos solos. No está permitido. Nos envían consejeros y llegamos en buena compañía. El Espíritu Santo tiene una multitud de emisarios a quienes solemos llamar "ángeles de la guarda". Muchas veces, el llamado ángel de la guarda es en realidad un guía de nuestra vida.»
Leah Maggie Garfield

En el actual momento histórico, la barrera entre la dimensión material y la espiritual se abre más y más frecuentemente en las vidas de miles de individuos. En los últimos años ha surgido una gran cantidad de libros sobre la intervención de los ángeles y la comunicación directa con seres no físicos. Según algunos maestros chamánicos, como la chamana Leah Maggie Garfield, los guías siempre están presentes, aunque no son necesariamente omniscientes.

Todo lo que sabemos de la interacción con otras personas se aplica al trabajo con nuestros guías. Los guías pueden hacernos favores, pero hay que devolverlos. Solemos tratar a los guías como si fueran mucho más perfectos que los seres encarnados, como si fueran deidades omnisapientes y no amigos en forma espiritual. Ni siquiera los guías superiores pueden controlar todo el universo. La validez de su información varía según el área de experiencia. Algunos guías —generalmente guías de la vida— son particularmente atentos a nuestros deseos y necesidades. Advierten que buscamos información y nos la ofrecen directamente o bien disponen que nos encontremos con alguna manifestación de esa información durante nuestra rutina cotidiana. Debemos recordar, incluso entonces, que aunque los guías pueden aumentar nuestra información y apoyar nuestras intenciones, somos nosotros los que debemos tomar las decisiones en nuestra vida. Los guías no pueden vivir la vida por nosotros, ni tienen todas las respuestas.[4]

RECLAME SUS SUEÑOS

¿Cómo ayuda usted a cuidar el mundo? ¿En qué han cambiado sus principios en los últimos años? Nuestro trabajo en este libro ha ido encaminado a ayudarle a ser consciente del propósito que escogió para esta vida. En un nivel muy profundo, usted sabe lo que debe hacer. ¿Qué haría falta para que comenzara a realizar algún sueño que alberga desde hace tiempo? Sólo usted conoce la respuesta.

Aunque gracias al desarrollo de las comunicaciones conozcamos los peligros de nuestro nivel de explotación de los recursos del planeta y de los hombres, es posible que no emprendamos ninguna acción hasta que algún problema nos afecte directamente. Si de verdad deseamos conocer y cumplir el propósito de nuestra vida, debemos mirar alrededor y ver dónde estamos bloqueados. La visión sin acción es verborrea vacía, y la acción sin visión puede errar el tiro. Al intentar realizar nuestros objetivos individuales, estamos creando continuamente un campo de consciencia, individual y colectivamente, una filosofía consensual que, para nuestra supervivencia, debe ser de contenido diverso. Este campo de consciencia crea nuestra realidad terrestre. Puesto que cada unidad de humanidad, cada individuo, participa de este campo unificado de energía universal, podemos asumir como parte de nuestro propósito individual el objetivo de profundizar en nuestra responsabilidad de cuidarnos unos a otros y cuidar del planeta. Este compromiso con un proceso espiritual de transformación de nuestras preocupaciones y problemas terrestres, esto es, de transformación de nuestra consciencia, es el mayor propósito al que podemos aspirar. Colectivamente, este compromiso es cada día más fuerte a pesar de las catástrofes que seguimos creando. Sólo hace falta un quince por ciento de humanidad para cambiar la consciencia colectiva.

Cuando entrevistaba a Roy Doughty sobre su trabajo de asesoría con ejecutivos, él mencionó un concepto de la nueva física que me llamó la atención y que parecía hacer referencia al trabajo de consciencia que todos realizamos.

«En la teoría cuántica existe algo llamado *strange attractor*, que a veces utilizan los analistas para explorar el mercado bursátil. Introducen todos los parámetros y factores, y estos datos toman distintas formas en el ordenador. Pero sea cual sea la forma de los datos, siempre hay un agujero en el medio. Este agujero se denomina *strange attractor*. Nadie sabe por qué está ahí. Nadie puede definirlo. Lo único que define al *strange attractor* es lo que tiene alrededor. Y esto es lo que yo veo cuando pregunto a los ejecutivos lo que quieren lograr. Hablamos de todo lo que hay en torno al *strange atracttor*, pero no hablamos de tomar decisiones. De eso no se habla nunca. Contemplarnos a nosotros mismos y nuestro trabajo bajo cierta perspectiva exige un gran cambio en la identidad. En lugar de vernos como personas que caminan en torno a la toma de decisiones, pagan sus facturas y realizan todas las actividades habituales, nos convertimos en un espíritu infinito que tiene un propósito.»

En este último capítulo leeremos las historias de cuatro personas que han tenido fe y han satisfecho la necesidad de su alma de vivir una vida de una riqueza poco común. Conoceremos a Elizabeth Ferris, que abandonó un cómodo empleo en el negocio inmobiliario para trabajar en una comunidad de refugiados con monjas tibetanas, y a Stephen Simon, que está haciendo realidad su sueño de realizar películas de contenido espiritual. Roy Doughty nos contará cómo su renuncia a su trabajo de ejecutivo le permitió convertir su interés por la literatura en un trabajo de consejero en el que ayuda a los demás a tratar temas morales y éticos. Por último, Cynthia Schmidt describirá el proceso intuitivo que le permitió crear siete prósperas empresas en las dos últimas décadas.

Aunque tal vez el sueño del lector sea la última historia de este capítulo.

VIVIR LA AVENTURA

Elizabeth Ferris ha encontrado la forma de dejar su huella en el mundo. Para ello tuvo que abandonar su confortable vida de agente inmobiliario en Marin County, California, para vivir los rigores de un campamento de refugiados tibetanos en India. Yo conocí a Elizabeth, una mujer atractiva y animosa de 53 años, hace unos 9. Acababa de volver hacía poco de su Dharamsala, India, para ver a algunos amigos y hablar de su nueva vida como maestra de inglés voluntaria en el proyecto de las monjas tibetanas en Dolma Ling Nunnery. Fascinada por este radical cambio de vida, le pedí que contara su aventura.[5]

Salir de casa y llegar a casa

«Hay mucho que hacer para ayudar a los tibetanos a establecer una nueva vida —decía Elizabeth—. Pero yo no lo considero un trabajo. Sí, hay que hacer cosas, pero es un placer. Es muy divertido. Yo me muero de ganas de empezar con la faena cada día. La gente me dice que parezco más joven, y la verdad es que me siento así. Me siento revitalizada, porque lo que hago es justamente lo que yo soy. Todos deberían vivir así.

»Dos de mis alumnos de inglés han organizado una nueva escuela de idiomas, dirigida por tibetanos, para tibetanos que ya tengan el noveno curso de lengua china o tibetana. Han montado un centro de educación lingüística en el que se enseña tibetano, chino, hindi e inglés. Yo dirijo el programa de inglés, enviando solicitudes de subvención y ayudando a organizar toda la escuela. Estamos recibiendo fondos y ofrecemos un servicio que la gente necesita. Es muy emocionante y además algo tangible. Todos los días veo lo motivada que está esa gente. Viviendo allí me siento viva y real, y para ellos también es así. Mientras mi salud aguante, viviré y trabajaré allí.

»Todo esto empezó hace dos años, cuando acudí a una conferencia en el Proyecto de las monjas tibetanas. En cuanto dijeron que hacía falta alguien que enseñara inglés en el refugio de Dharamsala, pensé inmediatamente que yo podría hacerlo. Claro que un cambio tan drástico me daba miedo. Me concedí un par de meses para pensarlo, pero al final alquilé mi casa, guardé todas mis cosas en un almacén y me trasladé a la India con el compromiso de trabajar allí un año y luego volver a considerar si quería quedarme.

»La gente habla de "sacrificio", pero yo no me he sacrificado en nada. Estoy muy agradecida de vivir con los tibetanos. Es toda una recompensa.

»Es impresionante vivir y trabajar con gente que ha sufrido experiencias tan turbadoras. Impresiona tanto que una está ansiosa por poner su granito de arena. El país está desolado, hay miseria por todas partes, la tienes delante y no puedes ignorarla.

»Buda dijo que lo que eres y lo que haces no debe estar separado. Antes de marcharme a la India, me dedicaba al negocio inmobiliario, y se me daba muy bien. Pero no estaba en sintonía con mi auténtica naturaleza. Al cabo de un tiempo, ese abismo se me hizo tan incómodo que tenía que cambiar de vida. Aunque uno triunfe en lo que hace, si no está en sintonía con la propia voz interior, tendrá que encontrar el valor para oír finalmente esa voz, que le llevará hacia lo que de verdad debe hacer.»

Mirando las fotografías de sus amigos tibetanos, me llamó la atención la alegría que se veía en sus rostros. Además de enseñar a 145 monjas, Elizabeth también da clases particulares gratuitas a algunos alumnos. La mayoría son huérfanos o miembros de familias pequeñas que tuvieron que dejar a sus seres queridos en el Tíbet. Tal vez si aprenden inglés puedan encontrar trabajo y comenzar una nueva vida.

«Se tarda de catorce a veintisiete días en salir del Tíbet atravesando los desfiladeros. Tienen que caminar por las montañas heladas, abruptas y muy peligrosas, y esta gente puede pasar de diez a doce días en este entorno tan duro y frío, sin más comida ni posesiones que las que se pueden llevar encima. A veces llegan en un estado lamentable al centro de recepción tibetano en Katmandú.»

Para Elizabeth fue maravilloso conocer al Dalai Lama, que acudió a visitar el convento de monjas. Le impresionó su sencillez y la humildad con que Su Santidad recibió al pequeño grupo de voluntarios, a los que dijo: «Yo no soy más que un monje y ustedes son doctores y maestros, de modo que me gustaría mantener sólo una charla informal. Todos somos iguales.» Luego les dio las gracias por dedicar su tiempo y su energía a su pueblo. Elizabeth recuerda que les preguntó si tenían bastantes mantas y jerséis y que se mostró preocupado por su bienestar.

«El convento de Dolma Ling es un modelo nuevo —explicaba Elizabeth—. Tradicionalmente las monjas hacían voto de pobreza y castidad y dedicaban casi todo su tiempo al estudio y la oración. Pero el exilio ha cambiado las cosas. Ahora son necesarias en la comunidad.»

Cuando la vida nos mueve, nuestro propósito se expande, nuestras prioridades cambian y prosigue nuestra búsqueda de lo que debemos hacer.

OÍR LA LLAMADA. LA FUERZA DEL COMPROMISO

En 1975 Stephen Simon era un abogado que no tenía intenciones de practicar la abogacía, puesto que siempre había querido dedicarse a la industria cinematográfica. Yo había oído hablar de él en Los Ángeles, cuando un amigo me sugirió que le llamara para hacerle una entrevista, ya que era una persona que estaba persiguiendo el sueño de su vida. Curiosamente, dos meses más tarde, al entrevistar a mi amiga Eleanor Coppola (cap. 9) me enteré de que la película sobre la que ella estaba pensando hacer un documental, estaba producida por Stephen Simon. La sincronicidad prosiguió la semana pasada, cuando le mencioné esto a mi hija, Sigrid Emerson, que estudia interpretación en Los Ángeles y es también educadora. Uno de sus clientes, el productor de cine Bernard Williams, le había dado el guión de esa misma película para que lo leyera. Resultó que cuando Sigrid había venido a verme el mes anterior, llevaba encima este guión.

Yo llamé a Stephen para que me explicara cómo había comenzado a hacer películas de contenido metafísico.

«Tenemos que retroceder un poco —me explicó—. En torno a 1976 me dejaron un libro llamado *Big Time Return*. No sé cómo explicarlo, pero después de leerlo supe que era el momento de convertirlo en película. A continuación conseguí ver al productor Ray Stark.

»Llamé a Richard Matheson, el autor del libro y uno de los grandes autores de literatura fantástica [*El increíble hombre menguante*] y le pedí una cita. Mientras almorzábamos le conté brevemente que me había metido en la industria cinematográfica para hacer una película de su libro, y que si él confiaba en mí, la haría. Él me tendió la mano y cerramos el trato. Tardé tres años en hacer la película. Se llama *Somewhere in Time*, con Christopher Reeve. Salió en 1980 y no tuvo mucho éxito, aunque se ha convertido en un clásico en su género.

»Después de *Somewhere in Time* pasé una etapa difícil. Ahora veo que había un público para la película, pero todavía no se había creado una conciencia colectiva susceptible a estos temas. Richard Matheson me dio un nuevo manuscrito sobre un hombre que busca a su esposa después de la vida. Producir esta película ha sido una odisea de dieciocho años, y justo ahora el proyecto comienza a salir adelante. Se llama *What Dreams May Come*, y cuenta con la interpretación de Robin Williams. La película transcurre en varios decorados que representan la vida después de la vida, y habla de cómo creamos nuestra propia realidad.

»Pero ha sido muy difícil llegar hasta aquí. Después de *Somewhere in Time* me desanimé mucho. Logré algunos éxitos, pero sentía que cada vez me alejaba más de mi camino. En 1990 tuve que pasar por un divorcio muy doloroso y caí en bancarrota. En 1993 colaboré con una película llamada *El cuerpo del delito*, con Madonna. Era lo más alejado de mí mismo que podía estar.

»En enero de 1993, una amiga me dijo: "Stephen, el hombre que comenzó haciendo *Somewhere in Time* no debería estar colaborando en películas como *El cuerpo del delito*." Aquel momento fue como una revelación para mí. En agosto de 1993 dejé mi trabajo y mi relación y me sumergí en la metafísica. Durante ese período conocí a mi socio, que comparte mis valores e intereses espirituales. Todos mis amigos cambiaron.

»Ahora reconozco que fue mejor que este último proyecto tardara tanto en realizarse. En primer lugar porque otras películas, como *Ghost, Forrest Gump* y *Phenomenon* han contribuido a crear un mercado. Ahora tenemos más posibilidades de hacerlo bien. Además, ahora contamos con mejor tecnología, y más barata.

»Nuestra compañía, Metafilmics, es la única que ha afirmado "Somos seres espirituales". Estamos convencidos de que *What Dreams May Come* será una gran pionera, y que en el futuro se harán tantas películas de este estilo como películas de acción. No intentamos sustituir al cine de acción, pero sí creemos que las películas de tema espiritual deberían tener su lugar.

»La industria del espectáculo tiene la capacidad de influir en lo que pensamos de nosotros mismos. Es una forma mágica de cambiar la consciencia. Muchas películas nos han hecho avergonzarnos de ser humanos, porque refuerzan la idea de que somos una especie envilecida, que nuestros instintos básicos son matar, humillar y dominar. Pero aunque eso forma parte de la humanidad, la verdad es que por naturaleza no somos una especie evilecida. Tenemos la capacidad única de amar conscientemente. *Forrest Gump*, por ejemplo, nos reconcilió con el hecho de ser humanos. Cuando elevamos la idea que tenemos de nosotros mismos, hemos elevado nuestro arte al nivel más alto.

»Nuestro objetivo es mostrar cómo creamos nuestra realidad, cosa que hemos hecho hasta ahora sin mucha reflexión sobre las consecuencias de nuestras creencias. El gran cambio es comprender cómo crear nuestra realidad conscientemente, como crear un futuro positivo.

»Creo que a medida que nos acercamos al cambio de milenio, las películas presentarán nuevos niveles de comprensión de lo que es ser humano. Si entendemos que creamos nuestra propia realidad, es lógico que una experiencia colectiva como es una película que ven millones de persoñas, afecte a nuestra realidad futura.

»Además de producir, he trabajado con otras personas que quieren realizar su sueño en este campo. Para mí enseñar es una forma de integrar mis creencias en mi vida. Me ayuda a ver quién soy. Me da mucha alegría compartir mis esfuerzos y atender a las respuestas de los demás. En otoño de 1995 ciertas razones que no puedo explicar me impulsaron a presentar un proyecto para dar un curso de doce semanas en la Univerdad de California en Los Ángeles. Contaba con que acudieran unos veinte alumnos, pero se presentaron setenta. Había personas que nunca habían tenido validación consensual de sus creencias metafísicas. En doce semanas logramos entre todos una extraordinaria resonancia de la que surgieron efectos maravillosos. Al final del curso, por ejemplo, hicimos una meditación en la que nos visualizamos mutuamente realizando nuestros sueños. Varios de los alumnos obtuvieron trabajos en la industria cinematográfica o conocieron a otras personas con las que sintonizaban. Uno de ellos era un electricista que siempre había querido ser escritor, y ahora se dedica a ello. Dos alumnos se enamoraron y siguen juntos. Otros formaron asociaciones que siguen funcionando. En un aspecto más interno, la gente pareció confirmar en su interior que estaba bien ser quienes eran. Ya no permitían que otras personas definieran su identidad y les dijeran qué tenían que hacer.

»En mi caso, yo creo que fue la energía surgida de aquel curso lo que nos permitió, a mí y a mi socio, lograr los fondos necesarios para nuestro proyecto al cabo de unos meses.»

VICEPRESIDENTE DE ÉTICA, CREATIVIDAD Y BELLEZA

Roy Doughty emplea la literatura y la poesía con los ejecutivos para estimular conversaciones significativas sobre temas en torno a la ética o la creatividad. Su trabajo, un inspirado método para llevar el panorama general de la vida a la cotidianidad, eleva el pensamiento a un orden superior. Para los que no están acostumbrados a emplear un vocabulario psicológico o espiritual, discutir de estos temas en la literatura es un buen punto de partida para explorar sus propias aspiraciones y sus comunes debilidades humanas, así como para conectar con su sabiduría superior.

Doughty me explicó que su programa fue desarrollado originariamente por la Universidad Brandeis a petición de los jueces, para hacerlos más sensibles a las cuestiones éticas y morales. Doughty se interesó por él porque unificaba dos de sus pasiones: la literatura y los negocios. Estudió con Bill Maire, anterior director del Consorcio Ético de Bay Area.

«Presentábamos una serie de historias para que la gente reflexionara. La mayoría de nosotros, sobre todo los que estamos muy ocupados con el trabajo, dedicamos muy poco tiempo a la reflexión. Durante estos seminarios, se pedía a los asistentes que leyeran novelas cortas o relatos que les forzaban a reflexionar sobre su significado. Cuando nos reunimos en el seminario, sus ideas se expanden y se hacen más profundas en la discusión.

»Una de mis obras favoritas es *Iván Ilich*, de Tolstoi. Es la historia de un juez de una familia rusa de clase alta. Este hombre vive toda su vida dentro de los límites de su clase social. Un día le ascienden, y él decide redecorar su despacho. Cuando está en ello, se cae de una escalera y su vida cambia en torno a los síntomas que comienzan a aparecer. El hombre se ve forzado a replantearse todas sus premisas. Se plantea cuestiones como: ¿Por qué estoy aquí? ¿Cómo debería tratar a la gente?

»Todos nos planteamos cómo vamos a vivir en el mundo. Desde pequeños nos condicionan para aceptar muchas cosas. Yo empecé muy pronto a trabajar en tareas duras y pesadas. Era muy difícil trabajar y estudiar a la vez. Nunca olvidaré el día que mi padre me recogió en el trabajo y me dijo: "Hijo mío, a menos que nazcas en una familia rica, tendrás que trabajar todos los días de tu vida, y siempre trabajarás para un jefe."

»En aquel momento supe que no iba a ser un artista, no iba a ser un poeta ni un escritor. Dejé todas esas aspiraciones de lado y sólo pensé en que tendría que trabajar para mantenerme. No creía que hubiera lugar en el mundo para las cosas que a mí me importaban, de modo que me comprometí a aceptar cualquier situación odiosa.

»Viví así durante veinte años y tuve todo tipo de problemas de adicción. Comencé a llevar una doble vida. En privado realizaba cosas que llamaríamos con propósito o significativas (escribir poesía, coquetear con el arte), mientras que de cara al público me casaba,

«Tal vez necesito reflexionar sobre el significado del trabajo en general —hoy en día y en otros tiempos—, y al reflexionar siento una afinidad entre las palabras "trabajo" y "reverencia". Comienzo a sospechar que el hombre está organizado físicamente de tal modo que necesita trabajar para vivir. Y parece posible que la sustancia requerida para su propia transformación y para el mantenimiento del universo se cree como resultado directo de su trabajo.»

Jean Martine [6]

ganaba un sueldo y trabajaba en empresas. Todos pensaban que mi parte pública era todo mi ser, pero yo despreciaba precisamente esa parte de mí. Tampoco me gustaba mi parte privada porque era demasiado débil para realizar sus sueños. De modo que me odiaba y me negaba a mí mismo todos los días para ganar un sueldo.

»Un día me di cuenta de algo. Iba de viaje, durmiendo en hoteles y asistiendo a las reuniones que había concertado mi predecesor cuando de pronto vi a todos los otros ejecutivos que eran como yo, pero parecían veinticinco años mayores. Comían pastel de queso y bebían whisky todas las noches para recompensarse. Aquellos hombres eran triunfadores y parecía que los hubiera atropellado un camión. Pensé que si trabajaba con ahínco, sufriría un infarto en menos de un año.

»Me hice vegetariano, dejé la bebida y el café y comencé a meditar. Después del trabajo me reunía con mis compañeros, que hablaban de sus conquistas sexuales, hasta que por fin les decía: "¿Qué pasa con vuestras vidas?" Y entonces todos balbuceaban y tartamudeaban contando que sus hijos eran drogadictos o que sus esposas les engañaban. Uno me dijo que fue a ver a un terapeuta porque su hijo era drogadicto, y luego añadió con expresión incrédula y un whisky en la mano: "Y el terapeuta me dijo que el problema era yo."

»Volví a la habitación del hotel y me pregunté: ¿Qué voy a hacer? A partir de entonces comencé a decir la verdad en cualquier situación. Incluso cuando era directivo, exponía con sinceridad mis puntos de vista. En aquel momento era vicepresidente de una empresa y tenía que dar una charla para motivar a los vendedores. En lugar de intentar motivarles por el dinero, les hable de la claridad de propósito. Sabía que esto funcionaba porque lo había practicado yo mismo y había triplicado las ventas en mi zona. Yo atribuía mi éxito a mi nuevo carácter honesto y directo con los clientes, y a que no me obsesionaban los resultados de mis ventas.

»Descubrí que el hecho de no buscar un resultado concreto ayuda al éxito en este camino. La idea es totalmente radical en el mundo de las ventas, puesto que para vender hay que descubrir cuál es el deseo del cliente y luego motivarlo a través de ese deseo. Mi nuevo sentido de propósito personal precipitó una serie de acontecimientos que por fin me apartaron del mundo empresarial.

»Tuve que decidir cómo quería estar en el mundo. Cuando comencé a actuar según mis principios, descubrí que el entorno empresarial no consistía en tener éxito y proveer bienes y servicios. Para mí era un mundo de dominio y control. Todas estas percepciones provocaron un gran cambio en mi vida y por fin comencé a trabajar como autónomo, como asesor. Ahora me contratan por las mismas cosas que antes me despedían. Supongo que por fin he logrado superar la creencia que heredé de mi padre: que siempre se debe trabajar para un jefe.

»Para mí, estar en el camino de mi propósito significa sentir que lo que valoro de mí mismo es también valorado por el mundo. Lo que valoro más es mi creatividad y mi conexión con el espíritu. Ahora que trabajo en los seminarios éticos empresariales, utilizo el lenguaje y la literatura para conectar a la gente con el espíritu. Me entusiasma tanto el trabajo que pierdo la noción del tiempo. Al final de la jornada me siento lleno de energía porque he visto a la gente transformar su modo de pensar o aprender algo importante sobre sí misma.

»A través de los relatos literarios analizamos una amplia gama de ideas que abarcan temas como los conflictos raciales. Solemos pedir que nuestros clientes lean *Sunny Blues*, de James Baldwin, un libro que habla de un profesor de matemáticas negro. Este hombre ha encontrado una forma de salir del gueto, pero a costa de hacer todo lo que "debía" hacer. La historia habla de su desgarro entre el convencionalismo y una vida con sentido.

»Estos relatos promueven conversaciones muy animadas, e impulsan a la gente a observar su propia vida. En uno de los talleres, por ejemplo, un ejecutivo comenzó a comentar un libro y al cabo de cinco minutos dijo: "Cuando mi hija murió en un accidente de coche..." Y volvió a sus ideas sobre la novela. El siguiente ponente prosiguió como si el primero no hubiera dicho nada inusual. Entonces una mujer, con expresión de sufrimiento, terció: "¿Cómo puede ser que una persona mencione un evento tan dramático y ni siquiera lo comentemos?" Esto nos dio pie para hablar. En este grupo en concreto había muchos médicos y abogados. Fue fascinante ver que había médicos que no habían pensado jamás en la muerte y en los sentimientos que provoca.

»Al hablar de literatura, el diálogo tiene un tono muy distinto al de una conversación normal. Si comentamos un relato de Tolstoi, hablamos de la obra de un genio que se pasó la vida pensando muy profundamente en lo que significa ser humano. La mayoría de nosotros consideramos la literatura un entretenimiento más que un posible camino a la catarsis y la curación. Mantenemos el arte en la periferia de nuestras vidas, mientras que en las culturas indígenas la creatividad y la espiritualidad tienen un papel central. Reflexionar y discutir estos temas afecta tanto a algunas personas que las hace cambiar drásticamente.

»Hemos sido condicionados para ocultarnos. Nosotros empleamos la luz de la literatura para ver los rincones y grietas de nuestra vida. La orientación moral no nos indica "lo que es correcto hacer", sino que nos dirige hacia lo único que tiene sentido para el alma.

»¿Por qué no implantar un vicepresidente de ética, creatividad y decisión moral en una empresa? Yo considero la moral como lo hacían los griegos. Para ellos la ética y la estética eran temas relacionados. Lo moral era lo bueno, la belleza y la verdad. Ahora en cambio definimos lo moral como aquello que es práctico. De modo que vivimos vidas empobrecidas, trabajamos en cubículos y contemplamos las decisiones de vida o muerte como si fueran una hoja de cálculo.»

SER QUIENES SOMOS

Si usted presta atención a su camino y tiene valor para seguir su vocación, llegará a convertirse en usted mismo, un ser único e interesante. Estará dispuesto a invertir su energía en objetivos más altos. Según los sociólogos y psicólogos, hay siempre una oscilación entre la diferenciación y la integración. El profesor Mihaly Csikszentmihalyi comenta al respecto:

> No es un movimiento circular que nos devuelva al punto de partida, sino más bien una espiral ascendente en la que la preocupación por uno mismo va siendo cualificada por objetivos menos egoístas, y la preocupación por los demás adquieren un significado más individual y personal. En el mejor de los casos, este proceso de crecimiento en espiral da como resultado personas como Albert Schweitzer, el filósofo que interpretaba a Bach en el órgano de forma soberbia y pasó casi toda su vida dirigiendo un hospital gratuito... La misma espiral ascendente entre los polos alternativos de los valores personales y comunitarios se encuentra en otras culturas. La carrera de un brahmin, por ejemplo, debe oscilar entre estos mismos polos: primero debe ser un hijo obediente, luego un estudiante religioso, en la edad madura un granjero y hombre de familia y finalmente, en la vejez, un monje retirado de la vida activa para meditar en la naturaleza. Lo más interesante tal vez sea que este patrón mediante el que los individuos aprenden a valorar distintos objetivos a medida que maduran, refleja la evolución del ser en la historia de la raza humana.[7]

CONVERTIR LOS SUEÑOS EN REALIDAD

Cynthia Schmidt, una empresaria, acababa de dimitir como vicepresidenta de marketing en una empresa de software que fundó seis años atrás, cuando yo llamé para entrevistarla. A lo largo de doce años en el campo de los recursos humanos y dieciséis en marketing, ha montado siete negocios distintos, desde agencias de gestión de personal hasta manufacturas de software, una galería de arte y un centro espiritual. Cynthia ha ido haciendo realidad sus sueños una y otra vez, y domina a la perfección el proceso intuitivo de 1) recibir una visión original y probar su validez, 2) afirmar una intención de manifestar esa visión, 3) pedir apoyo para desarrollar el proyecto, 4) reconocer las sincronicidades y actuar según ellas y 5) confiar en la sabiduría universal (o sentido no común).

«Fundé esta empresa de software hace seis años —me contó— y he alcanzado lo que yo llamo una cúspide. Por eso he dimitido. Mi objetivo era hacer público el negocio, y ya lo he logrado. Mi sabiduría interna me dice que la tarea está completa y me ha comenzado a mostrar algo totalmente nuevo.

»Yo intuyo mis negocios mucho antes de que aparezcan en mi vida. Me llegan en forma de imágenes mentales, en sueños o ensoñaciones. He aprendido a prestarles atención. Suelo escribir mis sueños en mi diario y con el tiempo decido si estas intuiciones son dignas de confianza. Así he soñado todos mis negocios, y he llegado a conocer bien las capacidades de mi mente. Ya he comenzado a soñar con mi nuevo negocio, lo cual me indica que he terminado con el anterior.

»Mi intuición se manifiesta en imágenes más que en conceptos intelectuales. Antes de abrir mi galería de arte, estuve soñando durante un año con maravillosos minerales. Al cabo de seis meses supe que algo estaba pasando. Fui a Santa Fe, Nuevo México, sincronísticamente, y reconocí algunos de los elementos de mi sueño. En cuanto vi cómo encajaban estos elementos, comencé a montar el negocio, que evolucionó normalmente.

»Antes de comenzar con la empresa de software tuve visiones sobre un método nuevo de procesar la información. La empresa se desarrolló siguiendo una visión que tuve después de ver un vídeo. Vi literalmente esta empresa y pasé seis meses visualizándola. Luego, sincronísticamente, acudieron a mí tres ingenieros de software con una propuesta para un producto que encajaba perfectamente en mi visión. Yo sabía que no era ninguna casualidad. Yo soy a la vez visionaria y práctica. Mi parte práctica se la debo a la sólida educación que recibí de mis padres.

»Actualmente, mi nueva visión me impulsa a crear un centro espiritual de conferencias para ejecutivos, dedicado a los cuidados del cuerpo y la mente. Los ejecutivos saben muy bien cómo celebrar conferencias, pero no suelen llevar vidas equilibradas. Yo quiero introducir todas las técnicas disponibles para crear equilibrio. Pero mi visión es más amplia. Quiero definir y construir comunidades autosuficientes para la gente del siglo XXI. En un retiro, hace unos seis meses, conocí a un hombre que tenía justamente esa misma intención.

»Creo que cada vez hay más gente que comienza a conectar con otras personas con propósitos y visiones comunes. Pero para aprovechar estas sincronicidades, debemos ser conscientes de ellas y no tomarnos a la ligera estos encuentros. En cuanto advierto que tengo una visión valiosa, abro mi mente a cualquier posibilidad. Primero afirmo una fuerte intención de crear y luego empleo la energía del universo rezando, siendo una eterna optimista y confiando en que el universo cuida de mi intención y mi visión. La mayoría de la gente se olvida de pedir ayuda. Todos llevamos dentro este poder creativo, pero tenemos que recordar constantemente que podemos PEDIR.

»Casi siempre soy consciente de un conocimiento interno y confío en que estaré bien. Rara vez siento miedos o preocupaciones. Pero esto me ha costado años de estudiar el Curso de Milagros y aprender sobre mí misma. Casi nunca es fácil realizar una transición, y a mí me costó mucho. En ocasiones es frustrante. Por ejemplo, yo sé que he decidido renunciar a mi cargo actual para crear una apertura para el próximo evento, que probablemente llegará dentro de unos tres años. Sé que parte de este proceso es descansar, rejuvenecer y disfrutar, pero me impaciento. Estaría muy bien dejar que todo transcurriera a su propio ritmo, sin impaciencias. Lo único que puedo decir es que cuando era joven era mucho peor. Parece que la paciencia llega con la edad.

»Cuando era pequeña quería ser diseñadora de moda, y de adolescente decidí que sería psicóloga empresarial. Había leído algo sobre el tema y soñaba con ello. Fue mi primer gran sueño, y me aferré a él durante mucho tiempo. Por eso terminé dedicándome a los recursos humanos durante doce años. La verdad es que me da risa, porque aunque no tengo el título, siempre he utilizado mis capacidades terapéuticas en mi trabajo. En mis siete empresas, he sido responsable y creativa, tanto para montar la compañía como para contratar gente o realizar programas multimedia. La creatividad puede asumir muchas formas. Por ejemplo, yo no había estado en la vida en una galería de arte, pero cuando volví de Santa Fe, dibujé un plano para montar una, siguiendo mis visiones.

»Para mí la creatividad fluye de mi capacidad de pintar imágenes visuales. Para ello me concentro, cierro los ojos y pido que una imagen me muestre lo que necesito saber. Utilizo esta técnica para escribir. Dejo la mente en blanco y pido que las palabras surjan no de mi ego, sino del pensamiento creativo universal. Espero cinco minutos y luego comienzo a escribir. Si no lo hago así, puedo tener problemas y al final tengo que comenzar de nuevo.

»Con mi galería de arte y el centro espiritual de conferencias, tuve la oportunidad de trabajar con maravillosos maestros. Yo atribuyo mi éxito durante los últimos diez años al hecho de haber encontrado buenos maestros espirituales, haber trabajado regularmente con el Curso de Milagros, y a libros como *Las nueve revelaciones* y *La Décima Revelación*, de James Redfield. La mayoría de la gente del mundo empresarial no ha tenido mucho contacto con principios espirituales, y no saben lo que es confiar.

»Una de mis tareas en la empresa de software es buscar productos alternativos y asesorar sobre compras, ventas, fusiones, etc. Ahora que he aprendido a confiar en mi conocimiento interno y a tener fe en que obtendré aquello que necesito, sé que no tengo que depender sólo de mí misma para obtener la información necesaria. Si veo algo en Internet que despierta mi interés sé que, si hay algo que yo deba hacer, se presentará otra sincronicidad. Todas nuestras recientes negociaciones han sido absolutamente sincronísticas. La gente me pregunta cómo he podido dar con los datos clave. No he sido yo la que he dado con ellos, yo me he limitado a pedir información. En el mundo de los negocios, todo el mundo piensa que hay que pasar por un proceso de análisis e investigación, y la verdad es que yo no lo hago así. He cultivado tanto mi conocimiento interno que ahora sé que la mejor forma de funcionar es pedir, ser receptiva y confiar. Desde luego esto no podía hacerlo con tanta facilidad hace diez o quince años. No tenía la fe que tengo ahora. Ahora tengo un departamento de dieciséis personas, y están todas maravilladas de este proceso, pero son considerablemente más jóvenes que yo. Para conocer la realidad de este proceso, debemos experimentarlo nosotros mismos. El camino intuitivo es una lección que no se aprende sólo mediante conceptos mentales, porque hay que sentir su emoción y su verdad.

»Supongo que a esto se le puede llamar el camino del sentido no común. Yo simplemente confío en que se me revelará lo que debo saber y lo que debo hacer.»

UN NUEVO TRÁNSITO

Los que viven una vida plena, por lo general se sienten muy cómodos con lo que hacen. Su filosofía de la vida los conecta con una visión más amplia. Aceptan que la vida es un desafío continuo y casi siempre logran vivir según sus valores, escogiendo trabajos que les resultan interesantes. Les gusta ser eficaces y aprender cosas nuevas. Tienen algunos amigos que comprenden su visión y que incluso pueden compartir las mismas aspiraciones. No les guía la prisa, la competición ni la vanidad. Las personas felices han encontrado una armonía interna al participar plenamente en el mundo desde la plataforma de sus fuerzas y sus pasiones, habiendo aceptado sus debilidades y sus fallos. La mayoría de ellos hacen aquello que mejor saben hacer. Suelen vivir el momento presente y no están envilecidos por el orgullo, la envidia, el miedo o el odio hacia sí mismos. Generalmente saben que sus decisiones están en consonancia con su moral. Esperan alegres lo que la vida les trae cada día y al mismo tiempo honran sus compromisos y son fieles a su palabra. Prestan atención a las pequeñas cosas de la vida y se sienten parte del orden universal.

MIENTRAS AVANZA...

Usted tiene su propio lugar en el mundo. Al terminar este libro contará con una visión más amplia de cuál es ese lugar. Mientras avanza en su camino, revise lo que ha aprendido aquí y, como un marino, mantenga la vista fija en la estrella de su guía interior. Deje que esa luz ilumine todo lo que hace y le muestre el siguiente paso.

Utilice siempre su intuición: vuélvase hacia la luz.

MIENTRAS AVANZA...

- Viva el momento y acepte el lugar en el que está ahora.
- Recuerde que antes de nacer consideró cuidadosamente las posibilidades que ofrecía esta vida y escogió su cuerpo y su experiencia.
- Conecte con su propósito aprendiendo nuevas habilidades y trabajando con los obstáculos.
- Cuando sienta dudas o temor, busque sus opiniones y presuposiciones subyacentes sobre todas las cosas.
- Concéntrese en lo que le da energía y avance confiado en esa dirección.
- Renuncie a su necesidad de certeza.
- Fortalezca su fe en la verdad de que nació con un propósito inherente, y que ese propósito le será revelado a través de su propia intención, su intuición, los encuentros sincronísticos y la sabiduría no común de su guía espiritual.

DIÁLOGO INTERIOR

Anote en una lista las cosas por las que la vida vale la pena.
¿Qué quiere hacer a continuación?
Revise los conceptos principales de este libro y escriba en una ficha cualquier idea que le haya conmovido. Tenga siempre a mano estas fichas y escoja una cada vez que necesite apoyo.

Meditación. Imagine que es un árbol

Usted es un poderoso campo de energía que expresa las cualidades de su alma. A veces es útil imaginarse como otra magnífica creación del orden sagrado. Experimentar las diversas cualidades de otras formas de vida puede ayudarle a encontrar su lugar en el mundo. Esta última meditación proviene de la escritora y psicoterapeuta Deena Metzger y se encuentra en su libro *Writing for Your Life: A Guide and Companion to the Inner Worlds*:

> Cierra los ojos e imagina que eres un árbol. Imagina que tus pies, firmemente plantados en el suelo, son raíces que se hunden en la tierra, que tu torso es un tronco que se estira hacia arriba y que tus brazos son ramas tendidas al cielo.
>
> Conviértete en el árbol.
>
> Ahora viene lo más difícil: deja que sea suficiente con ser un árbol. Cuando hayas llegado a conocer al árbol profundamente, puedes practicar esta meditación imaginando que eres un pájaro, una piedra, una estrella, hasta que te hagas uno con toda la vida, con todas las formas de ser.[8]

Notas

Introducción

1. Leonard Laskow, *Curar con amor*, Ediciones Martínez Roca.

Capítulo 2

1. Margaret J. Wheatley y Myron Kellner-Rogers, *A Simpler Way*.
2. Mihaly Csikszentmihalyi, *Fluir*, Editorial Kairós.
3. Margaret J.Wheatley, *El liderazgo y la nueva ciencia*, Ediciones Granica.
4. Wheatley y Kellner-Rogers, *A Simpler Way*.
5. Thomas Moore, *El cuidado del alma: cómo dar profundidad y significado a nuestras vidas*, Círculo de Lectores.
6. Joseph Jaworsky, *Synchronicity, The Inner Path of Leadership*.
7. Jeanne Achterberg, «Humanity's Common Consciousness», *Noetic Sciences Review* (invierno de 1996).
8. Mihaly Csikszentmihalyi, *The Evolving Self: A Psychology for the Third Millenium*.

Capítulo 3

1. Greg Anderson, *Living Life on Purpose: A Guide to Creating a Life of Success and Significance*.
2. Citado en *Tying Rocks to Clouds: Meetings and Conversations with Wise and Spiritual People*, de William Elliot.
3. Susan Ferriss y Ricardo Sandoval, «The Death of the Short-Haldled Hoe», *San Francisco Examiner Magazine*, 13 de abril de 1997.
4. Dalai Lama y Jean-Claude Carrière, *Violence & Compassion*.
5. Citado en *Tying Rocks to Clouds*, de William Elliot.

Capítulo 4

1. Caroline Myss, *Anatomy of the Spirit: The Seven Stages of Power and Healing.*
2. Gary Zukav, *El lugar del alma*, América Ibérica.
3. Peter Senge, introducción a *Synchronicity, The Inner Path of Leadership*, de Joseph Jaworski.
4. Fran Peavey, con Tova Green y Peter Woodrow, *Insight and Action: How to Discover and Support a Life of Integrity and Commitment to Change.*
5. Greg Anderson, *Living Life on Purpose: A Guide to Creating a Life of Success and Significance.*

Capítulo 5

1. Wayne Dyer, *Construye tu destino*, Editorial Grijalbo Mondadori.
2. Gary Zukav, *El lugar del alma*, América Ibérica.
3. Kathleen Norris, *The Cloister Walk.*
4. Citado en *Tying Rocks to Clouds: Meetings and Conversations with Wise and Spiritual People*, de William Elliot.
5. *Ibíd.*

Capítulo 6

1. Margaret J. Wheatley y Myrton Kellner-Rogers, *A Simpler Way.*
2. Stephen Larsen y Robin Larsen, *A Fire in the Mind: The Life of Joseph Campbell.*
3. Marie-Louise von Franz, *On Divination and Synchronicity: The Psychology of Meaningful Chance.*
4. Joseph Campbell con Bill Moyers, *El poder del mito*, Emecé Editores.
5. Peter Senge, Introducción a *Synchronicity, The Inner Path of Leadership*, de Joseph Jaworski.
6. Leah Maggie Garfield y Jack Grant.

Capítulo 7

1. Joseph Jaworski, *Synchronicity, The Inner Path of Leadership.*
2. Frank Zappa, «All About Music», en *Creators on Creating: Awakening and Cultivating the Imaginative Mind*, de Alfonso Montuori y Anthea Barron.
3. *Ibíd.*
4. Margaret J.Wheatley y Myron Kellner-Rogers, *A Simpler Way.*

5. Carol Adrienne, «It Comes to Me», en *The Celestine Journal.*
6. Jaworski, *Synchronicity*.

Capítulo 8

1. Gary Zukav, *El lugar del alma*, América Ibérica.
2. Laura Day, *La intuición eficaz*, Ediciones Martínez Roca.
3. Dan Millman, *The Life You Were Born To Live: A Guide To Find Your Life Purpose.*
4. Citado en *A Fire in the Mind: The Life of Joseph Campbell*, de Stephen y Robin Larsen.
5. *Ibíd.*
6. Citado en *ibíd.*
7. Jean Houston, *The Possible Human: A Course in Enhancing Your Physical, Mental and Creative Abilities.*
8. Day, *La intuición eficaz.*

Capítulo 9

1. Deena Metzger, *Writing for Your Life: a Guide and Companion to the Inner Worlds.*
2. Neale Donald Walsch, *Conversations with God.*
3. Anna Halprin, «The Process Is the Purpose», en *Creators on Creating: Awakening and Cultivating the Imaginative Mind.*
4. Rainer Maria Rilke, «Letters to Merline» en «The Process Is the Purpose», en *op. cit.*
5. Natalie Goldberg, «Writing Fearlessly», in *Ordinary Magic: Everyday Life as Spiritual Path.*
6. Eleanor Coppola, *Notes on the Making of Apocalypse Now.*
7. Mihaly Csikszentmihalyi, *Fluir*, Editorial Kairós.
8. Stephen R. Covey, *Los siete hábitos de la gente altamente efectiva: la revolución ética en la vida cotidiana y en la empresa,* Círculo de Lectores.
9. Dan Millman, *No Ordinary Moment: A Peaceful Warrior's Guide to Daily Life.*

Capítulo 10

1. Tony Schwartz, *What Really Matters: Searching for Wisdom in America.*
2. Stephen Wolinsky, *The Tao of Chaos: Essence of the Enneagram.*
3. Citado en *What Really Matters*, de Schwartz.
4. Citado en *Tying Rocks to Clouds*, de William Elliot.

5. Jon Kabat-Zinn, *Wherever You Go There You Are.*
6. Gary Zukav, *El lugar del alma*, América Ibérica.
7. Thomas Moore, *El cuidado del alma: cómo dar profundidad y significado a nuestras vidas,* Círculo de Lectores.
8. Natalie Goldberg, *The Long Quiet Highway: Waking Up in America.*
9. Jean Martine, *A Way of Working.*
10. Sanaya Roman, *Spiritual Growth: Being Your Higher Self.*

Capítulo 11

1. Thomas Moore, *Las relaciones del alma*, Ediciones Urano.
2. Anthony Storr, *Churchill's Black Dog, Kkafka's Mice.*
3. John R. O'Neill, «The Dark Side of Success», en *Meeting the Shadow: The Hidden Power of the Dark Side of Human Nature.*
4. Storr, *Churchill's Black Dog.*
5. Robert Bly, *A Little Book on the Human Shadow.*
6. *Ibíd.*
7. James Hillman, *The Soul's Code: In Search of Character and Calling.*
8. Wayne Dyer, *Manifest Your Destiny: The Nine Spiritual Principles for Getting Everything You Want.*
9. John P. Conger, *Jung and Reich: The Body as Shadow.*

Capítulo 12

1. James Hillman, *The Soul's Code: In Search of Character and Calling.*
2. *Ibíd.*
3. Frances E. Vaughan, *Awakening Intuition.*
4. John P. Conger, *Jung and Reich: The Body as Shadow.*
5. Vaughan, *Awakening Intuition.*
6. Dalai Lama y Jean-Claude Carriere, *Violence and Compassion.*
7. Natalie Goldberg, *Long Quiet Highway: Waking Up in America.*
8. David Bohm, *Sobre el diálogo*, Editorial Kairós.
9. Vaugham, *Awakening Intuition.*

Capítulo 13

1. Jean Martine, *A Way of Working.*
2. Michael Newton, *La vida entre vidas*, Ediciones Robinbook.

3. *Ibid.*
4. Leah Maggie Garfield y Jack Grant, *Angels and Companions in Spirit.*
5. Carol Adrienne, «The Spirit of Giving», en *The Celestine Journal.*
7. Mihaly Csikszentmihalyi, *The Evolving Self: A Psychology for the Third Millenium.*
8. Deena Metzger, *Writing for Your Life: A Guide and Companion to the Inner Worlds.*

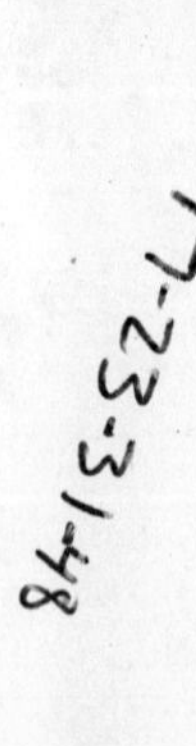